À lire quand…

Titre original : *Open When*

Première publication au Royaume-Uni par Michael Joseph, une maison du groupe Penguin Random House.

Relecture : Audrey Peuportier
Maquette : Laurie Baum
Adaptation de la couverture anglaise : le-petitatelier.com

76, boulevard Pasteur
75015 Paris – France
ISBN : 979-10-285-3405-9

DR JULIE SMITH

À lire quand…

Traduit de l'anglais par Christophe Billon

LEDUC

À Sienna, Luke et Leon.

Je souhaite de tout mon cœur que vous n'ayez jamais besoin de ce livre. Mais je l'ai écrit… au cas où.

Sommaire

Introduction

« Si tu as quelque souci de toi-même, laisse là les espérances vaines, et ne pense plus qu'à ton propre salut, tandis que tu peux encore y songer. »

Marc Aurèle, Pensées 3:14

Je vous ai écrit une lettre

Les mots que vous avez sous les yeux ne traduisent pas pour autant une tendance à être bavarde. Même petite, j'observais et j'absorbais, mais j'abordais rarement les autres en cas de besoin. J'ai donc fait comme nombre d'enfants silencieux : je me suis tournée vers les livres. Avec le recul, je considère ma propension à lire comme une sorte de quête. Je recherchais dans les ouvrages ce que j'étais incapable de demander aux personnes en chair et en os. J'enchaînais les livres. Il m'arrivait de trouver ce dont j'avais besoin, mais pas à d'autres moments.

Sachant cela et vu mon métier actuel (psychologue clinicienne), je vous pardonne si vous estimez que je souhaite promouvoir l'introspection. Ce n'est pas le cas. Le monde intérieur est comme un sauna : le fréquenter présente des avantages, à condition de ne pas y rester trop longtemps. De même, dans les moments difficiles, je vous conseille vivement de vous lier à d'autres humains dans le monde physique. Cela vous permettra de trouver la plupart des réponses à la fluctuation naturelle de notre santé mentale face aux hauts et aux bas de l'existence. Mais je suis également suffisamment réaliste pour savoir que tout le monde ne dispose pas d'une personne fiable et digne de confiance dans les instants cruciaux. Par conséquent, si, lorsque vous vous débrouillez seul, vous avez du mal à être cette voix que vous avez besoin d'entendre, ce livre est fait pour vous.

J'ai pris conscience qu'il me fallait écrire ce livre lorsque j'ai appris que les gens trimballaient mon précédent ouvrage, *Pourquoi personne ne m'en a parlé avant ?*, afin de pouvoir s'y référer dans les moments éprouvants. On m'a certes parlé de cette tendance pour me complimenter, mais je ne pouvais m'empêcher de penser que je ne l'avais pas écrit dans ce but. Ce n'était pas le bon livre dans cette optique. Cet ouvrage est rempli de concepts et d'aptitudes aidant à se pencher sur sa future santé mentale, souvent en se retournant sur des moments difficiles déjà vécus. Aucune de ces pages ne contient les paroles que je prononce envers les personnes qui vivent des instants au cours desquels leur vulnérabilité est à son paroxysme et les émotions affluent.

Avant un cyclone, un marteau et des clous sont précisément les outils dont vous avez besoin pour vous préparer à ce qui vous attend. Mais lorsque la tempête frappe, la dernière chose que vous avez envie de vous entendre dire, c'est que vous auriez pu mieux anticiper la situation. Dans ces moments-là, nous avons tous besoin de quelqu'un qui nous regarde droit dans les yeux et nous dit ce que nous avons besoin d'entendre à cet instant précis. Des propos qui indiquent « Je suis là ». Avançons ensemble, je connais le chemin. Vous vous dites peut-être que mon précédent ouvrage était le marteau et les clous. Celui-ci est ma main tendue vers la vôtre en plein cœur de la tempête. Il dit « Venez par ici et mettons-nous au travail ».

Dans les moments de peine et de confusion, la plupart d'entre nous ont du mal à être la voix qu'ils ont besoin d'entendre, non pas parce que quelque chose cloche chez eux, mais simplement parce qu'ils apprennent chemin faisant. Ce livre est destiné à nous tous, à nos enfants qui quittent le nid, à nos amis vivant loin de nous, à notre famille lorsque nous ne trouvons pas les bons mots pour lui parler et à nous-même quand nous avons besoin de repérer une issue.

D'expérience, en tant que lectrice et clinicienne, je sais que dans les périodes noires, les mots peuvent éclairer un nouveau chemin dont l'existence vous échappait. En écrivant ces lettres qui vous sont adressées au début de chaque chapitre, j'aurais aimé parfois lire dans votre esprit et savoir précisément la situation à laquelle vous êtes confronté et les mots dont vous avez le plus besoin. Mais c'est une tâche impossible. Je ne peux pas prédire le détail des difficultés que vous rencontrez. Mais je dispose de tous les joyaux que j'ai découverts sur mon parcours et je suis en mesure de les semer sur le vôtre. Ce livre sera donc uniquement votre phare. Je suis incapable de vous sortir de l'eau, mais je peux braquer une lumière dans votre direction afin que vous puissiez distinguer la voie à emprunter quand règne la confusion. Servez-vous-en à votre guise, mais il vous incombe de progresser vers des mers plus calmes.

Face aux épreuves qui vous attendent, j'ai de bons espoirs vous concernant, car je suis sûre de deux choses. Premièrement, vous disposez d'un potentiel dépassant tout ce que vous êtes en mesure de cerner à partir de votre situation actuelle. Deuxièmement, quel que soit votre point de départ, la voie de l'amélioration nécessite le déploiement de nouveaux efforts et une volonté d'apprendre. Nous ne savons pas ce que nous ne savons pas, et cela vaut pour nous tous. Faites-moi donc confiance quand je dis que vous ignorez les jours meilleurs qui vous attendent.

Affectueusement,

Dr Julie Smith

Licence (avec mention), doctorat en psychologie clinique, psychologue certifiée

1

S'il est difficile de côtoyer les autres

1

Quand vous comparer aux autres vous dessert

« Il n'y a rien de noble à être supérieur à vos semblables ;
la vraie noblesse est d'être supérieure à ce que vous avez été. »

Ernest Hemingway

Je vous ai écrit une lettre

Si la comparaison avec quelqu'un vous dessert, vous pouvez vous retrouver dans l'un des deux états suivants : soit vous vous sentez inspiré, plein d'énergie et motivé, avec le sentiment qu'il est possible d'apprendre de ce que vous avez vu, soit vous sombrez dans une spirale négative qui échappe à votre contrôle. Si vous avez vécu la seconde hypothèse, le problème, ce n'est pas vous et toutes vos insuffisances apparentes, mais les comparaisons effectuées.

Si certaines de vos croyances sur le fait d'être à la hauteur sont autodestructrices, vous ne choisirez pas des comparaisons qui vous aident à progresser, mais celles qui confirment ces croyances fondamentales, peu importe leur degré de nuisance. Vos faiblesses vous sauteront aux yeux et vous observerez l'autre faire montre de toutes ses forces comme si la comparaison était équitable. Vous ne percevrez pas cette personne dans sa globalité plus réaliste, en prenant en compte tous les pans de son existence qu'elle ne divulgue pas. Si vous avez un aperçu de ses imperfections, vous les ignorerez probablement. Vous la mettrez sur un tel piédestal que le seul moyen de vous élever sera de l'en faire descendre, faisant alors de vous l'individu que vous souhaitiez ne jamais devenir.

La comparaison avec des amis ou à des proches peut détruire votre relation, car elle induit que leur réussite est votre échec, laissant alors libre cours au ressentiment et à l'amertume. Plus vous vous isolez de votre entourage, plus cela nourrit cette comparaison. Mais apprendre à mieux connaître ces personnes est un contrepoids à ce type de comparaison qui empoisonne la relation. Mieux vous connaissez quelqu'un, moins vous portez de jugements erronés et superficiels. Vous pouvez nouer une amitié caractérisée par la reconnaissance de votre humanité commune et vous considérer comme une équipe qui se soutient dans les différentes situations rencontrées. Vous pouvez alors vous réjouir de leurs victoires personnelles et compatir sincèrement lorsqu'ils essuient des revers. Lorsque vous apprenez à connaître une personne, vous prenez conscience qu'elle ne rencontre pas les mêmes difficultés dans la vie, ce qui influe de manière néfaste sur votre estime de soi.

Bon nombre vous diront que la solution est simple : il suffit d'arrêter de vous comparer aux autres. Mais très vite, vos tentatives en ce sens se solderont par un échec et vous constaterez que ce n'est pas si simple. Votre propension à la comparaison est un outil intégré aussi utile que dangereux. Bien utilisé, il peut vous aider à suivre le bon cap, vous inspirer et vous permettre de dépasser vos limites. Mais mal employé, les dégâts peuvent s'avérer importants et durables.

Ne pas se sentir à la hauteur suite à une comparaison n'est pas forcément une mauvaise chose. Cela ne signifie pas qu'il ne faut jamais se comparer. Si cette comparaison débouche sur une avancée constructive et le renforcement de la croyance selon laquelle nous sommes capables de progresser, elle est bénéfique. Si elle génère de l'envie, un ressentiment, de l'amertume et une chute de la confiance en soi, nous avons tout faux. L'objet de nos efforts et de notre attention était inapproprié et cela pourrait nous coûter cher. Il nous faut savoir comment exploiter cette comparaison à notre avantage et repérer les situations où elle est nuisible.

Des outils prêts à l'emploi

Ces outils dépassent l'approche habituelle consistant à rejeter la comparaison en disant « Arrête de faire ça ! ». Le désir des humains de cerner leur place dans le monde en observant les autres est aussi naturel que la respiration. Par conséquent, vous dire d'arrêter de vous comparer aux autres ravive, au mieux, le feu intérieur de la positivité pendant quelques minutes. Mais ce feu s'éteindra la prochaine fois que vous irez sur votre réseau social préféré. Lorsque vous rejoignez des pairs dans une pièce, vous jaugez votre statut professionnel ou social dans les secondes qui suivent. La comparaison ne se traduit pas toujours par des pensées. Votre cerveau est plus rapide que la vitesse de traitement nécessaire pour décider de la manière d'aborder la situation rencontrée. En même temps, vous n'êtes pas obligé d'être à la merci de la spirale négative qu'inflige à votre esprit la comparaison sociale. Des solutions existent pour repérer votre tendance destructrice à vous comparer aux autres et pour faire l'effort de vous orienter vers des comparaisons réellement bénéfiques.

Ce qui rend la comparaison destructrice

- **Les réseaux sociaux**

Il est difficile de s'évaluer sans recourir à la comparaison, car on ne vit pas dans l'isolement, mais dans des communautés ayant des normes et des attentes vis-à-vis de l'autre. Cela nous aide à éviter l'humiliation, le rejet et la perte d'un statut social qui pourraient se produire si nous décidions de ne pas tenir compte de ces attentes. Cela nous aide à gérer nos interactions sociales tout au long de notre existence, ce qui nous permet de déterminer l'ampleur de notre contribution et le caractère approprié de notre comportement, et de savoir qui nous souhaitons imiter et éviter d'imiter. L'évaluation de votre place dans la communauté est importante afin de réussir en son sein. Votre capacité à vous livrer à une comparaison sociale n'est pas toujours néfaste. Il s'agit d'une aptitude essentielle sans laquelle votre épanouissement serait moindre.

Mais bien que la prise en compte de votre environnement fasse partie du processus d'autoévaluation, lorsque vous allez sur les réseaux sociaux, vous n'observez pas votre véritable communauté, car une grande partie des contenus que vous regardez n'est absolument pas réelle, mais une collection d'images soigneusement créées et retouchées qu'une personne ou une entreprise tient à vous montrer.

Et quelques minutes après que vous vous êtes adonné à une comparaison très injuste et profondément néfaste, l'algorithme a saisi précisément ce qui attire votre attention et vous abreuve ensuite d'un flux permanent de contenus qui vous rendront malade. Ainsi, plutôt que de tirer parti de ce processus de comparaison sociale susceptible de vous aider à mieux vivre, vous pâtissez de comparaisons des plus destructrices et pernicieuses qui reviennent sans arrêt et débouchent sur une insatisfaction vis-à-vis de vous-même et de l'existence dont vous devriez vous délecter.

La toxicité psychologique générée par tout ce processus se traduit soit intérieurement sous forme de haine de soi et de dépression, soit extérieurement en sabotant malicieusement l'existence de ceux dont nous sommes si amèrement jaloux[1]. Il n'est pas nécessaire de consulter beaucoup de contenus pour tomber sur des hordes de guerriers du clavier qui déversent leur rage sur un autre être humain. Leur but est de viser des imperfections, comme une hyène ciblant un animal blessé, dans l'optique de lui rabattre le caquet et de faire en sorte que le groupe cesse d'admirer cette personne ayant osé réussir dans la vie.

L'envie irrépressible de démolir quelqu'un sur la Toile est plus fréquente qu'on veut bien l'admettre, mais si vous la décelez chez vous ou si vous remarquez que la satisfaction que vous procure votre existence se délite, le moment est venu de vous détourner des réseaux sociaux et de passer plus de temps dans la vraie vie, en compagnie de vraies personnes, à vivre de vraies relations.

Vous comparer à des êtres chers

La plus dangereuse des comparaisons est celle entre vous et les personnes qui vous tiennent le plus à cœur, car c'est dans le cadre de ces relations que vous avez le plus à perdre. Si vous vous mettez à vous comparer à vos frères et sœurs, parents ou amis, c'est la relation qui est en péril.

Si vous avez le sentiment que votre amour-propre ou statut est menacé par leurs victoires personnelles, la jalousie et le ressentiment vont inévitablement se répandre et infliger des dommages irréversibles aux relations qui auraient pu constituer les forces les plus positives de votre existence. Vous ne pouvez avoir le sentiment de faire partie d'une équipe si vous faites en sorte que l'équation gagnant-gagnant ne soit pas possible.

Comme le dit Alain de Botton, « Rares sont les réussites plus insupportables que celles de nos amis proches[5] ». Très vite, vous passez de quelqu'un se considérant comme toujours enclin à voir ses amis réussir à quelqu'un jugeant leur compagnie insoutenable. Que vous les évitiez, commenciez à les exclure de votre cercle ou vous isoliez, la perspective est sombre pour tout le monde. Et il peut en résulter des comparaisons inconsidérées et fort peu constructives.

Lorsque vous fuyez tel ami, vous évitez en réalité les émotions que génère en vous sa réussite. Si vous êtes suffisamment courageux, observez ces émotions avec curiosité au lieu d'essayer de les éliminer en rabaissant la personne ou en l'évitant carrément. Vous aurez ainsi la possibilité de retrouver un point de vue limpide et de sauver votre relation. Vous pouvez ressentir une joie sincère face au bonheur de vos amis. Mais si votre amour-propre est dépendant d'un sentiment de supériorité vis-à-vis de vos amis et de votre famille, prenez cela comme un signe vous invitant, non pas à les rejeter, mais à reconsidérer votre propre existence. Si vous avez parfaitement conscience de vos valeurs et que vous les respectez, les signes superficiels d'un succès ou d'un échec apparent seront moins stupéfiants.

Par conséquent, quand un ami trouve une voie lui permettant de progresser ou a toutes les peines du monde à lutter contre ses démons, et que cela fait naître en vous des sentiments très pénibles, ce qui arrive souvent, ne cédez pas à la tentation de les repousser. Prêtez-y attention et demandez-vous, en faisant preuve d'une curiosité authentique, ce que ces sentiments vous apprennent sur vous-même. Il s'agit parfois de simples émotions passagères qui laissent ensuite de nouveau place à la satisfaction procurée par votre existence. Et à d'autres moments, cela peut déclencher des changements positifs. Mais pour ce faire, la comparaison se doit d'être constructive. Je vous propose donc quelques idées pour faire en sorte que les comparaisons vous soient bénéfiques.

Ce qui rend la comparaison constructive

Transformer l'envie en inspiration

Utilisée correctement, la comparaison a le pouvoir d'influer sur notre ressenti et notre comportement. Admettons que vous vous attachiez à améliorer votre technique dans votre sport préféré, en ayant bien conscience du point faible freinant votre progression. Dans ce scénario, vous comparer à un joueur parvenant à maîtriser ce geste est une occasion en or d'apprendre de sa technique et, du même coup, de vous améliorer. Mais pour y parvenir, votre comparaison doit renfermer les trois ingrédients suivants :

1. Vous concentrer sur le geste bien précis que vous lui enviez. Focalisez-vous sur les détails et résistez à la tentation de procéder à une comparaison globale entre votre moi et le sien. Vous ne souhaitez pas devenir cette personne, mais vous désirez adopter sa manière de procéder pour qu'elle vous soit profitable.

2. Adopter un état d'esprit de développement, à savoir garder à l'esprit que vous disposez d'une capacité d'action et pouvez

apprendre à progresser dans la plupart des domaines si vous consentez à fournir des efforts. Cet état d'esprit débouchera sur des actions positives vous rapprochant de la réalisation de vos objectifs, contrairement à un état d'esprit fixe partant du principe que vos aptitudes sont immuables et que certaines personnes ont simplement la chance de leur côté. Cet état d'esprit risque de déboucher sur des comparaisons plus destructrices, de l'amertume et des fractures relationnelles.

3. Votre amour-propre est un élément non négociable. Il ne doit jamais se retrouver en péril. C'est indispensable. Si l'évaluation que vous faites de votre valeur est dépendante des autres, cet ingrédient incontrôlable fera tourner l'affaire au vinaigre. Transformer l'envie en inspiration ne pose aucun problème à condition que vous ne mesuriez pas votre amour-propre en fonction de la réussite des autres. Nous trouverons toujours quelqu'un meilleur que nous dans un domaine. Mais cela ne dit rien de notre valeur fondamentale en tant qu'être humain. Si votre valeur n'est jamais remise en cause, vous disposez d'une stabilité vous rendant suffisamment fort pour tirer parti des comparaisons. Si le moindre signe que vous n'êtes pas le meilleur sert de justification à la croyance selon laquelle vous êtes nul et voué à ne jamais être à la hauteur, vous ne pourrez jamais entreprendre un travail sur vous-même. Regarder vos défauts en face devient alors trop menaçant et pénible. Par conséquent, il est toujours possible de travailler sur la performance, mais la valeur est une constante. Ne la prenez pas pour de l'apitoiement sur soi-même. La tendance à croire que la chance sourit toujours aux autres et que l'univers devrait vous réserver le même sort parce que vous êtes tout aussi méritant risque de faire naître de l'amertume et du ressentiment et non de vous pousser à prendre les mesures nécessaires pour connaître la réussite.

Pour que ce travail demeure constructif et ne se noie pas dans des critiques de votre moi, vous devez vous poser les questions suivantes :

- De quoi suis-je précisément envieux ?
- Quelles sont les habiletés qu'ils affichent que j'aimerais avoir ?
- Est-ce qu'acquérir ces habiletés m'aiderait à atteindre mes objectifs ?
- Comment en sont-ils arrivés là où ils sont ?
- Est-ce que je peux appliquer une partie de ce processus pour m'aider à me rapprocher de mes objectifs personnels ?

Ce processus transforme l'envie en inspiration au lieu d'en faire un outil pour vous marteler la tête. La comparaison se mue alors en élément précieux du processus d'apprentissage.

Choisir votre sujet avec précision

La comparaison sociale ascendante la plus bénéfique qui nous incite à travailler sur nos objectifs consiste à nous comparer à des personnes ayant le même bagage que nous dans le domaine dans lequel nous souhaitons nous améliorer, plutôt qu'à des personnes très différentes de nous[2]. Voilà une autre raison de ne pas utiliser les réseaux sociaux à cette fin. Même si le contenu est réel, il est rare que vous observiez des personnes en train de se perfectionner. L'algorithme vous proposant des cas extrêmes, vous vous retrouvez donc à vous comparer à ce qui se fait de mieux au monde, donc à des personnes bien plus avancées que vous dans leur périple.

Aussi momentanément inspirants ou intrigants que puissent être ces contenus extrêmes, le fait d'en être bombardé peut procurer un sentiment d'infériorité et vous déprimer, au lieu de vous inspirer dans votre progression[3]. Et ils peuvent également justifier une entreprise d'autosabotage[4]. Nous nous concentrons sur les extrêmes, dont le niveau nous paraît si inatteignable que nous nous épargnons toute tentative de l'atteindre, l'excellence se refusant alors à nous.

En conséquence, si vous vous surprenez à vous comparer à des extrêmes, cédant alors au découragement et à l'abattement, décidez de chercher l'inspiration chez une personne dont le niveau est juste au-dessus du vôtre. La dynamique de persévérance et de progression s'en trouvera renforcée.

Du ressentiment à la gratitude

Voyez comme s'éclaire le visage d'un enfant à qui vous donnez un bonbon. Mais si vous donnez deux bonbons à l'enfant qui se trouve à côté de lui, vous verrez instantanément sa mine déconfite. En vous focalisant sur ce que les autres ont et que vous ne possédez pas, vous risquez de générer un mécontentement profond vis-à-vis d'une existence que vous pourriez adorer. Ce que vous avez n'importe plus du tout, car vous êtes obnubilé par ce que l'autre possède. Il est tout à fait légitime de souhaiter vous améliorer, mais si la source de ce désir est le ressentiment, tout ce que vous obtiendrez ne sera jamais suffisant. Vous ne parviendrez jamais à vos fins. Votre vie sera marquée par un changement constant des règles du jeu et des personnes à qui vous vous comparez.

Le ressentiment n'est pas le reflet de ce que vous doit le monde, mais le signe de ce sur quoi vous devez travailler. Vous le percevez chez ceux qui ont tout pour être heureux, mais vivent en éprouvant amertume et ressentiment. Et cela peut très facilement se produire quand nous faisons des comparaisons qui nous nuisent.

Si vous faites des comparaisons qui ne vous sont pas profitables, vous regretterez de ne pas avoir hérité des cartes qu'une autre personne a en main.

Soyez donc attentif au ressentiment. Il peut très bien signifier que vous avez besoin de produire des efforts pour votre compte et de parler en votre nom ou de faire preuve de gratitude en contrôlant l'objet de votre attention d'une manière plus salutaire.

La gratitude est souvent considérée comme un exercice trop simple ou accessoire. Mais si cette pratique était aussi facile à mettre en œuvre qu'elle le paraît, l'amertume et le ressentiment seraient moins monnaie courante. Renforcez donc votre capacité à accueillir la gratitude en l'intégrant à votre quotidien. Passer deux petites minutes par jour à réfléchir à tout ce qui devrait vous rendre heureux peut vous transformer et contribuer à réparer les dégâts causés par des comparaisons néfastes.

Pourquoi ne pas vous immerger dans une profonde gratitude pour la chance d'avoir vu un souhait merveilleux se réaliser et de vivre à une époque où vous avez la possibilité d'œuvrer pour une chose similaire si vous le souhaitez ? Recherchez la gratitude d'avoir la possibilité de vous y essayer et, ce faisant, d'éprouver de la joie. Cela fera disparaître le besoin d'être à la hauteur de l'objet de votre comparaison pour vous sentir comblé par votre vie. Dans tous les cas, nous nous comparons à des personnes plus avancées dans leur périple. Évaluer notre réussite en fonction de notre capacité à les rattraper n'est donc pas une bonne stratégie, car cela maintient en permanence dans le futur la satisfaction tirée de la vie puisque nous n'atteignons jamais cette destination illusoire, qui demeure éternellement devant nous.

La comparaison descendante est incroyablement utile pour accéder à ce sentiment de gratitude. Lorsque nous sommes dans le creux de la vague, nous avons toujours la possibilité d'être heureux d'une chose, mais il peut s'avérer difficile de la trouver. Par conséquent, comparer votre situation à celle d'innombrables personnes en proie à des difficultés plus sérieuses vous aide à contrer cette spirale négative et à stabiliser votre perception (à moins que vous vous en serviez pour infirmer vos problèmes personnels, ce qui n'est guère utile. Ce n'est pas parce que la situation de certaines personnes est pire que la vôtre qu'il ne faut pas prendre des mesures pour aller mieux).

Vous reconnecter à vos valeurs

Si vous êtes prisonnier d'un schéma de comparaisons destructrices, c'est que vous avez indéniablement perdu le contact avec certaines choses chères à votre cœur. Dans ce cas, notre mode d'évaluation est erroné.

Nous nous tournons vers un univers extérieur qui cherche à nous vendre le rêve selon lequel nous nous sentirions mieux si nous avions plus de biens, si nous étions extrêmement riches et célèbres, et si nous avions une apparence que seul un chirurgien peut nous offrir. Cela ne fait qu'engendrer plus de comparaisons négatives, car le seul moyen de savoir si nous sommes à la hauteur d'untel est de l'étudier pour voir à quel niveau nous nous situons par rapport à lui. Adopter comme valeurs ces outils de marketing vous expose à des risques de dépression, d'anxiété, d'addiction, de narcissisme, entre autres[6]. N'attendez pas que l'on vous dise ce qui est important à vos yeux. Il ne faut pas longtemps pour vous reconnecter aux choses apportant de la profondeur à votre existence.

J'ai regroupé dans l'Annexe (voir page 331) les exercices qui vous aideront à y parvenir, notamment parce qu'ils sont adaptés à toutes les embûches jalonnant votre parcours. Savoir la personne que vous souhaitez être avant de trop vous concentrer sur les autres vous aidera à fixer le cap qui vous convient le mieux.

La comparaison la plus utile pour vous

La meilleure comparaison que vous puissiez faire, c'est avec vous-même. Demandez-vous si, aujourd'hui, vous avez fait un tout petit peu mieux qu'hier. Cela vous permettra de bien jauger votre progression. Mais ne vous arrêtez pas là. Penchez-vous sur la comparaison entre votre situation actuelle et celle que vous souhaitez voir se matérialiser demain, le mois prochain et l'année prochaine. Faites-vous aujourd'hui des choses vous conduisant dans cette direction ? Qu'est-ce que cela vous dit des mesures que vous devez prendre maintenant ?

Si vous vous étiez entraîné à déceler les moments où vous vous êtes lancé dans des comparaisons autodestructrices et où vous les avez remplacées par des comparaisons uniquement centrées sur vos propres objectifs, imaginez ce que vous pourriez obtenir en l'espace d'une année. Imaginez le regard différent que vous pourriez porter sur vous-même et votre existence. Il n'existe qu'un moyen de le découvrir.

CE QU'IL FAUT RETENIR

- Si la comparaison avec quelqu'un vous dessert, soit vous vous sentez inspiré et motivé, avec le sentiment qu'il est possible d'apprendre de ce que vous avez vu, soit vous sombrez dans une spirale négative qui échappe à votre contrôle. Si vous avez vécu la seconde hypothèse, le problème, ce n'est pas vous et toutes vos insuffisances apparentes, mais les comparaisons effectuées.

- La solution n'est pas aussi simple que décider d'arrêter de vous comparer aux autres. Votre propension à la comparaison est un outil intégré aussi utile que dangereux. Bien utilisé, il peut vous aider à suivre le bon cap, vous inspirer et vous permettre de dépasser vos limites. Mais mal employé, les dégâts peuvent s'avérer importants et durables.
- Vous comparer aux autres sur les réseaux sociaux ou au sein de votre tout premier cercle d'êtres chers est néfaste pour votre personne et vos relations. Si vous remarquez que vous avez tendance à le faire, agissez vite en gardant à l'esprit les ingrédients essentiels d'une comparaison salutaire.
- Faites en sorte que vos comparaisons demeurent axées sur un objectif, votre progression et la manière de le concrétiser.
- Sortez l'amour-propre de l'équation. Ce n'est pas de l'indulgence. C'est nécessaire à l'apprentissage.
- Choisissez quelqu'un dont vous pouvez égaler les capacités moyennant quelques efforts.
- Lorsque la comparaison a fait naître du ressentiment en vous, mettez-y un terme et recentrez-vous sur votre vie en vous efforçant de retrouver un sentiment de gratitude envers tout ce qui importe à vos yeux.
- Ne vous comparez pas à une personne dont les valeurs sont étrangères aux vôtres.
- Repensez à votre situation antérieure pour éprouver l'excitation provoquée par vos progrès et projetez-vous sur celle que vous souhaitez connaître demain afin de vous permettre de garder le cap.

« Le ressentiment n'est pas le reflet de ce que vous doit le monde, mais le signe de ce sur quoi vous devez travailler. »

2

Quand vos amis ne sont pas vos amis

« Il vaut mieux un ennemi honnête qu'un ami déloyal. »

Proverbe allemand

Je vous ai écrit une lettre

Parfois, dans la vie, vous commencez à porter un regard différent sur certaines personnes, voire des amis que vous connaissez depuis de nombreuses années. Il ne s'est peut-être rien passé de grave ou de dramatique, mais vous avez comme l'impression de ne plus être le bienvenu. Si c'est votre cas, vous devez tirer cette affaire au clair.

Premièrement, nous avons tendance, de manière incroyable, à ignorer cette intuition. Vous ne vous souvenez peut-être pas du contexte dans lequel on a froncé le sourcil ou tressé des lauriers à l'apparence plutôt toxique. Mais vous avez ressenti une tension en présence de cette personne, avec le sentiment de ne pas être certain d'être vous-même. Vous avez peut-être remarqué qu'à chaque fois que vous la voyez, vous ressortez épuisé, à vous demander si elle vous apprécie. Ces traces émotionnelles de l'interaction peuvent persister plus longtemps que le souvenir des détails. Alors, n'ignorez pas les émotions que vous procure cette personne. Ce n'est peut-être pas la réponse ferme et définitive à toutes vos questions, mais il s'agit d'informations qu'il ne faut pas écarter.

Deuxièmement, lorsque vous ne devez pas être vous-même pour qu'une amitié soit acceptable, on ne peut plus parler d'amitié. Vous avez peut-être remarqué que pour faire partie du cercle, vous devez taire toutes les bonnes choses qui vous arrivent dans votre existence, dans la mesure où cela passe pour une menace aux yeux de cette personne. Vous devez vous faire tout petit pour qu'elle puisse vous supporter. Il est risqué d'assumer la responsabilité de l'ego de quelqu'un. Cela revient à jouer à son jeu et à perdre à chaque fois rien que pour avoir la chance de rejouer.

Troisièmement, lorsque vous êtes blessé par le comportement à votre égard d'un soi-disant ami, ce n'est pas acceptable. Et vous n'êtes pas obligé de subir cela, même si vous êtes amis depuis longtemps. Vous n'êtes pas obligé d'entretenir une amitié qui n'est pas saine pour vous. Et nombre d'entre nous bataillent pendant des années avant de trouver le courage de dire « Stop ! ». Nous sommes prisonniers de tas de cartes de vœux reçues et envoyées disant que « l'amitié est éternelle ». Vous êtes non seulement libre de choisir vos amis, mais vous avez également le devoir de faire de votre mieux, et notamment de prendre des décisions réfléchies quant à l'identité des personnes avec qui vous passez du temps. L'amitié est cruciale pour une vie saine et épanouie, mais une amitié de qualité.

Quatrièmement, quand un ami se montre jaloux, méprisant ou fourbe à votre égard, observez et tirez-en la leçon. Si le récit d'une réussite personnelle est accueilli par un regard noir ou une tendance à n'en faire aucun cas, observez et tirez-en la leçon[1]. Et si la mauvaise nouvelle que vous révélez est vite minimisée ou l'on vous oppose un événement « bien plus grave » survenu il y a longtemps, en faisant fi de votre demande de soutien, votre interlocuteur cherchant à être le centre de l'attention, observez et tirez-en la leçon. Apprenez à repérer les signes indiquant que vos intérêts ne sont pas une priorité pour la personne en face de vous.

Une fois que votre interlocuteur a prouvé son manque de fiabilité, il vous faut prendre une décision. Réfléchissez-y en gardant à l'esprit que vous ne pouvez forcer quiconque à être votre meilleur ami. Vous avez simplement la possibilité de décider avec qui passer votre temps. Mais lorsque la personne qui ne se comporte pas bien avec vous est votre ami depuis des années, vous vous dites que vous pourriez faire un effort, un peu plus de ceci et un peu moins de cela, ce qui pourrait l'amener à mieux vous apprécier. Vous pourriez alors vous intégrer. Et peut-être est-ce vrai ? Mais souhaitez-vous vous intégrer quand cette amitié implique pour vous de ne pas être vous-même ? S'intégrer est différent de se sentir à sa place. Vous vous sentez à votre place parce que l'on vous accepte tel que vous êtes.

Une partie essentielle du cheminement vers le sentiment d'appartenance est peut-être de se faire progressivement à l'idée que personne ne peut être aimé de tout le monde. Et si nous ne tombons pas dans le piège consistant à croire qu'être amis, c'est pour la vie, il devient bien plus facile de l'accepter et nous sommes alors libres de faire des choix différents si une amitié s'avère n'en porter que le nom.

Cela ne facilite pas pour autant la démarche consistant à mettre un terme à de vieilles amitiés, même si les comportements subis sont nuisibles. Mais vous entourer de personnes qui font ressortir votre pire côté ou vous rabaissent n'est en aucun cas salutaire. Cela ne peut être que néfaste.

Des outils prêts à l'emploi

Selon les cartes de vœux et les slogans figurant sur les mugs, une véritable amitié dure toute la vie, quoi qu'il advienne. Mais c'est difficile à concilier avec la vraie vie. Il est normal qu'une amitié connaisse des hauts et des bas, mais comment savoir si elle ne peut plus être considérée comme une véritable amitié et quand estimer que c'est de l'histoire ancienne ? Bien entendu, seul vous pouvez prendre ce genre de décision. Voici donc quelques principes à prendre en compte.

Distinguer la critique constructive de la cruauté

Si votre ami se montre désormais critique face à vos choix ou actes, il est tentant d'en conclure que ce n'est pas un véritable ami. Cela vient de l'hypothèse que les amis doivent nous soutenir en toutes circonstances. Mais c'est également en déduire que vous ne prenez que de bonnes décisions. Nombre d'entre nous adoptent des comportements destructeurs à un moment de leur vie et se convainquent d'agir correctement. Lorsqu'un ami critique ces actes, faut-il supposer qu'il ne fait plus partie de nos amis, tirer un trait sur cette amitié et passer à autre chose ? Et si cet ami a été une voix de la raison que vous avez appréciée et respectée pendant de nombreuses années ? Et si plusieurs amis vont dans le même sens ?

Les amis ne sont pas là pour tous vous servir le même son de cloche. Et pourtant, de nombreux amis entrent ainsi dans le moule. Par peur de froisser ou de nuire à l'amitié, ils manifestent leur accord avec des choses dont ils savent pourtant que ce ne sont que des excuses ou des justifications. Un véritable ami vous rappellera vos valeurs lorsque vous semblez avoir dévié du droit chemin. Souhaiter le meilleur pour vous, c'est aussi pointer du doigt vos mauvaises décisions et être suffisamment courageux pour avoir une conversation difficile qui vous incitera à assumer votre responsabilité lorsque vous adoptez des schémas comportementaux destructeurs. Il faut du courage et de l'habileté pour montrer votre désaccord et faire retomber sur terre un ami qui n'assume pas ses actes ou fait marcher les autres. Le risque de rejet court alors, car personne ne souhaite entendre qu'il n'a pas à être fier de son comportement. Mais il existe un certain degré d'autotrahison à dire des choses auxquelles vous ne croyez pas dans le seul but de maintenir le lien. Vous n'êtes alors pas authentique, car vous affichez une version de vous-même paraissant acceptable pour l'autre. Les véritables amis peuvent montrer leur désaccord sans que cela nuise à l'amour et à l'empathie mutuels. Mais si quelqu'un ne dit pas la vérité, est-ce le signe que vous vous connaissez bien tous les deux ?

Toutes les critiques ne se valent pas. Certains amis tiennent des propos pénibles, mais sincères, afin de vous aider à garder vos valeurs à l'esprit. D'autres vous critiquent pour vous rabaisser et diminuer la menace que vous représentez pour eux.

Il est temps de commencer à ignorer les critiques lorsqu'elles s'accompagnent d'un certain mépris. Quand vous prenez conscience de cette tendance, cela signifie, malgré des années d'amitié, que cette personne ne se soucie pas de vos intérêts. Lorsque cela n'est pas clair, il vaut la peine de vous demander, en toute honnêteté et bienveillance, si c'est justifié. Cela pourrait-il m'aider à mieux faire ou est-ce que quelque chose ne va pas chez cette personne ?

Décider quand dire « Stop ! »

La fin d'une amitié qui vous tenait à cœur fait toujours très mal. Par conséquent, mettre un terme à une amitié n'est pas une démarche qui se prend à la légère. Il faut bien y réfléchir. Et il n'existe pas de règles incontournables. On dit par exemple souvent que si un ami ne fête pas vos succès avec vous, il faut vous en débarrasser, car il n'est pas votre ami. Mais comment appliquer cela à un scénario plus complexe ? Imaginez deux amies : l'une d'elles est en proie depuis dix ans à des problèmes de fécondité, tandis que l'autre tombe enceinte. Il serait plutôt égocentrique de s'attendre à ce que la première se rende tout sourire à la fête prénatale de la seconde. La vie regorge de situations telles que celle-ci, empreintes de profondeur et de complexité, qui demandent une approche nuancée, de la compassion des deux côtés et une conversation cruciale, mais difficile sur la manière de gérer toutes les émotions très naturelles qui surgissent lorsque nous œuvrons à maintenir le lien et à être attentif à l'autre.

Cependant, un ami qui semble rivaliser en silence avec vous, parle de vous dans votre dos de manière négative et vous rejette ou vous ignore lorsque vous vivez des événements positifs ne tient probablement pas à votre amitié. Si vous remarquez qu'il vous arrive souvent d'être content de vous, mais pas en sa présence, cela mérite que vous vous attardiez sur ce détail.

La peur de la solitude

S'accrocher à une amitié toxique ou malsaine par peur de ne pas avoir beaucoup d'amis est normal, mais peut vous maintenir inutilement prisonnier de relations. Il en va de même pour les personnes qui se convainquent de rester dans une relation amoureuse destructrice en généralisant le fait que si cette relation ne fonctionne pas, aucune autre ne sera satisfaisante. Cependant, il ne s'agit pas de choisir entre une amitié malsaine et la solitude, mais entre une amitié malsaine et un nouveau défi, qui fait certes peur, consistant à se faire des amis.

Rester dans une relation nocive pour éviter la solitude n'est pas une bonne stratégie à long terme pour votre santé mentale. Les amitiés satisfaisantes sont excellentes pour votre bien-être, contrairement aux mauvaises. L'amitié n'a pas pour but de vous rabaisser. En conséquence, si vos amis ne vous aident pas à être bien mentalement, c'est un signe à surveiller. Une amitié qui est plus nocive que revigorante pour votre existence n'est pas une amitié.

Gardez donc à l'esprit que la tendance à généraliser sur les futures amitiés en vous basant sur celle que vous vivez actuellement risque de vous maintenir dans une impasse au lieu de vous aider à aller de l'avant.

Respecter les mêmes critères

Dans notre tendance à nous concentrer sur nous-mêmes et nos souhaits, nos besoins et nos attentes vis-à-vis de nos amis, il est sain de nous demander de temps en temps ce que *nous* apportons à cette amitié. Bien que la meilleure des amies souhaite votre bien, nous devons également souhaiter son bien. Par conséquent, si un bon ami prend de la distance, il est judicieux de vous concentrer sur ce que vous pouvez faire pour être un meilleur ami et renforcer votre lien. Demandez-vous : « Est-ce que j'ai gardé mes distances ? Est-ce que je me suis éloigné, accaparé par mon existence ? Est-ce que j'ai profité de son soutien, tout en étant incapable de dire la dernière fois où j'ai pris la peine d'écouter son récit de l'épreuve qu'il traversait ? Est-ce que j'ai fait en sorte de créer une atmosphère qui empêche les gens d'être véritablement eux-mêmes en ma compagnie ? »

Il ne s'agit pas de vous mettre sur le dos la fin d'une amitié. Mais si vous êtes suffisamment courageux pour admettre que vous devez tous deux apporter votre pierre à l'édifice pour que l'amitié fonctionne, vous pouvez être sûr que vous avez fourni un effort délibéré pour contribuer équitablement à l'existence de cette amitié.

Ne pas céder à la victimisation[2]

Une grande partie du chagrin éprouvé après la trahison d'un ami tient de notre tendance naturelle à prendre les choses pour nous. Mais gardez à l'esprit que ce comportement est bien plus lié à la relation qu'il entretient avec lui-même et à ses modèles toxiques en matière de relation. Ressasser la question « Comment a-t-il pu me faire ça ? » ne peut déboucher que sur un sentiment de victimisation et une envie furieuse de se venger ou de rabaisser la personne. Cette voie ne saurait vous servir d'aucune manière. Pour éviter de glisser sur cette mauvaise pente, gardez toujours en tête les options dont vous disposez. Quelle que soit votre manière de réagir à la situation, faites un choix délibéré, illustration de votre pouvoir d'action.

Faites en sorte que toutes les expériences, de celles extrêmement positives à celles carrément déprimantes, représentent différentes leçons d'une éducation de toute une vie sur les relations humaines. Lorsque vous ouvrirez le prochain chapitre de votre existence, vous devrez choisir celles qui se chevaucheront avec la vôtre. Si vous souhaitez réparer une amitié après une erreur ou une période difficile, prenez-en le contrôle et procédez soigneusement. De même, si cette personne fait prendre à votre histoire une tournure qui ne vous plaît pas, vous désirerez peut-être moins vous impliquer.

CE QU'IL FAUT RETENIR

- Ce n'est pas tant l'amitié qui est essentielle à une vie saine et heureuse, mais l'amitié de qualité. Les personnes qui se considèrent comme des amis, mais dont le comportement vous blesse, ne vous apportent rien. Elles nuisent à votre existence.
- Qu'il s'agisse d'une bonne ou mauvaise nouvelle, si vous devez dissimuler des pans de votre existence pour vous intégrer, cette amitié ne vous nourrira pas et ne révélera pas la meilleure version de vous-même.
- Un bon ami n'est pas celui qui suit le mouvement à mesure que vous vous enfoncez dans une spirale infernale à coups de mauvais choix. Un bon ami sera suffisamment courageux pour vous rappeler vos valeurs si vous vous égarez sur une voie autodestructrice. Les seules critiques ne sauraient constituer une raison valable de mettre un terme à une relation. Mais les critiques (ou les louanges) accompagnées d'un certain mépris sont le signe que cet ami n'a pas votre intérêt à cœur.
- Ne vous montrez pas impitoyable dans vos décisions. C'est votre vie. Soyez prudent, réfléchi et circonspect. Et si vous tirez un trait sur une amitié,

faites preuve de compassion. Souhaitez le meilleur à la personne et veillez à ce que cette décision soit bien réfléchie et dépourvue de toute amertume.

- Visez toujours l'équilibre. Quand vous vous demandez si la contribution de la personne à votre amitié est satisfaisante, demandez-vous si votre apport à vos amitiés et cercles sociaux correspond à ce que vous espérez recevoir.

« S'intégrer
est différent de
se sentir à sa place.
Vous vous sentez
à votre place parce
que l'on vous
accepte tel que
vous êtes. »

3

Quand vous souhaitez être moins maladroit avec les autres

« Pour être intéressant, soyez intéressé. »

Dale Carnegie,
Comment se faire des amis et influencer les autres

Je vous ai écrit une lettre

Quand une interaction sociale vous semble soudain délicate, c'est généralement parce que vous vous demandez ce que l'autre pense de vous, ce qui vous empêche de vous plonger totalement dans la conversation. Et cette situation est plus particulièrement source d'anxiété lorsque nous nous sentons incapables de contrôler la situation comme nous l'aimerions.

Plus ce sentiment ressurgit, plus nous commençons à avoir le sentiment de subir et non d'apprécier les interactions sociales. L'objectif principal devient alors de fuir sans être humilié. Puis, même après les interactions s'étant bien déroulées, la rumination s'installe lorsque vous vous repassez ces conversations. Un récit de tous les jugements négatifs portés sur vous lorsque vous avez osé baisser la garde et vous engager totalement dans la conversation. Tout cela fait des interactions sociales des événements importants qu'il faut préparer et dont il faut se remettre.

Mais la timidité et quelques moments de gêne ne sauraient empêcher deux personnes d'entretenir une relation profonde et épanouissante. Les deux sont naturels et perdent un peu de leur pouvoir si nous cessons d'attendre qu'ils disparaissent et sommes disposés à les affronter.

Allez au-delà du discours consistant à vous dire que vous n'avez pas les capacités nécessaires. Des gens passent leur existence à affiner l'art d'interagir avec d'autres humains. On peut toujours apprendre et vous découvrirez alors que vous êtes capable de supporter de temps en temps des moments de gêne. Vous découvrirez que ces moments de gêne ne disparaissent pas. Simplement, la confiance en votre faculté de les surmonter s'accroît. À mesure que vous évoluez, l'obstacle qui se présente vous pose moins problème. Le seul moyen d'adopter cet état d'esprit et de révéler pleinement votre potentiel est de vous lancer.

Ainsi, quand vous interagissez avec des personnes, passez moins de temps à vous soucier de ce que vous allez dire et à paraître confiant. Votre nouvelle mission sera plutôt de dégager un état d'esprit positif. Dans les moments où, par le passé, vous vous inquiétiez de pouvoir vous intégrer, faites plutôt en sorte que votre entourage se sente bien accueilli, intéressant et intégré. Voyez si vous pouvez créer une interaction à l'issue de laquelle votre interlocuteur aura le sentiment de sortir grandi et d'avoir côtoyé quelqu'un qui s'intéresse vraiment à lui. Si vous réussissez ne serait-ce qu'à vous rapprocher de cet objectif, la personne se souviendra de la façon dont vous avez contribué à son ressenti. De telles interactions font naître des liens bien plus riches que si vous vous attachez à l'impressionner avec votre confiance sociale. Si vous vous concentrez sur elle, vous n'avez pas besoin d'être une personne très sociable. Vous pouvez vous montrer précisément comme vous êtes.

Si elle se sent bien en votre compagnie, elle sera indéniablement encline à vous rendre la pareille et donc à créer un lien plus profond entre vous deux. La plupart du temps, nous sommes tellement obnubilés par ce sentiment d'appartenance que nous ne prêtons pas attention à ce que vivent les autres et négligeons notre pouvoir d'influer sur leur état d'esprit. Nous sommes en mesure d'instiller un sentiment d'appartenance chez les autres, et lorsque nous y parvenons, nous commençons nous aussi à éprouver ce sentiment[1].

Des outils prêts à l'emploi

Des tas d'articles et d'ouvrages promettent de révéler le secret permettant de se sentir instantanément confiant lorsque l'on échange avec les autres. Mais pour vous forger une confiance sociale, il ne faut pas s'arrêter à l'interaction sociale. Nous avons tendance à demeurer prisonniers de nos peurs sociales avant, pendant et après l'interaction. Voici des outils traitant chacun de ces moments.

Repérer votre tendance dissimulée à l'évitement

Lorsque nous sommes anxieux ou mal à l'aise dans un contexte social, il est tout à fait naturel de vouloir profiter de petits moments de répit. Nous évitons la peur d'entamer une conversation en nous réfugiant dans la salle de bain ou en partant de bonne heure. Ne sachant pas à qui parler ou quoi dire, il nous arrive de rester dans la pièce, mais de nous réfugier dans notre téléphone pour éviter un moment de gêne. Mais cette attitude peut fermer la porte à ceux recherchant un visage familier et amical. Par conséquent, nous sommes tellement axés sur la volonté de dissiper notre malaise que nous ne voyons pas tout le désintérêt que nous projetons, les autres décidant alors de prendre leurs distances et de ne pas nous interrompre. Prisonniers d'une boucle de rétroaction, nous nous sentons seuls et confortés dans l'idée que les autres ne veulent pas vraiment nous connaître.

Ainsi, la prochaine fois que vous vous retrouvez dans une situation sociale, voyez si vous pouvez vous immerger totalement et résister à la tentation d'éviter les occasions d'interaction.

Cela ne signifie pas que les personnes socialement confiantes ont trouvé comment éviter les moments de gêne, mais plutôt qu'elles tentent rarement de les éviter. Elles s'attachent plutôt à prendre du plaisir ou à apprendre à mieux connaître certaines personnes. Parfois, vous concentrer uniquement sur ce que vous essayez d'éviter vous oriente irrémédiablement vers cette chose. Si vous vous répétez sans cesse « Essaie de ne pas paraître gêné, essaie de ne pas dire telle chose », très vite, vous vous mettez à rougir, votre esprit se vide et voilà qu'apparaît ce silence gênant que vous essayiez à tout prix d'éviter.

Pratiquer

Plus vous passez de temps seul, à éviter toute interaction, plus la peur se manifeste lorsque vous devez croiser du monde. Mais si cette réalité montre l'impasse dans laquelle nous nous trouvons, elle nous indique également l'issue possible pour en sortir. L'habituation est le processus grâce auquel votre cerveau diminue la réaction au stress en réponse à une exposition répétée à certains stimuli. En conséquence, plus vous vous exercez à vous retrouver dans des situations sociales et à résister à l'envie de rechercher la sécurité grâce à l'évitement, plus votre cerveau parviendra à calmer la réponse au stress. Les expériences vécues lui apprendront qu'elles ne sont pas aussi dangereuses qu'elles le paraissaient auparavant. Vous accumulerez des aptitudes sociales et des souvenirs d'interactions fructueuses respirant la positivité.

La réponse adéquate pour surmonter ces moments de gêne et l'anxiété sociale associée n'est donc pas d'éviter les événements sociaux, mais de les considérer comme une chance d'affronter ces peurs et de mettre en pratique les habiletés acquises au fil du temps. Bien entendu, vous n'avez pas besoin de privilégier les situations sociales plus terrifiantes. Commencez modestement, puis avancez progressivement. La clé est de vous permettre de vivre régulièrement des interactions sociales positives.

Apprendre et non comparer

Observer ceux qui interagissent avec bonheur est un exercice utile, mais seulement si vous avez l'intention d'apprendre d'eux. Les personnes timides ont tendance à rechercher une personne très sociale, puis à se comparer à elle de manière négative et sans prendre de gants. Elles alimentent alors les croyances selon lesquelles ne pas être le personnage central de la fête est une insuffisance à la fois innée et immuable. Une fois que nous sommes aux prises avec ce récit, nous devenons plus complexés et enclins à fuir et à éviter qu'à profiter des occasions pour apprendre et développer nos aptitudes en matière d'interactions sociales.

Ces comparaisons risquent de vous donner l'impression que vous êtes la seule personne à se sentir gênée, croyance dont les travaux de recherche ont montré le caractère erroné. Au moins 90 % des étudiants américains[2] disent s'être considérés comme timides à un moment de leur existence et 48 % des adultes[3] se jugent timides. Ainsi, à l'instant T, près de la moitié des personnes présentent le même ressenti et les autres ont des souvenirs montrant leur timidité passée. Vous n'êtes jamais vraiment seul à vivre ce genre d'expérience typiquement humaine. Par conséquent, lorsque vous balayez la pièce à la recherche de signes d'un rejet potentiel, souvent, vous percevez en fait des signes de l'hésitation générée par la timidité ou l'anxiété.

Vous concentrer sur les émotions et non les mots

Lorsque nous nous sentons timides ou un peu anxieux, nous pouvons être obnubilés par ce qu'il faut dire et la manière de combler les silences. Mais la solution à la timidité ou aux moments de gêne n'est pas de disposer d'un scénario sur lequel nous appuyer. La création d'un lien avec une autre personne tient aux sentiments que nous générons en elle. Il existe un millier de façons de mettre l'autre un peu plus à l'aise.

L'anxiété nous dit que nous devons impressionner les autres et nous faire accepter. Mais lorsque le but est de tisser un lien, il faut centrer son attention sur l'autre en toute humilité, en s'intéressant à elle et en l'appréciant. Pour remplir l'objectif d'aider l'autre à se sentir à l'aise, il faut une approche bienveillante, sincère et sérieuse. Vous concentrer sur la manière de contribuer à la création d'un environnement aidant les autres à se sentir désirés, acceptés, choyés et intéressants vous permet de porter un regard vers l'extérieur réduisant au silence votre malaise. Vous ne pouvez accorder toute votre attention aux deux. Exploitez donc votre nouvelle mission pour diminuer votre inquiétude concernant l'impression que vous laissez.

Mettre un terme à la rumination apparaissant après un moment passé en société

Même lorsqu'une interaction sociale se passe bien, la personne timide ou anxieuse a tendance à se mettre à ruminer après coup. Nous ressassons les moments de la conversation et essayons d'imaginer ce à quoi pensait l'autre et le jugement qu'il portait sur nous. Nous nous autoflagellons pour le moindre moment de gêne et sombrons dans le désespoir à l'idée que l'autre nous juge éternellement à partir de maintenant.

Une telle rumination n'apporte rien de positif et risque de dégrader votre humeur et d'aggraver votre anxiété. Considérez comme normaux les moments de gêne et, au lieu de vous autoflageller, louez l'effort consenti pour vous impliquer dans la conversation. Et rappelez-vous sans cesse la valeur de chaque danse sociale, même celles vous ayant vu trébucher et marcher sur les pieds de votre partenaire. Ce moment est terminé. Passez donc au suivant.

Contester l'effet de projecteur

Nous surestimons à quel point les autres nous remarquent, nous scrutent ou nous jugent négativement. Dans la mesure où nous sommes au centre de notre univers, nous partons à tort du principe que nous sommes au centre de l'univers de tout le monde. Mais la réalité, c'est que la plupart des gens s'interrogent sur leur propre performance sociale et non la nôtre. Cela ne signifie pas que vous êtes invisible à leurs yeux ou qu'ils n'en ont rien à faire, mais simplement qu'ils ne réfléchissent pas aussi profondément ou avec un œil aussi critique à vos complexes que vous le faites. Ils ont suffisamment de pain sur la planche comme ça.

Quand ce biais frappe, nous sommes enclins à adopter la stratégie d'adaptation courante, mais guère utile, consistant à espérer que les personnes très sociables nous prennent sous leur aile. Nous adhérons au principe selon lequel, si nous parvenons à nous présenter sous un jour suffisamment parfait, si nous avons la bonne attitude et disons ce qu'il faut, les autres feront le restant du travail, à savoir prendre l'initiative d'engager la conversation et de nous faire sortir de notre coquille. Mais cette démarche renforce la pensée biaisée selon laquelle tout le monde nous observe et nous juge et que si personne ne se lie avec nous, c'est parce que nous ne laissons pas une impression impeccable. Cela génère également de l'anxiété en laissant le contrôle aux autres et en espérant qu'ils créent une interaction sociale positive à notre place. Afficher une capacité d'action en matière d'interactions sociales implique de fournir des efforts, d'instaurer des interactions et de mettre de notre énergie pour les cultiver.

Lorsque vous vous surprenez à imaginer que tout le monde vous observe et vous juge, rappelez-vous que c'est totalement inexact et que vous le répéter ne vous aide absolument pas. Prenez cela pour une manifestation de la réponse au stress et la tentative de votre cerveau d'assurer votre sécurité dans le monde social. Lorsque nous pouvons remercier l'esprit de nous éclairer sur les pires scénarios, puis de choisir de ne pas combattre ces pensées et de ne pas y céder ou de ne pas les prendre pour des faits irréfutables, nous sommes alors libres de rechercher d'autres moyens plus valables ou utiles de percevoir la situation.

Rechercher des sourires, et non des mines renfrognées

Si vous entrez dans le bain d'une situation sociale en vous disant que l'eau est remplie de requins, puis en cherchant à les identifier, vous prendrez pour une menace le moindre remous provoqué par le plus petit des poissons. Par conséquent, lorsque vous observez les autres et que vous les écoutez, incitez-les à parler, non pas pour repérer leur froideur, mais pour établir le lien. Trouvez des idées, des expériences et des valeurs à partager[4]. Cela ne doit pas être intimidant. En fait, les menus propos, parler de tout et de rien, favorisent la connexion. Si vous parvenez à être d'accord sur la pluie et le beau temps lorsque la discussion s'engage, c'est que vous avez déjà brisé la glace. Le fait de trouver des points communs, même banals dans un premier temps, peut vous animer tous les deux et mettre la conversation sur de bons rails. Rien de tel pour faire sourire deux inconnus que de découvrir qu'ils ont habité la même ville, visité un même lieu pendant des vacances, qu'ils ont une connaissance en commun ou qu'ils sont capables de rire ensemble. Tous ces moments en apparence sans importance ou superficiels ont en fait le pouvoir d'éliminer ces inhibitions initiales et de nous permettre de créer une certaine dynamique dans la conversation.

CE QU'IL FAUT RETENIR

- Généralement, une interaction sociale est soudain source de malaise lorsque vous êtes distrait par votre souci de laisser une bonne impression à votre interlocuteur, ce qui vous empêche de plonger totalement dans la conversation. Et c'est plus particulièrement une source d'anxiété lorsque nous nous estimons incapables de contrôler cela comme nous l'aimerions.
- Au début d'une interaction, passez moins de temps à vous soucier de ce que vous pourriez dire et de paraître confiant. Votre mission doit plutôt être de susciter ces choses chez l'autre. Dans ces moments où vous craigniez auparavant de ne pas

être à votre place, attachez-vous à faire en sorte que l'autre se sente accepté, intéressant et ait le sentiment de faire partie intégrante de la situation.

- Les personnes confiantes en société n'ont pas pris des mesures pour éviter les moments de gêne, mais essaient tout simplement rarement de les éviter. Elles s'attachent plutôt à prendre du plaisir ou apprendre à mieux connaître certaines personnes. Parfois, le simple fait de penser à une chose que vous essayez d'éviter ne fait que provoquer son apparition.
- La réponse adéquate pour surmonter ces moments de gêne et l'anxiété sociale associée n'est donc pas d'éviter les événements sociaux, mais de les considérer comme une chance d'affronter ces peurs et de mettre en pratique les habiletés acquises au fil du temps.
- Mettez un terme à la rumination dans laquelle vous vous lancez après un événement social. Elle risque de dégrader votre humeur et d'aggraver votre anxiété. Félicitez-vous d'avoir fait l'effort d'affronter ces peurs, puis passez à l'expérience suivante, que celle-ci ait été positive ou négative.
- Lorsque vous interagissez avec des personnes, incitez-les à parler, non pas pour repérer leur froideur, mais pour établir le lien. Trouvez des idées, des expériences et des valeurs à partager.

« Cela ne signifie pas que les personnes socialement confiantes ont trouvé comment éviter les moments de gêne, mais plutôt qu'elles se concentrent rarement dessus. Parfois, vous concentrer uniquement sur ce que vous essayez d'éviter vous oriente irrémédiablement vers cette chose. »

4

Quand vous ne vous sentez pas le bienvenu et que vous souhaitez vous intégrer

« Être vous-même dans un monde qui essaie constamment de faire de vous quelqu'un d'autre est la plus grande des réussites. »

Ralph Waldo Emerson

Je vous ai écrit une lettre

À chaque fois que nous nous retrouvons dans un endroit en compagnie d'autres personnes, nous nous demandons : « Est-ce que je suis à ma place ? » Nous balayons du regard la pièce, à la recherche d'un visage amical, et attendons poliment d'avoir le sentiment d'être le bienvenu. Le besoin d'être en sécurité en tant que membre d'un groupe est tellement fondamental que votre cerveau continue de l'évaluer, même si vous connaissez votre ami depuis des années. Nous sommes tellement sensibles à la place que nous occupons dans un groupe qu'un simple sourcil froncé ou roulement d'yeux peut faire retentir un signal d'alarme et nous mettre à cran.

Si vous ne vous sentez pas le bienvenu ou si vous vous demandez si vous êtes à votre place, vous pourriez être tenté de vous adapter pour vous intégrer. Il n'y a pas de mal à cela, et nous le faisons d'ailleurs tous plus ou moins au quotidien. Mais cela induit la supposition que vous faites sur la valeur de ce groupe. Que se passe-t-il quand votre acceptation dépend d'un mensonge concernant ce que vous pensez être vrai ou lorsque l'appartenance à un groupe implique que vous fassiez des choses qui vous gênent et semblant d'être quelqu'un d'autre ? Ce type de situation s'éloigne du sentiment d'appartenance et ressemble bien plus à de la manipulation.

Cette force qui nous pousse à nous attacher aux autres est tellement omniprésente que souvent, nous n'arrêtons pas de nous demander : « Est-ce que je veux faire partie de ce groupe ? » Si vous courez le risque d'être exclu à la moindre bourde, s'agit-il vraiment d'un groupe offrant un profond sentiment d'appartenance ? Peut-on se sentir en sécurité dans ce genre de groupe ? Vous passerez probablement vos journées à essayer de repérer des signes de désapprobation de la part des autres et à vouloir leur plaire en étant à bout de nerfs.

Nous poser ces questions peut nous changer la vie, car cela nous ouvre les yeux sur les choix à notre disposition et nous fait prendre conscience que nous n'avons pas besoin de nous sentir partout à notre place ni d'être acceptés par tout le monde. Mais que se passe-t-il quand la réponse est « Oui, je veux vraiment me sentir à ma place ici ? ». L'étape suivante n'est alors pas de partir, mais de trouver un moyen de se lier aux membres de ce groupe.

Que nous souffrions ou non généralement d'anxiété sociale, lorsque nous débarquons dans une situation sans savoir si nous sommes les bienvenus, notre système de détection des menaces est en alerte. Notre réaction naturelle à l'incertitude est de nous mettre en retrait pour évaluer la situation. Nous errons donc un peu en marge pendant un moment, dans l'espoir que quelqu'un nous insuffle un sentiment d'appartenance afin que nous puissions nous détendre. Mais nous oublions que la plupart des gens attendent la même chose de nous. Chacun regarde l'autre, désireux d'avoir le sentiment d'être le bienvenu. Et rester en retrait ne permet à aucun membre du groupe de satisfaire ce besoin.

Bon nombre vous diront donc que, dans ces moments, vous devez avoir le courage de rester dans votre coin. Mais j'ai découvert qu'avoir le courage de se lier aux autres vous change vraiment la vie. Lorsque nous cessons de vouloir que les autres nous permettent d'avoir tel ou tel ressenti et que nous nous concentrons sur notre contribution, nous affichons immédiatement une capacité d'action. Vous ne vous souciez alors plus de vous sentir le bienvenu et vous ne vous demandez plus si les autres prennent la peine d'établir un lien. C'est vous qui accueillez les autres. Vous prenez la responsabilité de créer un rapport.

Décider d'offrir ce que vous souhaitez recevoir et prendre la responsabilité de créer ces liens, même lorsque vous ne vous sentez pas à votre place, peut paraître assez radical, alors que l'instinct est d'attendre que les autres prennent le contrôle de la situation. Mais je vous mets au défi d'essayer. Arrivez dans un endroit avec pour mission de faire en sorte que les autres se sentent bien accueillis par vous. Intéressez-vous sincèrement à chaque personne sans attendre quoi que ce soit en retour, puis voyez ce qui se produit.

Des outils prêts à l'emploi

Notre sentiment de connexion, aussi bien à la maison que dans la sphère sociale, est un indicateur important de notre santé mentale[1]. Quels meilleurs outils à mettre en œuvre, par conséquent, que ceux destinés à renforcer notre capacité à créer des liens ? Pour nombre de personnes, perfectionner cet art passe par la gestion de l'anxiété sociale, l'apprentissage des techniques de communication et des efforts sur l'assurance affichée. Mais voici les outils prêts à l'emploi que vous pouvez essayer sur l'instant lorsque vous souhaitez être capable d'agir dans des situations sociales.

Rechercher les bons endroits

La toute première chose à faire est de vous demander si c'est le bon endroit pour obtenir l'acceptation et l'appartenance. Nombre d'entre nous ne cherchent pas le bon endroit pour bénéficier de ce sentiment d'appartenance. Nous avons des croyances fondamentales profondément ancrées concernant la personne que nous sommes et ce que nous méritons. Nous n'y pensons pas de manière délibérée au quotidien. Mais si notre univers nous façonne en quelqu'un de déplaisant, d'incompétent et qui ne fera jamais grand-chose, il est possible que nous ayons le sentiment de ne pas mériter d'appartenir à des groupes qui remettent en cause ces croyances. Nous cherchons alors à nous faire accepter de groupes renforçant la piètre opinion que nous avons de nous-même et nous maintenant dans une impasse.

Bien que nous ne puissions pas éliminer ce besoin d'appartenance, il est possible de choisir où le rechercher. Si vous ne vous sentez pas intégré au sein d'un groupe, vous pouvez toujours vous poser les questions suivantes :

- Ai-je vraiment envie d'appartenir à ce groupe ?

- Est-ce que le fait d'être considéré comme un membre à part entière de ce groupe serait une chose positive dans mon existence ?
- Pour être accepté, dans quelle mesure attend-on de moi que je change, que je fasse évoluer mes croyances ou mes valeurs ? Est-ce que cela me pose un problème ?

Rechercher ce que vous souhaitez trouver

Si vous vous retrouvez dans un contexte avec un mauvais pressentiment, vous vous attendrez peut-être à être rejeté ou à subir des désapprobations. Votre cerveau fera en sorte de veiller à votre sécurité, en balayant les lieux, à la recherche de signes de menace. Et lorsque vous en cherchez, généralement, vous en trouvez.

Lorsque nous nous attachons à nous protéger d'un jugement ou d'un rejet potentiel, nous nous mettons en retrait. « Moins vous me connaissez, moins vous pouvez me blesser. » Mais maintenir les autres à distance les pousse à s'interroger sur notre sentiment vis-à-vis d'eux. Eux aussi sont en quête de signes indiquant qu'ils sont en sécurité en notre compagnie. Par conséquent, ce qui commence par une mesure d'autoprotection ne fait que nuire à l'établissement d'un lien. Lorsque les autres prennent leurs distances en réponse à notre manque d'enthousiasme apparent envers eux, il s'agit d'une forme d'autoprotection face aux signaux que nous leur avons envoyés.

L'auteur David Brooks le dit très bien : « Une personne en quête de beauté aura probablement tendance à s'émerveiller, tandis qu'une personne à l'affût des menaces repérera le danger. » Le fait de garder à l'esprit que votre attention est comme un projecteur dont vous avez le contrôle change la donne dans les interactions sociales. Nous sentir à l'aise et accepté est fonction du lien tissé avec les autres, dans lequel nous jouons un rôle actif, car il est souvent conditionné par plusieurs facteurs : notre faculté d'aborder l'autre en faisant preuve d'une curiosité sincère, de l'aider à se sentir apprécié et intéressant, comme nous souhaiterions nous sentir. Pour ce faire, vous devez désirer en savoir plus sur sa vie et ce qui importe à ses yeux.

Si l'anxiété vous empêche de réfléchir à des questions sur l'instant, vous pouvez tout à fait en préparer quelques-unes. Mais l'essentiel est de faire preuve d'une véritable curiosité vis-à-vis de votre interlocuteur, à considérer comme quelqu'un qui vaut la peine d'être connu. Si vous êtes armé de cette intention, la conversation se déroulera naturellement et il se sentira à l'aise grâce à vous.

Modifier l'objet de votre attention et prendre vos responsabilités

N'attendez pas que l'on vous mette à l'aise. Mettez les autres à l'aise.

Il s'agit d'un changement d'état d'esprit délibéré qui consiste à passer de l'évitement des risques à la volonté d'aller vers les autres. Vous cessez d'être sidéré comme le lapin sur la route se retrouvant éclairé par les phares d'une voiture pour passer en mode proactif avec le sens de l'initiative, qui vous voit afficher une capacité d'action, avec des intentions claires en tête.

Si vous êtes uniquement axé sur l'évitement du rejet, vous passerez votre temps à essayer de demeurer invisible et aurez probablement le sentiment de n'être en phase avec personne.

Lorsque vous prenez la responsabilité de créer des liens et d'aider les autres à se sentir à l'aise, vous n'avez pas besoin d'une intention préalable bien précise concernant tous vos comportements. Dans chaque interaction et pour chaque déplacement, acte, pensée et prise de parole, vous pouvez tout simplement vous demander : « Est-ce que je crée de la distance ou j'entretiens une proximité ? »

Il s'agit là d'un changement d'envergure, surtout pour les personnes souffrant d'anxiété sociale. Elles sont généralement axées sur leur être, se demandant constamment comment elles sont perçues et si elles sont acceptées. Lorsque nous nous comportons de la sorte, nous nous sentons totalement à la merci du groupe et du jugement de ses membres. Nous commençons à remettre en cause notre valeur si le groupe ne se montre pas accueillant. Nous recherchons la bienveillance sur les visages et les possibilités de tisser des liens au lieu d'arborer ce visage attentionné qui met les autres à l'aise. Dans un groupe rempli de personnes ayant besoin de sentir bien en son sein, qui prend la responsabilité de mettre les autres à l'aise ? Bien entendu, prendre ainsi les devants s'accompagne d'une certaine vulnérabilité. Certains vont accepter votre invitation à créer des liens, contrairement à d'autres. Nous ne pouvons donc pas évaluer notre valeur sur la base des réactions de toutes les personnes avec lesquelles nous tentons d'interagir. Je pourrais écrire des livres entiers sur les raisons pour lesquelles quelqu'un ne répond pas à une proposition d'établissement d'un lien, sans que cela soit dû à l'initiateur. Prendre cette attitude pour soi est un processus de pensée biaisé qui ne fait que vous éloigner de vos ambitions d'intégration.

Trouver des points communs[2]

Si nous devons réfléchir à la manière de créer ce sentiment d'appartenance chez les autres, en sachant pertinemment qu'il est recherché par tout le monde, comment s'y prendre ?

Lorsque vous vous demandez si vous êtes intégré dans un groupe et que votre cerveau recherche frénétiquement les signes indiquant que vous êtes différent et pas vraiment fait pour y trouver votre place, tout ce qui vous sépare des autres membres se retrouve amplifié. Par conséquent, avant même de rejoindre une conversation, vous vous sentez différent et en marge, et vous négligez toutes les informations indiquant que les similitudes sont plus nombreuses que les différences. Trouver ne serait-ce que le moindre point commun peut y remédier. Je pense que c'est ce que font les gens lorsqu'ils parlent du temps ou se plaignent de la circulation. Nous ne nous connaissons pas encore, mais nous sommes tous arrivés aujourd'hui sous le mauvais temps. Brisons donc la glace en prenant comme fil conducteur la météo. Vous voyez souvent les humoristes établir un rapport avec leur public en plaisantant à propos de la ville dans laquelle ils jouent. C'est un point commun, une base pour établir le lien. « Voici une chose que nous connaissons tous, même si elle est banale. » Ces moments subtils, mais beaux, ouvrent la porte comme pour dire « Entrez, vous êtes les bienvenus ».

Ainsi, lorsque votre objectif est de vous intégrer, tâchez simplement de trouver des similitudes. Vous avez peut-être tous deux des enfants ou vous n'aimez pas le buffet. Les détails sont secondaires. L'essentiel est l'instant de connexion qui en résulte.

CE QU'IL FAUT RETENIR

- Nous ne choisissons pas notre besoin commun d'appartenance, mais nous pouvons choisir l'endroit où rechercher ce sentiment. Si vous êtes sur le point de commencer à changer des choses personnelles pour vous intégrer, avez-vous vraiment besoin et envie de vous faire une place dans cet endroit ?

- Dans les moments d'incertitude sociale, on nous dit souvent d'avoir le courage de rester dans notre coin. Mais il est possible pour tout le monde d'obtenir une issue plus favorable en ayant le courage de se lier aux autres.
- Cherchez ce qu'il y a de meilleur chez les autres et vous le trouverez. Recherchez le pire et vous le trouverez également. Vous concentrer sur le jugement que vous souhaitez éviter risque de nuire à la connexion et non la créer.
- Plutôt que de vous demander si les autres vous mettront à l'aise, soyez celui qui met les autres à l'aise et voyez ce qui se produit.
- Pour établir un lien, trouvez des points communs, même insignifiants. Vous jetterez ainsi les bases d'une réelle connexion.

« N'attendez pas
que l'on vous mette
à l'aise.
Mettez les autres
à l'aise. »

5

Quand vous n'arrêtez pas de dire « oui », alors que vous avez envie de dire « non »

« Lorsque vous dites "oui" aux autres,
assurez-vous que vous ne dites pas "non" à vous-même. »

Paulo Coelho

Je vous ai écrit une lettre

S'il vous est impossible de dire « non » aux autres, même lorsque cela s'impose, il est impératif de prendre cela très au sérieux. Être capable de s'affirmer et de dire « non » est l'une des habiletés fondamentales dont vous aurez besoin dans la vie. Nombre de personnes se voient enseigner qu'être quelqu'un de bien, c'est être gentil, en veillant à ce que les autres ne soient pas mal à l'aise et satisfassent leurs besoins. Mais être capable de dire « non » à bon escient est central lorsque l'on veut être quelqu'un de bien.

Si vous vous efforcez d'être gentil dans toutes les situations que vous rencontrez, vous restez à la merci des caprices et de l'idéologie de la personne à qui vous cédez. Être quelqu'un de bien ne signifie pas suivre l'opinion des autres ou attendre que l'on vous donne la permission d'agir et dise comment procéder. Être quelqu'un de bien est beaucoup plus difficile. Cela implique que vous réfléchissiez par vous-même si attentivement à ce qui est bien et mal que vous ne puissiez mettre de côté le fruit de votre réflexion pour privilégier l'avis d'autrui.

À certains moments de votre existence, personne ne sera à vos côtés. Vous devrez combattre seul. Vous aurez peut-être à négocier pour vous-même ou pour un être cher qui ne peut le faire. Dans un cas comme dans l'autre, vous aurez besoin des outils nécessaires pour vous défendre et faire entendre votre voix, de manière à ce que quelqu'un ayant appris à plaider sa cause et dont l'estime de soi ne le fait pas toujours coiffer la casquette du « gentil » ne vous force pas la main.

Maintenant, lorsque vous prenez conscience d'avoir beaucoup à apprendre dans ce domaine de votre existence, vous pouvez avoir tendance à vous flageller et à basculer dans la haine de soi. Mais assumer la responsabilité de l'état d'esprit des autres n'est pas un défaut à éradiquer. Ce n'est pas aussi simple ou tranché que cela. En fait, si vous êtes d'une nature agréable, ces traits de caractère sont une force immense lorsqu'il s'agit par exemple d'élever des enfants en bas âge. C'est là que votre sensibilité aux émotions des autres devient votre super-pouvoir et vous aidera à créer un lien d'attachement absolument indispensable au développement du bébé. Mais cette tendance à apaiser votre entourage a peut-être été une stratégie de survie en raison de votre enfance difficile. Quoi qu'il en soit, je veux dire par là que votre caractère de gentil ne doit pas être perçu comme une faiblesse. Cela signifie cependant qu'il vous faudra de temps en temps vous armer de courage et exploiter les habiletés nécessaires pour plaider votre cause. Sans cela, les relations avec les adultes s'avéreront dangereuses.

Vous estimez peut-être que dangereux est exagéré. Mais dire « oui » quand vous avez envie de dire « non » vous fera non seulement mettre en péril votre préférence et vos besoins, mais également ce que vous estimez être vrai et approprié. Une fois que vous commencez à franchir cette limite, en renonçant à votre jugement et en vous trahissant afin de faire plaisir à quelqu'un d'autre, vous sombrez dans une spirale négative.

Votre estime de soi se retrouve rognée par toutes ces petites autotrahisons qui paraissent accessoires sur l'instant. Après tout, une petite fissure sur une digue, ce n'est rien, non ? Et si nous en supportons une sans que cela engendre trop de dégâts, pourquoi ne pas en tolérer une autre, puis une autre ? Une relation saine ne devient pas néfaste du jour au lendemain. Nous renonçons à notre main une carte à la fois.

Comment savoir si vous avez emprunté cette direction ? Eh bien, vous dites peut-être plus souvent « Peu importe » que « oui » ou « non ». Vous vous appropriez peut-être tellement souvent les besoins, préférences et croyances des autres que vous ne savez pas combien il en demeure parmi les vôtres. Votre moi s'exprime peut-être plus ou moins en fonction de l'espace à combler. Mais à chaque fois que vous ne voulez ou ne pouvez pas dire « non », vous abandonnez instantanément votre pouvoir dans l'interaction. Si vous n'avez pas le pouvoir de vous affirmer afin de vivre conformément à vos croyances ou simplement de protéger votre santé physique et mentale, vous serez vulnérable aux tentatives de manipulation ou d'exploitation. Et même votre sens de la moralité se retrouvera aux mains des personnes à qui vous n'êtes pas capable de dire « non ».

Cette lettre est donc bien plus qu'une volonté de ma part de vous dire de trouver le courage de dire « non » pour vivre une existence plus heureuse. J'affirme que vous êtes loin de vous imaginer à quel point vous ne vous reconnaîtrez pas si vous ne faites pas immédiatement un travail sur vous-même.

Dire « non », non seulement quand c'est facile, mais également quand c'est justifié, fera bien plus que veiller sur la bonne santé de votre être et de vos relations. Ce sera parfois votre unique protection contre les forces extérieures susceptibles de facilement vous manipuler et de vous faire devenir une personne que vous n'aimez pas et que vous n'avez pas envie de devenir.

Ne partez donc jamais du principe que se sentir incapable de dire « non » n'est pas un problème. C'est important à la fois pour vous et votre entourage. La bonne nouvelle, c'est que plus vous travaillerez sur ce point, plus vous deviendrez courageux et plus votre vie commencera à refléter vos choix et intentions et non simplement ceux des autres.

Il n'est pas juste pour vous ou n'importe quelle autre personne de confier aux autres la boussole de votre existence en priant pour que le cap suivi vous convienne. Le moindre changement de cap opéré vous inscrit en victime de leurs choix. Vous devez disposer de votre propre boussole et avoir clairement en tête une direction à emprunter pour être le type de personne que vous souhaitez devenir et pour les raisons qui vous conviennent. Il vous sera alors bien plus facile de saisir à quoi vous devez dire « oui » ou « non ».

Des outils prêts à l'emploi

Le dilemme concernant le moment où vous devez persévérer pour obtenir ce que vous souhaitez et celui où vous rallier à l'opinion d'autrui est très perturbant sur le moment. La raison ? En partie parce que les émotions associées à ce dilemme ne sont pas uniquement issues du présent, mais également du passé[1]. Ce n'est pas aussi simple que remplacer un « oui » par un « non ». Ces émotions fortes vous projettent dans différentes directions comme s'il s'agissait de marées contraires. Par conséquent, quelle que soit votre position, vous n'êtes jamais à l'aise.

Apprendre à dire « non » réclame une bonne dose de courage afin de gérer ces émotions qui nous envoient dans différentes directions, ainsi qu'une solide assurance[2]. Passons donc en revue certains éléments traités dans la littérature qui changent vraiment la donne et vous seront d'une grande utilité.

Gérer la culpabilité éprouvée lorsque l'on dit « non »

Parmi toutes les émotions rendant bien plus difficile qu'il n'y paraît l'expression d'un refus figure la culpabilité. Dire « oui » quand il faudrait dire « non » est un compromis émotionnel. Comme nous ne voulons pas éprouver cette culpabilité, nous revenons sur notre position, et le brin de ressentiment subsistant nous semble être un petit prix à payer – pendant un moment. Mais à chaque fois que nous troquons la culpabilité contre le ressentiment, le poids de ce dernier est un peu plus lourd. Le ressentiment ne s'évanouit pas. Il ne fait que donner naissance à de l'amertume et à des accès de rage qui semblent surgir de nulle part. Et plus ce ressentiment s'accroît au fil du temps, plus il est difficile de le dissimuler, aussi bien à vous-même qu'à ceux qui partagent votre vie. On peut dire que vous devenez assez difficile à vivre. Si vous ne plaidez pas votre cause ou ne défendez pas votre point de vue, votre entourage ne peut qu'essayer de deviner ce que vous pensez. Et lorsqu'ils le devinent à tort, le ressentiment commence à s'immiscer et cette atmosphère de souffrance et d'amertume prend de l'ampleur, et même ceux qui ont le plus d'importance à vos yeux se mettent à vous en vouloir.

Mais comment dire « non » sans se sentir coupable ? Pour la faire courte, vous n'y êtes pas obligé. Si vous savez que telle décision est la meilleure à prendre, vous pouvez supporter la culpabilité. Les émotions sont une excellente source d'information, mais ne disposent pas de tous les faits. Écoutez donc ce qu'elles vous suggèrent, mais gardez en tête que vous êtes aux commandes. Vous n'êtes pas obligé d'éliminer cette culpabilité avant de passer à autre chose. Si vous êtes disposé à l'emporter avec vous, elle ne vous freinera pas.

Si vous savez que vous éprouvez de la culpabilité à chaque fois que vous dites « non », même lorsque cela s'impose, la pratique de la pleine conscience peut vraiment renforcer cette capacité à repérer cette émotion et à vous écarter en prenant un peu de hauteur. Ainsi, nous voyons poindre cette envie de renoncer au contrôle et de succomber, tout en admettant qu'il nous faille choisir entre agir en fonction de cette envie ou procéder différemment, selon ce qui nous semble approprié. Si vous désirez découvrir des méditations de pleine conscience guidées, vous en trouverez sur ma chaîne YouTube.

Revoir la signification de ces émotions

Les sentiments ne sont pas simplement issus du moment présent. Ils sont également l'écho du passé. À un moment de votre vie, votre comportement rendait les adultes de votre entourage heureux, et la recherche de leur approbation vous aidait à maintenir votre attachement envers eux. Au tout début de votre existence, cet attachement était primordial. Il supplantait tous les autres besoins. À l'époque, il était absolument logique. Dans les relations à l'âge adulte, cette culpabilité peut paraître presque instinctive et se manifester lorsque vos propres besoins entrent en ligne de compte. Mais bien qu'elle ait pu constituer un danger par le passé, sa signification est peut-être aujourd'hui plus positive. Vous défendez votre position, vous vous occupez de vous, vous affirmez vos besoins, vous vous affirmez et vous faites face aux conflits, au lieu d'accepter la défaite.

Apprendre à avoir plus peur de votre propre désapprobation que de celle des autres

Lorsque nous apprenons à plaider notre cause, les autres représentent une grosse partie de l'équation. Nous tenons absolument à ce qu'ils nous apprécient, pensent que nous sommes quelqu'un de bien et nous considèrent comme une bonne compagnie. Mais nous avons également peur de l'abandon. Et si nous estimons qu'il existe un risque de perdre une personne chère à notre cœur, nous plaçons son opinion au-dessus de la nôtre. Cela donne ce genre de récit : « Tant que je ferai en sorte que mon entourage se sente bien et soit satisfait de moi, je me sentirai en sécurité dans la relation. Tant que j'ai leur approbation, la mienne importe moins. » Lorsque le fait de dire « non » nous fait croire que l'on n'est pas quelqu'un de bien aux yeux d'une autre personne, cela peut être lié à notre nature agréable, mais également le fruit d'un apprentissage au début de notre existence. Cet apprentissage a besoin d'être actualisé, tout comme la signification que nous donnons à cette culpabilité.

Il est normal de craindre la désapprobation d'autrui, mais vous devez avoir plus peur de votre propre désapprobation. Bien entendu, l'opinion de certains membres de votre entourage est importante pour vous, mais quand il s'agit de choix de vie qui vous concernent, vous devez en assumer la responsabilité et il faut que vos valeurs personnelles soient le point d'ancrage qui détermine si vous allez emprunter ou non cette direction.

Cela dit, il ne s'agit pas simplement de vous réveiller le matin, de vous convaincre de rechercher votre propre approbation et de ne pas vous soucier de ce que les autres peuvent penser. Pour vous bâtir une perception de soi qui est plus que les trous d'une éponge attendant d'être comblés par les excès des autres, vous devez passer à l'action. Il vous faut combattre la routine, innover, vous mettre dans des situations afin de découvrir comment vous vous en sortez, tisser des liens ou revenir à des choses qui faisaient autrefois partie de votre vie, simplement parce qu'elles vous faisaient plaisir. Vous ne deviendrez pas la personne que vous souhaitez être en ne faisant qu'y penser. Passez à l'action ! Dans cette optique, en même temps que vous apprenez à vous affirmer, même lorsque vous craignez d'être rejeté, vous devez vous engager à prendre soin de vous-même. Très souvent, à la base de l'envie de dire « oui » alors que nous devrions dire « non » se trouve une peur de l'abandon profondément ancrée. C'est une sorte de mesure de sécurité, si vous préférez. Bâtir votre vie et votre perception de soi permet de construire une confiance en votre capacité à survivre à l'abandon. Mais en attendant, le fait de maintenir des limites salutaires s'accompagnera d'une peur plus intense qu'elle ne devrait l'être.

Découvrir qu'un « non » peut changer la donne

Lorsque vous êtes habitué à dire « Pas de souci » à toutes les options que l'on vous soumet, il est facile de perdre de vue le fait que vous êtes une personne ayant certaines préférences et d'envisager ce que pourrait être la vie si vous vous y conformiez. Prenez donc un peu de temps pour cultiver cette idée.

Essayez ceci

Si vous n'avez pas une idée claire de votre objectif, vous aurez bien moins de chances de l'atteindre. Prenez donc le temps d'entretenir l'image de ce que vous visez en fournissant des réponses détaillées aux questions ci-dessous.

Imaginons que vous ayez passé la journée à vous consacrer aux diverses tâches et interactions avec la ferme conviction que vos préférences, valeurs et principes étaient tout aussi valables que ceux des autres. Pendant toute la journée, vous vous êtes engagé à ne pas déroger à vos besoins.

- À quoi cela ressemblerait-il ?
- Concrètement, que feriez-vous différemment ?
- Dans quelles situations le terme « non » ferait-il son apparition, contrairement à ce qui se passait avant ?
- Dans quelles situations vous faudrait-il le plus de courage ?
- Que seriez-vous prêt à perdre et à gagner ?
- Imaginez maintenant que vous parveniez chaque jour à faire tout cela. Au bout d'un an, qu'est-ce qui vous semblerait avoir changé ?
- En quoi les personnes faisant partie de votre entourage en tireraient-elles également parti ?

Quand le « non » n'est pas entendu

Est-ce que vous ne dites jamais « non » ou les autres considèrent-ils qu'un « non » n'est pas une réponse ? S'il s'agit du second cas de figure, c'est que cette personne enfreint les limites que vous avez fixées. La clé du changement est d'analyser votre propre rôle dans l'affaire. Partir du principe que le comportement des autres est neutre est une erreur. Soyez vigilant aux signes de manipulation vous compliquant la tâche à l'heure d'imposer des limites saines et vous maintenant prisonnier d'une position source d'impuissance. Voici quelques éléments à surveiller :

- Des mensonges, des excuses et des reproches concernant des choses dont l'autre est responsable.
- Quand l'autre s'accroche à des vérités fallacieuses et ne révèle qu'une partie de la vérité, conforme à ses intentions.
- Le harcèlement psychologique. C'est une forme de manipulation qui pousse une personne à remettre en cause sa propre perception de la réalité et à douter de son jugement, créant ainsi une dépendance vis-à-vis du harceleur, qui se présente comme la meilleure ou seule source de la vérité.
- Les comportements passifs-agressifs.
- Les actes de gentillesse ayant des contreparties et qui servent à orienter par la suite vos décisions sur certaines choses.
- Ils se muent en victimes, vous choisissant dans le rôle du sauveur, en appelant à votre compassion et à votre sens du devoir. Ils refusent de prendre soin d'eux si vous ne volez pas à leur secours.
- Lorsque vous essayez d'affirmer vos propres besoins, ils peuvent se victimiser et vous désigner responsable. « Comment oses-tu laisser entendre que tu as des besoins ? Tu crois que tu es dans le pétrin ? Voici la liste des malheurs bien plus graves qui me touchent. »
- Ils restent flous sur ce qu'ils souhaitent et jouent sur vos émotions, que ce soit la culpabilité, l'anxiété ou votre sens du devoir.
- Des critiques permanentes et déguisées sous forme de messages d'amour, en laissant entendre qu'ils font des choses pour votre bien et que vous ne devriez pas le prendre pour vous.

- Ils vous poussent à adopter un mode de pensée de type « tout ou rien ». C'est soit vos besoins, soit les leurs, en insinuant que si vous vous souciez de vos propres besoins, vous négligez les leurs.

Si vous repérez ces signes, ce n'est pas une raison pour cesser de vous affirmer. Cela signifie que vous devez bien maîtriser les habiletés à votre disposition en matière d'affirmation de soi, les mettre en œuvre et perfectionner votre faculté de discerner les relations saines et celles supposant que vous n'exprimiez aucun besoin, ni préférence ou que vous ne vous montriez pas à même de plaider votre cause.

Les habiletés en matière d'affirmation de soi

Si vous souhaitez commencer à mieux plaider votre cause, l'étape suivante est d'acquérir les aptitudes à bien communiquer. C'est l'une des formes d'acquisition d'habiletés les plus précieuses dans le cadre d'une thérapie. Et si vous vous offrez les services d'un clinicien pour y parvenir, vous pourrez régulièrement faire le point sur la manière dont ce nouvel apprentissage vous rend service dans votre existence et peut vous remettre sur les bons rails s'il vous arrive de reprendre de vieilles habitudes.

L'affirmation de soi va bien au-delà de la communication. C'est également acquérir une clarté d'esprit, concernant vos valeurs, vos objectifs et votre vision de la personne que vous souhaitez devenir, qui permet bien plus facilement de savoir ce que vous attendez des différentes situations rencontrées et pour quelles raisons. Vous saisirez plus facilement quand abandonner certaines choses et quand vous armer de courage afin de ne pas vous laisser faire.

Passez donc tout d'abord un peu de temps à affiner votre vision de ce qui est important pour vous et de la manière de gérer vos relations et les autres pans de votre existence, en axant votre réflexion sur vos valeurs personnelles. Je vous propose un guide adapté en la matière que vous trouverez dans l'Annexe (voir page 331).

Lorsque vous aurez défini votre objectif, vous pourrez prêter attention aux émotions qui se manifestent pour vous signaler les moments où vous devez vous affirmer, alors que vous avez envie de revenir sur votre position. Vous pourrez récapituler les émotions associées à cette situation en vous basant sur les valeurs claires que vous entendez respecter. Cela vous aidera à orienter vos décisions et à vous empêcher d'être influencé par le besoin d'apaiser les autres.

Lorsque vous décidez de vous défendre, si ce n'est pas immédiatement, attachez-vous à préparer l'argument le plus précis qui vous vienne à l'esprit. Consignez par écrit ce que vous affirmez en détaillant les raisons. Lorsque vous préparez ce que vous allez dire, abstenez-vous de porter des jugements ou de formuler des reproches qui pourraient mettre l'autre personne sur la défensive. Gardez à l'esprit qu'il ne s'agit pas d'une bataille. Vous ne souhaitez probablement pas abîmer la relation, ce qu'une agressivité manifeste, à base d'accès de colère et de hurlements, risque de produire. Évitez donc toute agressivité voilée susceptible de transparaître à travers des sarcasmes ou un ressentiment silencieux. Faites savoir à l'autre que vous n'occultez pas ses souhaits et besoins. Mais tenez-vous-en fermement à la décision prise et aux motivations qui en découlent.

Voici quelques principes pour communiquer en vous affirmant :

1. Essayez de présenter votre compréhension de la situation d'une manière aussi neutre et objective que possible afin d'éviter d'inciter l'autre à se mettre sur la défensive.

2. Vous pouvez indiquer votre ressenti vis-à-vis de la situation, en restant très précis et concret. Résistez à la tentation de généraliser (« C'est systématique ») ou de faire des déclarations à l'emporte-pièce sur le tempérament de l'autre personne. Au lieu de dire « Je déteste la manière dont tu... toujours », préférez plutôt souligner « Quand tu X, cela me rend Y ».

3. Lorsque vous voulez dire « non », ne tournez pas autour du pot. Allez droit au but et soyez aussi clair et précis que possible.

4. Lorsque vous obtenez une réponse positive et que votre interlocuteur procède à des ajustements ou respecte votre position, témoignez-lui en retour votre gratitude. Cela permettra de pérenniser ce comportement.

5. Si votre interlocuteur ne réagit pas de manière très positive et persiste à essayer de franchir la limite que vous avez établie ou s'il se met à vous insulter et à essayer de vous faire taire en haussant le ton, restez concentré. C'est là que vous devez vous répéter. Tenez-vous-en aux éléments de langage préparés et n'ayez pas peur de vous répéter autant de fois qu'il le faut.

6. Que vous ayez ou non préparé votre prise de parole, votre attitude est primordiale. Regardez calmement la personne dans les yeux, ayez une allure confiante et exprimez-vous fermement, mais sans aucun signe d'agressivité. Si vous entrez dans la conversation en vous recroquevillant sur vous-même ou si vous explosez de rage et vous vous mettez à hurler, vous

sacrifierez l'efficacité de vos propos et aurez bien moins de chances d'obtenir l'issue souhaitée.

7. Si vous percevez un compromis susceptible de vous convenir à tous les deux, n'hésitez pas à vous y montrer favorable. Mais vérifiez bien que la solution est de type gagnant-gagnant. Si un compromis apparent vous procure de la rancœur, c'est que vous avez mis trop précocement un terme à la négociation.

CE QU'IL FAUT RETENIR

- On croit à tort, et c'est souvent dommageable, qu'être gentil signifie céder aux exigences des autres, être toujours celui qui dit « Pas de souci », et ménager la chèvre et le chou pour contenter tout le monde. Mais pour quiconque aspirant à vivre conformément à ce qu'il considère être « quelqu'un de bien », l'affirmation de soi est la seule solution, sous peine d'être attiré dans n'importe quelle direction réservée par l'existence.
- Il vous arrivera d'avoir besoin de ne pas vous laisser faire ou de défendre une personne que vous aimez et qui n'a personne d'autre sur qui compter. Vous aurez à la fois besoin de courage pour vous défendre et d'aptitudes pour négocier avec ceux qui ne se soucient guère d'être considérés comme gentils. La bonne nouvelle, c'est que ces aptitudes se maîtrisent moyennant un peu de pratique.
- Quand vous commencerez à vous affirmer, vous ressentirez de la culpabilité lorsque vous direz « non ». Mais cette culpabilité peut être un écho du passé. Elle n'est pas automatiquement le signe qu'un refus était une option erronée. Si cette décision était conforme à vos valeurs, vous pouvez dépasser les émotions appartenant au passé.

- L'évitement d'un conflit potentiel paraît souvent être la solution de facilité lorsque vous avez besoin de vous défendre ou de dire « non ». Mais opter pour cette solution vous ronge, puis vous en payez les conséquences.
- Une grande partie de la difficulté est de dépasser l'indécision et la réticence à affronter sans hésiter un conflit potentiel.
- L'affirmation de soi est souvent considérée comme une capacité de communication. Mais quand il s'agit de se défendre, l'une des plus grandes difficultés est de savoir quand utiliser cette capacité. Une fois armé de ces outils, vous devez savoir clairement qui vous souhaitez être dans le cadre de vos relations et au sein de votre communauté. Il devient alors plus facile de saisir quand lâcher l'affaire et quand vous armer de courage pour camper sur vos positions.
- On ne se débarrasse pas du jour au lendemain de l'habitude de longue date d'apaiser les autres. Il y aura donc des moments où vous repérerez le besoin de vous défendre, tout en ayant grandement envie de céder. Vous pouvez alors vous laisser influencer avant d'avoir eu le temps de réfléchir aux valeurs que vous souhaitez respecter dans votre existence. Il vous arrivera aussi de vous surprendre et d'utiliser spontanément vos nouvelles aptitudes. Mais à d'autres moments, vos vieux schémas referont surface. Vous n'y perdrez rien si vous êtes disposé à les utiliser dans l'optique de tirer des enseignements. Réfléchissez à ce qui a rendu les choses difficiles cette fois-ci et à la manière dont vous pourriez surmonter ces difficultés la prochaine fois. Cela vous aidera à orienter vos décisions dans les futures situations similaires.

« Il est normal
de craindre
la désapprobation
d'autrui, mais
vous devez avoir
plus peur
de votre propre
désapprobation. »

6

Quand vous avez affaire à des personnes passives-agressives

« Personne ne peut vous faire sentir inférieur sans votre consentement. »

Eleanor Roosevelt

Je vous ai écrit une lettre

« Bravo pour tous tes succès. Tu as toujours été brillant. » Ouah ! Ce qui semble être de prime abord des louanges de la part d'un ami est soudain teinté d'un arrière-goût de pique qui demeure dans votre esprit pendant des jours. Il semble presque impossible de remettre en cause quelque chose si facilement éludé comme une plaisanterie. Vous vous retrouverez donc à vous demander ce que cet ami pense vraiment de vous. Une gifle aurait été bien plus facile à décrypter.

L'agressivité passive peut surgir de toutes parts, car, disons les choses en face, tout le monde la pratique de temps à autre. Il est très humain d'employer des approches immatures et malavisées en matière de communication sans s'en rendre compte. Des commentaires maladroits de la part d'une personne que vous ne connaissez pas très bien provoquent de la gêne, mais rien n'est plus déstabilisant et ne génère un plus grand sentiment de solitude qu'une agressivité passive de la part d'une personne dont vous croyiez qu'elle faisait partie de votre camp. Ce moment très chargé en émotions où vous prenez conscience qu'elle veut que vous souffriez et ne sachiez plus où vous mettre. Ou ce moment de surenchère a plus d'importance à ses yeux que votre relation. Ce moment pénible qui révèle chez l'autre un discret sourire empreint d'une intention implacable. Une telle attitude met à mal l'idée que vous vous faisiez de cette personne, puis la confiance commence à se déliter d'une manière plutôt irréparable.

L'agressivité passive blesse assurément, mais ne vous laissez pas trop distraire par la douleur. Prenez du recul et privilégiez une vision d'ensemble. Il y a beaucoup à apprendre de cette expérience et de toutes celles qui suivront. Ce ne sera pas la dernière fois où vous croiserez la route d'une personne qui communique à coups d'agressions indirectes. Assurez-vous donc d'en tirer les enseignements afin de vous armer en prévision de futurs incidents. Devenons maîtres dans l'art de gérer les comportements difficiles à déchiffrer, de manière à anticiper les actes de leur auteur, et d'y répondre par un sourire entendu, sans jamais oublier notre objectif ni être affaibli par la tentation de s'abaisser à son niveau pour les combattre. Inutile d'être intimidé par son agressivité et de l'intimider à notre tour. Inutile de perdre la tête en se victimisant. Non. Il est impossible de l'emporter à ce jeu de pouvoir. Nous y adonner ne fait que nous amoindrir.

Se livrer à des querelles sociales avec des personnes montrant qu'elles ne vous soutiennent pas ne fait que vous détourner de vos objectifs personnels plus importants.

Tirez les enseignements de la fréquentation de ce genre de personne, et une fois que vous en avez extrait les éléments utiles, tournez la page. Ne laissez pas ces relations vous inciter à ruminer. Ne laissez pas s'immiscer le doute de soi provoqué par leur stratégie, car cela aura tendance à ronger votre confiance en soi. Ces sentiments d'incertitude et d'insécurité sont précisément apparus à cause de cette agressivité passive. Ces émotions sont le reflet de leur comportement, et non pas de votre insuffisance apparente.

Des outils prêts à l'emploi

Parfois, vous ne remarquez pas l'arrivée de l'obscurité jusqu'à ce que quelqu'un allume la lumière. De même, lorsqu'une personne se met à adopter un comportement passif-agressif, il peut être difficile de comprendre pourquoi vous vous sentez soudain seul et à cran. La première partie de cette section des outils traite certaines manifestations, mais également les raisons pour lesquelles les gens utilisent une telle approche avec les autres. Saisir les motivations n'implique pas de justifier cette attitude, mais sert à nous aider à résister à l'envie de le prendre pour nous. L'agressivité passive présente un tel potentiel de génération du doute de soi que notre capacité à prendre du recul vis-à-vis de la situation et de percevoir ce comportement pour ce qu'il est constitue l'élément clé de notre résilience, ainsi que pour trouver la réponse la plus utile.

Identifier l'agressivité passive

L'agressivité passive n'est pas toujours facile à repérer, mais se ressent viscéralement, car son impact est intentionnel. Vous cessez d'être à l'aise pour devenir tendu, angoissé et confus. En apparence, tout paraît normal, mais vous vous sentez soudain un peu moins en sécurité. La personne qui, à vos yeux, souhaitait votre bien sème subtilement le doute. Il y a peut-être une once d'hostilité, car son sourire n'est pas raccord avec le sentiment que font naître en vous ses propos.

Ou bien vous sentez soudain que vous ne faites plus partie de la même équipe. Un fossé s'est creusé. Vous vous retrouvez face à un adversaire dans un jeu auquel vous ignoriez jouer. Vous réalisez que vous avez atteint les limites de l'acceptabilité pour cette personne. C'est comme si vous aviez heurté une baie vitrée que vous n'aviez pas vue. Tout allait bien entre vous, jusqu'à ce que ce ne soit plus le cas. L'autre personne n'était pas satisfaite de la dynamique et a mis les pieds dans le plat de manière impulsive pour rééquilibrer les choses. Elle reprend le dessus sans admettre l'avoir perdu. Elle peut même se muer en victime, comme se vautrer dans un fauteuil confortable après une longue journée, et il vous incombe de deviner ce qui a cloché. Si cela vous ébranle, la personne se sent instantanément plus importante et remporte le set.

Vous pouvez repérer les comportements passifs-agressifs lorsque l'émotion négative de quelqu'un s'exprime indirectement, sous forme d'une hostilité silencieuse[1]. Voici quelques signes révélateurs à guetter :

- Des remarques ambiguës.
- Des sarcasmes.

- Des louanges accompagnées d'attaques.
- Ne pas apporter sa contribution alors que l'on s'était engagé.
- Des bouderies, une attitude distante et de l'indifférence.
- Vous exclure subitement d'un cercle social.
- Colporter des ragots ou semer le doute chez les autres concernant votre caractère.
- Accepter de faire quelque chose tout en affirmant clairement que l'on n'a ni le temps ni l'envie ou que cela sera source d'ennuis.
- Des commentaires subtils, dans le cadre d'une interaction en apparence amicale, qui sapent votre estime de soi et vous font douter de vous-même et remettre en cause l'opinion que les autres ont de vous.

Quand la communication est de cette teneur, c'est probablement que l'envie, la jalousie ou une autre émotion désagréable est proche de la surface.

Cela peut-il mettre fin à une amitié ?

Tout le monde se rend coupable de comportements passifs-agressifs en grandissant. La distinction se fait entre ceux qui mûrissent avec l'âge et les autres. Quelques mots cinglants dans un moment de faiblesse ne sont pas à prendre au sérieux. Mais un schéma comportemental qui se répète est susceptible de transformer une amitié ou relation saine en lien néfaste.

Le style de communication passif-agressif et la victimisation sont la marque de fabrique des personnes ayant tendance au narcissisme voilé[2]. Le récit peut ressembler à ceci : « J'ai eu une vie plus difficile que celle des autres et vous devriez vous sentir coupable. Ne m'en demandez pas plus ou ne contestez pas mes attentes vis-à-vis de vous. Et si vous le faites, vous devenez le coupable dans l'histoire de mon statut de victime. » Ce genre de règles tacites ne favorise pas une relation saine.

Comprendre les raisons de ce comportement

Prendre le temps de vous demander pourquoi une personne se comporte de la sorte avec vous est utile dans la gestion de cette attitude. En effet, l'incertitude et le doute de soi semés par l'agressivité passive vous font vous demander si vous êtes fautif, alors qu'elle devrait plutôt refléter leur schéma relationnel. La comprendre, ce n'est nullement la justifier ou la valider, mais vous aider à prendre du recul et à la considérer pour ce qu'elle dit de cette personne et non de vous-même.

En toute honnêteté, les gens recourent à l'agressivité passive, car, la plupart du temps, elle porte ses fruits. Et ceux que nous blessons se sentent incapables de nous en tenir pour responsable. Personne ne nous apprend à gérer les personnes difficiles. Mais en réalité, elle blesse les deux parties et les prive de la possibilité de communiquer d'une manière propre à résoudre le problème. La personne passive-agressive fait se tarir sa joie de vivre, chacun de ses points faibles respirant le ressentiment, tandis que l'autre perd son temps et gaspille son énergie à essayer de ne pas briser les œufs sur lesquels il est contraint de marcher.

Notre comportement passif-agressif a souvent pour source une émotion forte et très désagréable couplée à un sentiment d'impuissance à y remédier en l'exprimant ouvertement et directement. Par exemple, admettons que vous ayez joui d'un certain statut social parmi vos amis, en ayant un meilleur salaire, en étant considéré comme la personne la plus séduisante ou la plus populaire. Puis soudain, un ami voit sa situation évoluer et devient l'objet central de l'admiration vouée par le groupe. Votre ego en prend un coup à chaque fois que vous voyez cette personne. Sa nouvelle réussite semble vous confisquer ce que vous aviez. Vous ne supportez pas de la voir sous le feu des projecteurs et vous vous délectez secrètement de ces moments où vous lui faites un commentaire de temps à autre sur les choses qui la font douter. Bien entendu, vous ne pouvez pas lui dire les choses en face. L'humiliation générée par le fait d'admettre que vous êtes envieux signifie qu'il n'y a aucune chance que vous soyez sincère avec elle. Vous trouvez donc des moyens plus subtils d'insensibiliser cette envie et de remonter dans la hiérarchie de cet univers social. Vous vous rapprochez des autres membres du groupe, l'excluez quand vous le pouvez et, au moindre signe d'animosité envers elle de la part d'un membre, vous n'attendez qu'une chose : mettre de l'huile sur le feu. Ce genre de scénarios sont souvent alimentés par une communication de type passif-agressif. Si cette communication vous vise, la prise en compte du contexte à propos de l'inquiétude qui l'attise peut vous aider à moins prendre les choses personnellement et à les considérer comme un schéma comportemental dont la personne est pleinement responsable.

Réagir à l'agressivité passive

Alors, comment êtes-vous censé gérer l'agressivité passive[3] ? Tout d'abord, ne *vous* perdez pas de vue. Continuez de penser en permanence à votre intégrité, à vos objectifs et à vos valeurs. Attendez-vous à éprouver une envie irrépressible de céder à ce comportement passif-agressif afin d'éviter les émotions désagréables qui surgissent. Mais n'oubliez pas que jouer à ce jeu n'est pas le seul moyen de survivre à la situation. Dans certaines circonstances, quand vous n'avez aucun pouvoir ni échappatoire, il est nécessaire de jouer à ce jeu jusqu'à ce que vous soyez libre de choisir une autre option. Mais dans la plupart des situations du quotidien, entrer dans la bataille de pouvoir vous mène à la défaite. Pour choisir de jouer ou non à ce jeu, il faut considérer les avantages et les risques. Parmi les risques les plus élevés figure l'érosion progressive de votre intégrité lorsque vous perdez de vue vos valeurs et votre vision du type de personne que vous souhaitez être. Certaines batailles sont importantes, tandis que d'autres sont une perte de temps.

Lorsque vous avez affaire à quelqu'un ayant une tendance au narcissisme voilé, toute tentative d'aborder directement l'affront débouche souvent sur une dispute explosive qui sème un tel chaos (sans aucune résolution) que vous finissez par regretter d'avoir essayé de vous défendre. Ou bien le simple fait de demander si la personne souhaitait vous blesser peut être balayé d'un revers de la main : « Mais je plaisantais ! Détends-toi ! » Vu que l'agressivité passive est probablement le fruit d'une peur de la confrontation, elle n'ouvre pas la porte à la résolution du problème.

Il est possible d'influer légèrement sur l'issue de cette conversation difficile si vous optez pour une approche transparente et dépourvue de reproches, en vous affirmant avec le plus grand respect. Bien que des excuses de la part de la personne concernée soient peu probables, lui dire simplement que vous avez le sentiment que son attitude ne lui ressemble pas est une manière pleine d'empathie de montrer que vous avez repéré son manège, tout en restant calme et impassible, et donc sans mettre de l'huile sur le feu, mais en signalant qu'elle vous a blessé. Restez prudent et procédez judicieusement.

Si votre réaction vous fait passer un tant soit peu pour une victime, la personne aura le sentiment d'avoir gagné et vous risquez de perpétuer le comportement répréhensible. Cela lui donnera le pouvoir de nier très facilement ses intentions ou de tourner en ridicule votre surréaction apparente afin que vous vous sentiez stupide.

Mais sortir du jeu et observer la personne en train de jouer toute seule, à se battre pour le pouvoir, est en fait une forme de victoire. Observez et apprenez. Ne cédez pas à la tentation de jouer et n'imaginez pas que vous allez pouvoir la sauver de ses mauvais choix de communication. C'est impossible. Admettez votre mérite en tant qu'individu, que la personne vous approuve ou non. N'oubliez pas que vous méritez d'avoir de la chance au même titre que n'importe qui d'autre, que la personne trouve cela agaçant ou non. Même lorsque vous êtes blessé, choisir de ne pas se laisser entraîner dans ces jeux mesquins qui ne servent qu'à vous détourner d'une vie meilleure vous offre un pouvoir immense.

Dans les relations très proches, il est parfois nécessaire de prendre un peu vos distances afin de garder votre calme. Mais laissez votre blessure et votre colère envers la personne qui vous a trahi vous conduire dans la direction profitable à vos intentions et non aux siennes. Vous avez appris à vos dépens que votre intérêt n'est pas la première préoccupation de cette personne ou tout du moins qu'elle ne sait pas bien communiquer. Tirez-en des enseignements. Pleurnicher ou vous plaindre vous fera régresser. Allez plutôt de l'avant, gardez votre calme et n'adaptez pas vos principes afin d'apaiser l'autre.

CE QU'IL FAUT RETENIR

- Lorsque vous êtes la cible d'un comportement passif-agressif, prenez du recul et étudiez le jeu de pouvoir général. Cette expérience peut vous apprendre beaucoup de choses, et ce ne sera pas la dernière fois que vous tomberez sur quelqu'un qui communique par le biais de l'agression indirecte.
- Vous pouvez repérer un comportement passif-agressif quand l'émotion négative d'une personne s'exprime indirectement, sous forme d'une hostilité muette, comme des commentaires ambigus, des sarcasmes et des louanges accompagnées d'attaques.
- Prendre le temps de vous demander pourquoi une personne vous traite de la sorte est utile pour gérer la situation, car vous vous demandez automatiquement si vous êtes fautif, alors que ce comportement est plus probablement le reflet de son schéma relationnel avec les autres.
- Ne vous perdez pas de vue. Continuez de penser en permanence à votre intégrité, à vos objectifs et à vos valeurs. N'oubliez pas que jouer à ce jeu n'est pas le seul moyen de survivre à la situation. Dans la plupart des situations du quotidien, entrer dans la bataille de pouvoir vous mène à la défaite.

« Certaines
batailles sont
importantes,
tandis que d'autres
sont une perte
de temps. »

7

Quand votre parent se trompe (mais vous souhaitez qu'il fasse partie de votre vie)

« Les enfants commencent par aimer leurs parents ; en avançant en âge, ils les jugent ; il leur arrive de leur pardonner. »

Oscar Wilde, *Le Portrait de Dorian Gray*

Je vous ai écrit une lettre

Il arrive à tous les parents de se tromper. Mais certains se trompent bien plus souvent que d'autres. Certains enfants effectuent une transition tout en douceur vers une relation adulte avec leurs parents. Mais pour d'autres, c'est une source permanente de souffrance et de confusion. Pendant la majeure partie de cette relation, vous avez été l'enfant, sans contrôle ni choix de la nature de la relation. Puis cette relation passe d'une relation enfant-parent à une relation entre adultes.

Mais être adulte ne signifie pas forcément que vous pouvez désormais avoir avec vos parents la relation dont vous avez toujours rêvé. La seule chose contrôlable est votre apport à cette relation. Cela s'accompagne d'une énorme responsabilité, à la fois pour imposer vos limites afin de vous protéger, mais également pour admettre le rôle que vous jouez désormais dans une relation qui peut ne pas être saine.

Lorsque nous pensons à la relation avec nos parents, nous avons tendance à replonger dans notre modèle fondamental. Je suis l'enfant qui est axé sur ce dont j'ai besoin de la part de mes parents, pleurant ce dont j'avais besoin, mais que je n'ai pas eu et fantasmant sur la possibilité de les changer[1].Ou bien l'enfant rêvant du jour où ils verront enfin les dégâts qu'ils ont causés pendant tout ce temps et souscriront à l'idée d'agir différemment.

Réalité déchirante, mais également libératrice, de cette nouvelle relation entre adultes, nous ne pouvons imposer des idées ou un changement qu'à nous-même. La partie déchirante, c'est que nous devons souvent accepter qu'un parent ne soit pas capable d'offrir la relation que nous souhaitions. La partie libératrice, c'est que nous sommes en mesure de gérer cette relation en attendant d'eux des choses plus réalistes, afin de pouvoir nous protéger de la souffrance générée par leurs schémas personnels, et tout en conservant un certain rapport.

Mais ce n'est pas chose facile. La plupart des gens intègrent la notion de victoire à la perspective de réconciliation. Si l'autre personne pouvait simplement se rendre compte de tous ses faux pas, cela nous conviendrait. Mais la seule voie vers une meilleure relation est de nous demander : « Quels sont mes comportements qui nous maintiennent dans une impasse ? » Ce n'est pas une question facile à se poser.

Pour certains, il s'agit de l'incapacité à fixer des limites saines, qui a généré ressentiment et mépris. Pour d'autres, cela peut être le sentiment que tout leur est dû, qui les fait ignorer les difficultés rencontrées par les parents. Chaque situation est unique, mais si vous êtes suffisamment courageux pour répondre à cette question en toute honnêteté, il devient plus facile de répondre à la question suivante. « Que pourriez-vous faire pour rendre cette relation meilleure pour tous les deux ? » « Et si vous vous attelez à réparer cette relation, quelles seraient les conséquences pour votre existence ? »

Des outils prêts à l'emploi

Les tâches à suivre vous aideront à éclaircir un point : la meilleure issue pour cette relation est-elle d'obtenir une plus grande ou une moindre proximité ? Il est facile de dire que si une relation est empreinte de maltraitance ou cause des ravages, vous devez y mettre un terme. Mais en réalité, ces situations sont rarement aussi tranchées. Elles portent souvent à confusion, avec des bons et de mauvais jours. Dans ce cas de figure, il est pertinent d'obtenir le point de vue d'une personne de confiance.

Mais lorsque le but de se réconcilier et d'améliorer la relation est déjà fixé, voici des outils pour vous aider à progresser sur cette voie.

Comprendre ce qu'il est possible de faire

Pour nombre de personnes, il existe un dilemme : faut-il avoir cette conversation difficile avec le parent ? Avant de vous lancer dans une conversation à propos des défauts apparents de vos parents, ayez une idée précise de ce que vous espérez obtenir. L'âge n'est pas un gage de nouvelle sagesse ou de maturité émotionnelle. Il se peut que les parents n'aient toujours pas conscience de l'impact de leurs erreurs. Dans ce cas, toute tentative de reconnexion par le biais de ce genre de conversation risque de se solder par un retour de bâton particulièrement violent. Il est illusoire de penser que tout s'arrangerait s'ils parvenaient à voir là où ils ont failli. Il vaut mieux nous concentrer sur nous-même.

Si votre objectif est d'aplanir les différences et de bâtir une relation plus profonde avec vos parents, la tendance à se laisser piéger par le fantasme d'une relation parent-enfant idéale constitue le plus gros obstacle. Mais la plupart des parents ne décident pas d'interrompre la relation avec leurs enfants. Eux aussi peuvent être prisonniers de cercles vicieux malsains, mais très largement inconscients, apparus pendant leur enfance. Et bien que vous ne puissiez changer ces éléments à leur place, vous devez avoir des attentes réalistes sur le type de relation qu'ils sont capables d'entretenir.

Vous serez probablement conscient de leurs schémas comportementaux, ce qui vous permettra de prévoir la perturbation avant qu'elle se produise. Vous savez quand ils sont au cœur des débats ou vous connaissez les moments où ils vous snobent et où vous êtes la cible de leur colère. Quel que soit le mode de fonctionnement dans votre famille, s'il est prévisible, tenez compte de ces schémas. Réfléchissez à la manière de faire face et de surmonter ces difficultés, en ayant à cœur de vous préserver, sans vous mêler au cirque ni contribuer à la destruction.

Réduire les attentes que nous avons vis-à-vis de nos parents, c'est dans un certain sens abandonner le rôle de l'enfant. Mais cela nous aide également à nous détacher de la blessure éprouvée et des efforts pour la combattre. Le fait de connaître leurs défauts vous permet de créer une relation malgré tout. S'ils ne sont pas fiables, ne comptez pas sur eux pour gérer tout ce qui importe à vos yeux. S'ils deviennent passifs-agressifs lorsque vous leur faites part de vos succès personnels, veillez à les partager avec quelqu'un d'autre. Vous ne pouvez attendre d'eux ce qu'ils n'ont jamais été capables de vous offrir. La décision de cesser de faire des efforts et de vous contenter du type de relation qu'ils sont capables d'entretenir est libératrice et vous protège de la peine ressentie lorsque vous essayez d'en faire plus. Ce ne sera peut-être pas le lien étroit dont vous avez toujours rêvé, mais ce que vous obtiendrez en retour est durable et vous épargne cette lutte visant à changer l'inchangeable.

Éviter les drames[2]

Endossez-vous le rôle de l'enfant dès que vous entrez dans la maison de vos parents ou conservez-vous toute la maturité dont vous faites preuve dans vos autres relations entre adultes ? Et en matière de rupture dans la relation, vous victimisez-vous en leur mettant tout sur le dos ou l'un de vos parents victimise-t-il l'autre, et vous muez-vous alors en sauveur ?

Les interactions destructrices voient généralement chaque personne endosser l'un des trois rôles suivants :

La victime : ce n'est pas une vraie victime, mais un rôle. La personne se convainc qu'elle ne peut rien faire au sujet de l'autre personne ou de la situation. Elle se sent impuissante, persécutée et opprimée et refuse de tenter un changement. Bien que ce statut soit pitoyable, cela permet d'éviter la responsabilité du changement, avec tous les efforts et la gêne qu'il suppose.

L'auteur : cette personne se considère ou est considérée par les autres comme le méchant personnage de l'histoire. Elle peut faire des reproches, s'imposer comme quelqu'un de supérieur, se montrer critique ou désireuse de contrôler l'autre. Si jamais on s'oppose à son attitude, elle peut se mettre sur la défensive ou se transformer en victime, en se défaussant de ses responsabilités.

Le sauveur : endosser le costume du sauveur implique souvent de s'empresser de prendre les choses en main, sous peine de se sentir coupable. Mais lorsque ses efforts ne portent guère leurs fruits, le sauveur peut se mettre en colère et se transformer en auteur. Si son opération de sauvetage s'est soldée par un succès, cela ne sert qu'à renforcer l'impuissance de la victime et la maintenir dans l'impasse. Le sauveur se sent alors bien parce qu'il a aidé les autres, mais il occulte souvent ainsi ses propres problèmes. Dans n'importe quel conflit, la personne qui joue l'un de ces rôles invite les autres à coiffer les autres casquettes. Mais tous ces rôles sont dysfonctionnels et ne servent qu'à détériorer la situation. Même lorsque les protagonistes intervertissent les rôles pour se manipuler, personne ne prend la responsabilité d'œuvrer pour une résolution pacifique ou de rétablir le lien en toute honnêteté.

Lorsque des ruptures se produisent dans la famille, voyez si vous parvenez à repérer le rôle joué par chacun, souvent inconsciemment. Si vous remarquez que vous avez souvent tendance à jouer la victime avec vos parents, la solution pour sortir de cette situation est de vous concentrer sur ce que vous attendez de cette relation, au lieu de mettre l'accent sur tous les problèmes à éviter. Faites l'effort d'assumer clairement la responsabilité de chaque situation difficile et de prendre courageusement les mesures nécessaires pour que cela tourne mieux.

Si vous remarquez chez vous une tendance à opter pour le rôle du sauveur et laisser la victime dans l'impasse, ne soyez pas tenté de vous muer en auteur lorsque vous êtes frustré. Essayez de percevoir la personne qui se victimise comme un être capable, même si elle n'en a pas encore conscience. Aussi tentant que cela puisse paraître, ne jouez pas trop la carte de l'ingérence en effectuant des choix ou en adoptant des mesures qu'elle pourrait prendre seule. La personne qui se victimise peut même vous encourager à faire des choses pour elle, mais n'oubliez pas que cela *paraît* être de l'aide. En réalité, cela lui permet de demeurer une victime.

Si vous parvenez à déceler les fois où vous jouez le rôle de l'auteur, essayez de vous affirmer sans malmener l'autre et de remettre en cause sans exercer un contrôle. Refusez de vous mettre à faire des reproches ou à prendre un ton supérieur. Cela ne pourrait qu'inviter l'autre personne à se considérer comme une victime, et vous demeureriez tous deux prisonniers de ce cycle.

Ne pas prendre les pires des habitudes relationnelles

Les schémas de communication négatifs les plus associés à la destruction des relations amoureuses auront également un impact dévastateur sur vos tentatives de tenue de conversations difficiles avec vos parents. Pensez-y donc avant chaque interaction et fuyez-les à tout prix.

La critique : pas du type constructif qui aide les gens à percevoir une issue, mais le genre de critique agressive qui laisse entendre que l'autre est une cause perdue. « Tu as toujours été un parent très distant ! Pourquoi ne viens-tu jamais me voir ? »

Le mépris : des remarques rabaissantes, des commentaires et des attaques sarcastiques qui leur permettent d'écarter leurs inquiétudes. Lorsque le mépris s'insinue dans notre communication, cela peut nous paraître subtil, mais ne manque presque jamais de blesser et de pousser votre interlocuteur à se mettre sur la défensive, au lieu d'être disposé à écouter.

Une attitude défensive : cela peut passer pour une réaction impulsive à la critique, alors qu'elle reflète des tentatives de se muer en victime et de ne pas assumer notre responsabilité ou de gérer l'interaction en faisant preuve de maturité.

Les réponses évasives : de retour d'une réunion de famille, vous bouillonnez de rage dans la voiture et vous laissez passer trois mois avant de reparler à vos parents. Jusqu'à la prochaine fois, quand la situation se reproduira, car vos réponses évasives n'ont rien résolu.

Rédiger une lettre que vous n'envoyez pas

On recourt souvent à cet exercice en thérapie. C'est un moyen d'avoir les idées claires sur les relations qui portent à confusion et regorgent de souvenirs et d'interactions contradictoires. Si vous savez que votre parent ne désirera jamais échanger dans le but de régler les différends ou n'en sera jamais capable, ou s'il semble impossible de parler sans être interrompu ou déclencher un conflit, ce peut être un exercice intéressant. Cela vous aidera ainsi à cerner ce sur quoi vous pouvez tirer un trait et la tournure que vous souhaitez voir prendre la relation, même si la personne n'est pas très collaborative.

Essayez ceci

Écrivez une lettre au parent en question. Vu que votre intention n'est pas de l'envoyer, l'ordre des choses ou la manière de les exprimer sont secondaires. Servez-vous de cet exercice pour préciser toutes les choses que vous souhaiteriez dire, ainsi que les questions à lui poser. Consignez par écrit les schémas comportementaux néfastes, leurs effets et la manière dont vous comptez y mettre un terme à l'avenir.

Indiquez ce que vous ressentez vis-à-vis de ce parent, ainsi que la relation que vous vous engagez à avoir avec lui dorénavant. Cette lettre peut renfermer la liste de toutes les choses les plus blessantes dont il s'est rendu coupable, les moments uniques qu'il a gâchés, les trahisons ou abandons, les propos cruels. Mais prenez également le temps d'explorer les choses qu'il a faites pour vous, dont vous lui êtes reconnaissant, afin de repérer à quel point il a peut-être dépassé les principes de sa propre éducation.

Rappelez-vous, cette lettre ne sera jamais envoyée. Elle est faite pour vous et est destinée à vous permettre d'avoir les idées plus claires, afin de pouvoir agir en toute connaissance de cause et avec une intention bien établie.

CE QU'IL FAUT RETENIR

- Pendant une période importante, vous avez été un enfant sans choix ni contrôle sur la relation avec vos parents. Bien que vous puissiez avoir tendance à reprendre le rôle de l'enfant lorsque vous côtoyez vos parents, il s'agit désormais d'une relation entre adultes. Vous pouvez dorénavant endosser autant qu'eux la responsabilité de la qualité de cette relation.
- Nous prenons douloureusement conscience que nos parents sont parfois incapables d'offrir le type de relation que nous souhaiterions. Ils subissent l'influence de leur propre enfance complexe et il est possible qu'ils se heurtent à des obstacles que vous ne voyez pas. Avoir des attentes réalistes concernant votre relation engendrera moins de blessures qu'essayer de changer l'autre[3].
- Nombre d'entre nous ont tendance, même une fois adultes, à considérer que leurs parents demeurent responsables de la qualité de leur relation avec

eux. Mais maintenant que nous voilà adultes, nous pouvons nous demander : « Quelle est ma part de responsabilité dans le maintien de cette relation dans une impasse ? Quels petits changements pourrais-je opérer pour que cette relation soit meilleure pour nous deux ? »

- Nous n'avons pas la responsabilité de nos premières années d'existence. Mais il nous incombe de faire notre possible pour briser les cycles afin que nous puissions entretenir des relations saines et élever nos enfants à notre manière.
- Servez-vous des meilleurs conseils en matière de relation pour gérer les conflits. Éviter le mépris, les critiques, une attitude défensive et les réponses évasives favorise une communication efficace.
- Maintenant que vous n'êtes plus un enfant sans défense, mais un adulte responsable, ne soyez pas tenté de coiffer la casquette de la victime, de l'auteur ou du sauveur en cas de désaccords. Vous risqueriez d'inciter les autres à jouer les rôles restants et d'entraver une véritable réconciliation.

« Épargnez-vous
cette lutte
pour changer
l'inchangeable.
Il vaut mieux
vous concentrer
sur vous-même. »

8

Quand vous vous trompez en tant que parent

« Il n'y a aucune recette pour être une mère parfaite, mais il y a mille et une façons d'être une bonne mère. »

Jill Churchill

Je vous ai écrit une lettre

Si vous cogniez à ma porte maintenant, je vous servirais une tasse de thé et vous demanderais de faire une pause. Imaginez si vous aviez le temps pour ce genre de chose dans les moments les plus difficiles de votre vie de parent. Tout ne roulerait-il pas comme sur des roulettes ?

Oh, la culpabilité et la honte qui remplissent chaque cellule de notre corps lorsque nous nous disons que nous nous sommes trompé. La douleur physique qui accompagne les pensées telles que « Ce n'est pas comme cela que je souhaite m'y prendre ». Puis la haine de soi prend le relais et nous poursuivons l'attaque. « Je suis un mauvais parent. Tous les autres parents savent gérer cela. Les difficultés que je rencontre doivent venir de moi. Si je m'y prenais convenablement, mon enfant ne serait pas aussi difficile. » Et ainsi de suite.

Mais permettez-moi de poser quelques questions plutôt tranchées. Et si vous n'êtes pas un mauvais parent ? Et si vous êtes un être humain qui a passé plusieurs années à ignorer ses besoins élémentaires afin de tout donner aux personnes qu'il chérit ? Et si le fait de répondre aux attentes des autres ne vous laisse aucune marge de manœuvre ? Et si ces besoins non satisfaits ne vous mettent pas dans les meilleures conditions pour donner le meilleur de vous-même face aux plus grandes difficultés rencontrées dans la vie ? Et si vous tournez à vide tout en attendant systématiquement de vous la perfection ? Qui traiteriez-vous de cette manière ?

Il existe des tas de bibles prêchant la bonne parole sur l'éducation des enfants. Le point principal est de s'approprier, d'accepter et de valider toutes les émotions de votre enfant, presque jamais sans préciser comment vous y prendre lorsque vous parvenez tout juste à contenir les vôtres. Comment diable seriez-vous censé continuer de privilégier cette approche lorsque votre enfant exprime, souvent en public, des sentiments de honte, de gêne et de rage qui suscitent une humiliation ? De nos jours, nombre de mères se rabaissent lorsqu'elles expriment, devant leurs enfants, l'une de ces émotions apparemment inacceptables.

Je ne peux m'empêcher de me demander ce que nous enseignons à nos enfants sur ces émotions si nous les considérons comme inacceptables lorsque nous les éprouvons nous-mêmes. Peut-être que nous autoriser à être humain, comme nous permettons à nos enfants de l'être, signifie accepter ce que nous ressentons et faire le nécessaire pour exprimer nos émotions, avant de recouvrer notre calme, sans faire quoi que ce soit que nous pourrions regretter. Ou, lorsque nous commettons des erreurs sous le coup de la colère, nous comporter en adulte, en gardant à l'esprit ce qui importe le plus à nos yeux et en réparant le lien entre nous.

Par conséquent, si vous vous échinez à faire le maximum pour votre famille, tout en ayant malgré tout le sentiment que cela ne suffit pas, je vous vois venir. Je vois toutes ces couches de frustration qui s'accumulent comme des sédiments. Je vois toutes ces choses que vous faites pour prendre les choses en main et qui passent inaperçues. Je vois toutes ces fois où vous réalisez de l'excellent travail sans vous en attribuer le mérite. Tout cela vous montre, quelles que soient les erreurs commises aujourd'hui, que la chose la plus importante demeure intacte. L'amour que vous avez pour votre enfant dépasse les mots. Et par conséquent, après une petite pause, vous allez vous recentrer, vous relever et rétablir le lien avec ce petit être, qui est ce que vous avez de plus cher au monde. Vous ne percevrez peut-être pas immédiatement tout le bien que cela fait, mais je parie que cela va au-delà des dégâts que vous pensiez avoir causés.

Des outils prêts à l'emploi

Rien ne procure plus d'émotions intenses que l'éducation des enfants. C'est normal. Mais vous pouvez être sûr que lorsque nous faisons quelque chose que nous regrettons et qui s'écarte de nos critères d'éducation, c'est en raison de l'apparition d'émotions fortes qui nous ont fait perdre de vue un instant nos principes. Ainsi, plutôt que de ruminer les dégâts psychologiques que vous imaginez avoir causés à votre enfant, il vaudrait mieux que vous vous occupiez de votre propre état émotionnel, de manière à reprendre votre mission éducative armé de l'état d'esprit nécessaire pour la mener correctement à bien.

Mais attendez, les parents éprouvent eux aussi des émotions !

Nous ne pouvons donner le meilleur de nous-même dans une situation que si nous prenons le temps de choisir le comportement et l'état d'esprit qui le permettront. Le Dr Becky Kennedy, psychologue clinicienne, souligne très clairement que vous n'avez pas besoin d'être dépourvu d'émotions pour bien élever vos enfants[1]. Il vous faut en revanche écouter ce que ces émotions révèlent de vos besoins insatisfaits. Vous devez alors vous engager à satisfaire ces besoins qui vous empêchaient d'être le parent souhaité. Et il est indispensable que vous répariez la relation lorsque vous commettez des erreurs. Inutile de vous bercer d'illusions en affirmant qu'un parent parfait n'est jamais frustré, en colère ou ne se trompe jamais. En fait, je dirais que toutes les parties prenantes profitent d'un moment où les caractéristiques humaines s'affichent si, en tant qu'adulte, vous vous engagez à réparer les choses et vous faites le nécessaire pour agir légèrement différemment la prochaine fois. Voici un bref récapitulatif sur le sujet :

1. Étudiez votre émotion, non pas en portant un jugement dessus, mais en faisant preuve de curiosité. Demandez-vous : « Que dit-elle de ce dont j'ai besoin ? »

2. Qu'il s'agisse de fatigue, d'un manque de sommeil, d'un manque de vie sociale ou d'un surmenage professionnel, engagez-vous à traiter au maximum les facteurs qui en sont à l'origine. Cela peut impliquer un changement accessoire, comme vous coucher plus tôt, ou un changement plus important. Le fait de satisfaire vos besoins va vous permettre d'améliorer la vie de toute la famille.

3. Réparez la relation avec votre enfant. Indiquez clairement que vous souhaitez opérer des changements et que vous vous y attelez. Cela ne doit pas pour autant affaiblir les limites et les règles. Par exemple, vous avez peut-être fait respecter une limite indispensable, mais tout en perdant vos nerfs. Votre démarche de réparation peut consister à reconnaître que vous n'aviez pas besoin de crier.

Vous apaiser de la même manière que vous calmez les autres

Si vous avez tendance à basculer dans une spirale négative consistant à vous en vouloir après avoir commis une erreur dans l'éducation de vos enfants, l'exercice suivant vous aidera à tuer dans l'œuf ce processus de pensée destructeur, à diminuer l'intensité émotionnelle et vous permettra de revenir dans le jeu.

Essayez ceci[2]

Maintenez votre paume sur votre poitrine pendant un petit moment.

Faites redescendre votre rythme respiratoire à un niveau naturel.

Ressentez la chaleur de votre main se propager dans toute votre poitrine.

Laissez tout votre métabolisme ralentir.

Puis dites-vous les choses suivantes, à voix haute ou par la pensée :

« C'est difficile. »

« Je fais de mon mieux avec ce dont je dispose actuellement. »

« C'est très difficile à vivre quand je me trompe, car je prends les choses très à cœur. »

« L'amour me permet de reprendre le bon cap après un faux pas. »

Asseyez-vous, respirez lentement et répétez le cas échéant les phrases précédentes qui vous ont parlé ou formulez les vôtres, jusqu'à ce que vous vous sentiez armé pour affronter de nouveau les difficultés rencontrées. Ces moments de recentrage peuvent être très rapides : prenez une grande inspiration et dites-vous quelques mots dans les situations les plus difficiles afin de recentrer votre attention et d'avoir les idées plus claires sur le choix de l'approche à privilégier. Ces paroles peuvent également être utilisées dans le cadre de méditations plus longues permettant de manifester une forme d'autocompassion. Pour ceux désireux de recourir à des méditations guidées plus longues (gratuites), vous en trouverez sur ma chaîne YouTube.

Le juste équilibre

La friction ressentie par chaque parent au quotidien est la tension entre les tentatives d'armer votre enfant pour affronter la vie et ses exigences, ses limites et sa structure, et le désir d'entretenir patiemment le lien avec eux sous forme d'un amour conditionnel et d'un sentiment d'appartenance. Le rythme et la complexité de la vie moderne paraissent souvent se heurter au besoin fondamental des enfants de prendre leur temps et de se sentir en osmose avec leurs parents. Mais plutôt que de s'opposer, ces deux éléments représentent peut-être deux chemins parallèles. Vous ne pouvez avoir les deux pieds sur le même chemin sans abandonner l'autre. Souvent, en tant que parents, nous avons le sentiment de faire des allers-retours entre les deux. Mais notre objectif est d'avoir un pied sur le chemin « connexion » et l'autre sur le chemin « répondre aux exigences de la vie ». Il est très libérateur de prendre conscience que vous ne pouvez être totalement présent sur les deux en même temps. C'est comme marcher sur un faisceau lumineux. Il existe probablement un point d'équilibre au milieu, mais lorsque vous avancez à une certaine allure, le moyen le plus efficace de trouver votre équilibre est de prêter attention au côté en déficit en cas de déséquilibre. Il s'agit là d'un processus permanent consistant à prêter attention et à changer de direction. Lorsque vous vous attachez à restaurer l'équilibre, vous n'avez pas le temps de vous reprocher ce besoin de rééquilibrage. C'est le processus naturel. Vous ne pouvez pas vous attendre à demeurer installé trop longtemps sur ce point d'équilibre pendant que vous avancez. Les moments de déconnexion sont propres à toute relation. On en réduit l'impact en s'attachant à réparer cette rupture.

Décider si vous devez présenter vos excuses

C'est souvent difficile à admettre, mais les parents n'ont pas toujours une attitude positive envers leurs enfants. Parfois, lorsque les enfants se comportent d'une manière jugée horrible par le parent, ce dernier peut éprouver de la détestation envers eux. La honte qui suit parfois ce sentiment nous empêche de le reconnaître et encore plus de nous excuser pour les erreurs commises. L'envie est alors de faire comme si rien ne s'était passé, nos propres mécanismes de défense nous empêchant de réparer la relation et de nous reconnecter à nos enfants. Il nous arrive alors de sentir un fossé se creuser entre nous, la distance qui se crée rendant encore plus difficile la reconnexion.

Nombre de parents craignent également de présenter des excuses à leurs enfants par peur de perdre de leur autorité ou de donner l'impression que le comportement inapproprié est autorisé. Mais ne pas parler ouvertement du comportement de votre enfant et du vôtre, en étant incapable de présenter des excuses en bonne et due forme sans dépasser des limites importantes, ne contribue qu'à perpétuer la formation d'un ressentiment dans l'éducation. Nous passons de la culpabilité à la colère, puis le cycle reprend, ce qui nous fait considérer l'éducation et la structure comme des forces opposées.

Nous sommes la première génération à être exposée au principe consistant à présenter des excuses à ses enfants, et peu d'entre nous (voire aucun) ont été élevés dans cet état d'esprit. Nos parents, et leurs parents avant eux, ont été habitués à cacher les attitudes honteuses sous le tapis. Si vous n'en parlez pas, elles disparaissent. Des générations d'enfants n'ont donc pas eu la chance de voir les adultes de leur famille réparer les ruptures dans les relations avec eux. Mais imaginez un moment l'un de vos parents venir vous trouver pour vous dire qu'il sait que vous avez dû ressentir de la peine face à son comportement, même si cela s'est passé il y a plusieurs années[3]. Ça vous ferait quoi ? Et même après des années, est-ce que cela serait profitable à votre relation ? La réparation apporte quelque chose de fondamental aux relations humaines : un lien de confiance souvent plus fort que la rupture initiale.

Personne ne nous a appris cela. Nous sommes la première génération à qui l'on dit autre chose pour que les enfants suivent les règles. Nous tentons d'éduquer les enfants de la sorte sans connaître les avantages d'avoir été éduqués ainsi. Mais si vous estimez que cela pourrait contribuer à réparer la relation avec votre enfant, cela vaut la peine d'essayer.

Changer d'état d'esprit

Alors, à quoi ressemble la réparation et quand en avons-nous besoin ?

Il est extrêmement difficile d'envisager de réparer une relation et de recréer un lien lorsque vous éprouvez de la colère, de la rage, de la frustration, de l'embarras ou de la honte. Voilà pourquoi une partie de l'équation dans ces moments-là est de vous occuper de vous-même. Je dirais même que c'est la partie la plus importante du processus, car c'est uniquement lorsque les émotions ou le stress font rage que vous dites ou faites des choses à vos enfants que vous regrettez par la suite. Respirer à fond et refaire une tentative ne suffit donc pas.

Il existe divers moyens de modifier instantanément votre état émotionnel. Bouger en est un, changer d'endroit en est un autre. Aller quelques instants dehors pour respirer ou être au contact de la nature. Ou bien regarder les étoiles ou échanger brièvement avec un être cher qui vous soutient. Ces choses toutes simples peuvent vraiment nous permettre de réfléchir et de nous recentrer sur la façon dont nous souhaitons rétablir le lien avec notre enfant, tout en le guidant d'une manière qui nous rende fier. Ne négligez donc pas cette étape, car sans elle, le restant a moins de chances de réussir.

Plus vite nous parvenons à diminuer la colère que nous éprouvons envers notre enfant et nous-même, plus vite nous pourrons nous reconnecter à lui.

Satisfaire mes propres besoins ? Compte dessus !

C'est une chose à laquelle penser une fois la rupture passée et lorsque vous remarquez que vos réactions sont peut-être dues à la non-satisfaction de certains de vos besoins. Mais comment savoir quels sont ces besoins ? Et comment les satisfaire lorsque vous vous attachez à être le plus altruiste des parents ? Commencez par les bases. « Est-ce que j'ai faim ? Est-ce que je suis fatigué ? Est-ce que je me sens seul ? Est-ce que je suis stressé ? » Et lorsque vous répondez « oui » à ces questions, ne soyez pas tenté de les ignorer en vous disant que cela fait partie de l'éducation des enfants. Nombre de personnes vivent sous une pression immense en jonglant entre le rôle de parent et le fait d'offrir un toit à tout le monde. Mais s'il existe un moyen pour vous de mieux satisfaire vos besoins, cela profitera à toute la famille.

En tant que parent, l'une des sources de culpabilité les plus courantes est le trop-plein émotionnel. Une goutte fait alors déborder le vase. Ces moments n'illustrent pas la personne que vous êtes. Il existe des signaux vous indiquant de faire le plein lorsque vous êtes sur la réserve.

Nombre de personnes habituées depuis toujours à faire passer les besoins des autres avant les leurs jugent extrêmement difficile de s'occuper d'elles-mêmes. Ce n'est pas difficile en soi, mais la culpabilité qui s'installe est au mieux désagréable, et au pire, insupportable. Votre monologue intérieur n'arrête pas de vous dire que c'est une perte de temps d'un égoïsme impardonnable. Mais nous sous-estimons les répercussions de comportements nous permettant d'offrir aux êtres qui nous sont chers la meilleure version de nous-même.

Si vous vous dites que toutes vos erreurs créeront des dommages aux conséquences durables, vous devez également admettre que tout ce que vous entreprenez pour améliorer la probabilité de ne pas commettre ces erreurs a des effets positifs durables sur toute votre famille. Vous affaiblir pour rendre les autres plus forts n'est pas l'issue optimale lorsque la famille a la possibilité de s'épanouir.

Qu'allez-vous mettre en place aujourd'hui pour vous mettre à satisfaire ces besoins ? Car malgré votre statut de parent, vos besoins élémentaires demeurent essentiels, et vous ne sauriez être le parent que vous souhaitez devenir sans commencer par les satisfaire.

CE QU'IL FAUT RETENIR

- La colère et la frustration éprouvées ne sauraient faire de vous un mauvais parent. Servez-vous-en comme de signaux vous invitant à vérifier si vos propres besoins sont bien satisfaits.
- Prenez le maximum de temps dont vous disposez pour permettre aux émotions de passer naturellement, ou tout du moins, pour trouver une forme d'autocompassion et vous reconcentrer sur la manière dont vous avez l'intention d'aborder la chose.
- Si vous disposez de suffisamment de temps pour apaiser votre corps et vous recentrer, vous serez dans de bien meilleures conditions pour aborder la situation comme vous l'entendez.
- Réparer une rupture au sein de votre relation vous permet à tous les deux de vous reconnecter et d'avancer.
- Il paraît souvent contradictoire de satisfaire les exigences imposées par la vie et de profiter d'un lien enrichissant avec votre enfant. Mais vous pouvez parfaitement passer de l'un à l'autre tant que vous ne passez pas tout votre temps dans l'un des deux camps.

« Les ruptures
de connexion
sont inévitables.
La réparation
apporte quelque
chose de
fondamental
aux relations
humaines. »

9

Quand on ne vous rend pas votre amour

« L'amour n'est pas l'amour, lorsqu'on trouve
qu'il change au moindre changement. »

William Shakespeare, « Sonnet 116 »

Je vous ai écrit une lettre

Lorsque la personne que vous aimez ne vous rend pas votre amour ou cherche à vous blesser, les éclats dispersés par cette explosion semblent toucher chaque partie de votre être. La vision d'un avenir passé ensemble, chaque concession consentie pour vivre avec l'autre, chaque morceau de confiance accumulé. À ce stade, nous pouvons perdre de vue les vérités fondamentales qui auraient pu nous aider à progresser dans l'obscurité. Cette lettre est donc un rappel de quelques-unes de ces vérités.

La seule façon de survivre à la peine d'un chagrin d'amour est de trouver des moyens d'aller de l'avant afin de vous voir en train d'y parvenir. Vous ne pouvez rester dans les ténèbres à vous convaincre que tout ira bien. Vous devez faire en sorte que tout aille bien. La croyance en l'existence d'un avenir au-delà de l'épreuve actuelle se forge lorsque vous vous le prouvez.

La personne la plus à même de faire ressortir nos croyances fondamentales les plus pénibles sur notre incapacité à être à la hauteur est celle qui ne nous renvoie pas l'amour que nous lui témoignons. Vous nourrissez le fantasme selon lequel, si vous étiez meilleur, cette personne vous aimerait. Cela va au-delà de l'introspection vous permettant de passer en revue les solutions pour être un meilleur partenaire à l'avenir et vous plonge dans les affres de la détestation de soi. Cette voix de la honte vous susurrant que vous êtes voué à être rejeté à cause de la personne que vous êtes. En proie à cette rumination, nous ne comprenons pas que notre valeur ne doit jamais être en péril. Notre valeur intrinsèque d'humain est bien distincte de l'action des autres. Leur affection n'est donc pas un élément d'évaluation personnelle et ne l'a jamais été. Faites en sorte que ce soit plutôt votre réaction à cette attitude et vos résolutions pour entamer un nouveau chapitre.

Si vous remarquez ce type de questionnement intérieur sur le fait de mériter ou non cette relation, n'y cédez pas. Ne passez pas votre temps à essayer d'y répondre, car ce n'est pas la bonne question. Acceptez plutôt ces doutes comme le signe que cette personne n'était pas faite pour vous. Vous ne vous sentirez jamais en sécurité dans une relation dont vous n'estimez pas être digne.

Autre piège risquant de vous maintenir enfermé dans l'obscurité du chagrin, l'idéalisation ou la diabolisation de la personne qui ne vous aimait pas en retour. Lorsque vous l'idéalisez, vous ne retenez que les aspects les plus enviables de son caractère et les meilleurs souvenirs. Vous vous plongez dans le positif, vous occultez les souvenirs de ses erreurs et la façon dont elle vous a déçu ou blessé. Ou bien vous la diabolisez et vous vous condamnez à éprouver de la colère et du ressentiment à cause de tout le mal qu'elle vous a fait. Lorsque le chagrin ne vous afflige pas, il est bien facile de cerner la complexité de chaque personne sans la cataloguer positivement ou négativement. Cette attitude nous fait idolâtrer quelqu'un qui, en vertu de son rejet, n'aurait jamais pu être parfait pour nous, ou la diaboliser, ce qui nous enferme dans un rôle de victime et dans une existence empreinte d'amertume et de ressentiment, au lieu de nous pousser à nous battre pour un nouvel avenir de notre cru.

Guérir et passer à autre chose ne veut pas dire oublier. Ce n'est pas parce que vous prenez vos distances que vous devez arrêter de penser à cette personne. Au cours de la phase de « deuil », vous y penserez bien entendu à chaque moment de libre. Bien qu'elle puisse représenter une partie de l'histoire que vous avez vécue jusqu'à présent, passer à autre chose signifie simplement combler le vide qu'elle a laissé dans votre vie à l'aide d'autres relations, contributions et projets qui enrichissent votre existence.

Des outils prêts à l'emploi

Combler les vides

Il n'est pas exagéré de dire qu'un deuil s'installe à la fin d'une relation. Le processus naturel de deuil est une réaction à une perte, même si la personne perdue demeure vivante. Vous pouvez perdre le sommeil, l'appétit, éprouver des difficultés dans votre existence. Il n'est pas rare de voir poindre les symptômes classiques de la dépression. Si la personne occupait une place importante dans votre vie, il n'est pas surprenant de connaître une rupture en matière d'identité et d'appartenance. Ainsi, pendant un moment, vous vous sentez à la dérive et perturbé, ne sachant plus quelle est votre place dans le monde et ce que vous réserve l'avenir. Il est tout à fait possible que votre conception du futur ait englobé cette personne et subi l'influence de ses rêves et ambitions.

Toutes ces visions et responsabilités communes sont désormais exclusivement les vôtres. C'est à la fois libérateur et terrifiant. On ne peut pas tout digérer d'un seul coup. En matière de tâches d'envergure, la seule solution est de faire preuve de patience en procédant étape par étape, et de ne pas simplement attendre de se remettre. Servez-vous plutôt de tout ce que vous avez à votre disposition. Le psychologue Guy Winch recommande d'identifier chacun de ces vides et de les remplir[1]. Qu'il s'agisse de cercles sociaux perdus, d'activités que vous appréciiez ou de plans pour l'avenir, chacun d'eux peut et doit être rebâti afin que vous puissiez rétablir un socle solide pour votre existence et définir votre place.

Cela vous aidera à admettre que la personne perdue n'était qu'une pièce du puzzle – et non l'ensemble de la structure[2]. Bien que vous puissiez éprouver l'envie de vous retirer de toutes les couches de votre existence, il est indispensable de vous y accrocher et de continuer de nourrir tous les autres éléments qui font que votre vie est importante et vaut la peine d'être vécue. En tant qu'ami, frère ou sœur, parent, collègue, enseignant ou étudiant, ce ne sont pas les responsabilités qui manqueront, ni les personnes qui dépendront de la valeur que vous accordez à leur existence. Elles doivent accaparer votre attention. Une fois que la relation a pris fin, vous devez mettre votre énergie dans des activités qui vous aident à passer à autre chose.

Limiter la rumination

Lorsque vous n'arrêtez pas de vous demander « pourquoi ? », prenez du recul et dites-vous que ce désir de savoir existe pour une bonne raison. La volonté de comprendre est un élément normal du processus de deuil, mais elle vous maintient dans une impasse si elle accapare votre attention. La plupart du temps, il n'est pas possible de répondre à cette question. Certainement qu'aucune réponse ne vous soulagera ou ne fera décroître votre douleur. Votre mission est désormais d'affronter cette nouvelle réalité et de trouver un moyen d'avancer malgré elle.

Entretenir la relation qui se poursuit

La relation qui se poursuit est bien évidemment celle avec vous-même. Difficile de ne pas succomber à l'envie de vous faire des reproches et de ne pas vous torturer avec ce que vous auriez pu ou dû faire ou l'affreuse personne que vous devez être. Vous couvrir de honte ne vous aidera pas. Même si vous souhaitez analyser vos erreurs dans l'optique de briser les cycles et de mieux vous y prendre dans vos futures relations, ces enseignements ne peuvent porter leurs fruits que si vous imprégnez de compassion ce terrain miné par la honte.

Mettez également de la compassion dans d'autres domaines de votre vie, car vous allez en avoir besoin pendant un certain temps, surtout en cas de changements ayant un impact sur votre existence, comme gérer un déménagement, une garde alternée ou panser les blessures d'une trahison.

Percevoir vos propres préjugés et partis pris

Lorsque vous remarquez que vous idolâtrez ou diabolisez l'autre personne, dites-le-vous. Les deux attitudes sont tentantes, mais également biaisées et inutiles. Traitez votre besoin de répit avec légèreté et compassion, mais dites-vous bien que les humains sont complexes et peuvent rarement être rangés dans la case des gentils ou des méchants. Si vous portez en permanence un regard très positif sur la situation, il peut être utile de garder à l'esprit une liste des raisons pour lesquelles cette personne n'était pas faite pour vous ou a rendu difficile le développement d'une relation saine. Rappelez-vous que ce n'est pas parce qu'une personne vous manque qu'elle était faite pour vous. En revanche, si vous diabolisez cette personne et éprouvez colère et amertume, vous pouvez dresser une liste de ses qualités et admettre que tout n'était pas à jeter chez elle.

CE QU'IL FAUT RETENIR

- Quand une relation prend fin, il est naturel de vivre une forme de deuil. Acceptez-le. Il est possible que vous ayez du mal à dormir, perdiez l'appétit et éprouviez des difficultés à vivre normalement.
- Concentrez-vous sur les autres pans de votre vie qui sont importants à vos yeux et consacrez-y toute votre énergie, afin de retrouver votre vie et de passer à autre chose.
- Vous torturer l'esprit en vous faisant le reproche de ne pas avoir été à la hauteur dans tel ou tel domaine n'est en rien bénéfique. Si vous souhaitez reconnaître vos erreurs afin de briser le cycle en vue de futures relations, ces enseignements doivent être empreints de compassion.

- Créer une caricature de vous deux en tant que victime, méchant ou idole est le signe de souvenirs biaisés et inexacts des événements. Cela ne vous servira assurément pas à avancer et ne fera naître que ressentiment et amertume, ou la tentation de ressusciter une relation qui n'était pas faite pour vous.

« Ce n'est pas parce qu'une personne vous manque qu'elle était faite pour vous. »

10

Quand vous ne les laissez pas se rapprocher de vous, même s'ils vous aiment

« Le courage est la plus importante de toutes les vertus, car sans courage, on ne peut pratiquer aucune autre vertu de façon cohérente. »

Maya Angelou

Je vous ai écrit une lettre

Cela fait très mal de se sentir indifférent à votre entourage, surtout quand vous prenez conscience que c'est vous qui le repoussez. Vous avez alors le sentiment de ne pas faire partie du groupe, de rester à l'écart. Vous restez suffisamment proche pour ressentir un lien, mais suffisamment à distance pour vous sentir en sécurité. Vous avez toujours très envie de cette connexion, comme n'importe quel humain, mais vous ne faites pas en sorte d'être au centre des choses.

Mais bien que rester en marge soit un choix, il n'est pas forcément délibéré.

En fait, certains d'entre nous jugent presque intolérable la satisfaction de ce besoin humain très élémentaire de connexion aux autres. Et maintenir brèves et superficielles ces interactions génère en eux un soulagement viscéral. Par conséquent, ce qui passe pour un amour de la solitude s'avère en fait une sorte d'évitement voilé du stress. Et lorsque vous gardez vos distances depuis toujours, il est difficile de savoir comment être proche des autres. Nous n'avons pas forcément en tête le modèle qui aurait dû nous être inculqué pendant l'enfance. Les interactions s'accompagnent donc d'émotions désagréables que nous n'identifions pas forcément. L'ignorance et le doute de soi permanent concernant la bonne attitude à adopter et l'appartenance à un groupe peuvent rendre les relations plus épuisantes qu'épanouissantes. Il paraît plus facile de garder suffisamment ses distances pour éviter le risque de rejet. Après tout, les autres ne peuvent pas vous faire de mal s'ils ne vous connaissent pas vraiment.

Cependant, malgré tous les risques que nous prenons en entretenant des relations, il s'avère que la vie est bien plus ardue dans la solitude. Si nous ne nous ouvrons pas et n'intégrons pas totalement dans notre être les personnes que nous aimons, cet espace se remplit de moi, moi, moi. Notre moi nous préoccupe de plus en plus. Nous sommes alors constamment en train de nous évaluer. D'une certaine manière, nous tentons de devenir un être parfait avant de permettre à quiconque de trop s'approcher de nous. Ce genre de plan d'action paraît séduisant, car il semble être une voie très sûre vers la naissance de relations. Mais en réalité, il vous éloigne de plus en plus des liens profonds donnant tout son sens à l'existence.

Ces envies irrépressibles de maintenir les autres à l'écart ne sont pas le signe que quelque chose cloche chez vous. À un moment de votre vie, ce genre d'attitude était indéniablement logique pour vous[1]. Mais ces échos du passé sont désormais dépassés. Aujourd'hui, vous n'avez pas besoin de la sécurité procurée par l'isolement. Aujourd'hui, vous avez besoin de côtoyer les autres. Aujourd'hui, vous avez besoin d'aimer et d'être aimé, de connaître des gens et d'être connu. Lorsque vous vous affichez d'une manière qui vous aurait rebuté par le passé, vous enclenchez une certaine dynamique dans ce qui deviendra l'aventure de votre vie. Et vous nouez des relations que vous ne souhaiterez échanger pour rien au monde par la suite.

Des outils prêts à l'emploi

Si vous êtes parvenu à ce stade de la lecture, vous admettez probablement déjà que l'envie irrépressible de vous isoler est néfaste. Vous avez peut-être commencé à vous poser la question suivante : « Vivre, est-ce plus que s'efforcer de supporter la solitude et le vide éprouvés lorsque je garde tout le monde à bonne distance de moi ? » Mais lorsque vous essayez de modifier ce qui a pu être un véritable mode de vie depuis vos toutes premières relations, par où commencer ?

Ne pas laisser les croyances néfastes prendre les commandes

Les premières expériences que nous vivons dans l'existence influent sur les relations vécues une fois adulte à travers tout ce que nous avons appris sur la confiance. Si elles vous ont incité à vous attendre à être critiqué, couvert de honte, écarté, ignoré, blessé ou rejeté, pourquoi vous empresseriez-vous d'abattre ces murs qui vous protègent extrêmement bien de tous ces dangers ? Il paraît presque étrange d'entamer toute sorte d'amitié ou de relation, et lorsqu'une personne souhaite apprendre à vous connaître, une petite voix vous dit qu'elle doit avoir une intention cachée. Même si vous rejetez ce récit, il se poursuit à coups de prévisions, telles que : « Une fois qu'elle aura appris à me connaître, son état d'esprit évoluera. » Pourquoi ? Parce que, dans votre esprit, vous avez des défauts. Vous êtes différent.

Mais nous ne pensons pas trop à cela, car c'est pénible. Nous nous convainquons donc plutôt de notre grande indépendance et de notre propension à préférer la solitude. Bien que cela puisse être vrai, cela peut également signifier : être trop proche des autres est fort désagréable, et il est plus facile de rester seul.

Les personnes qui se jugent pleines de défauts ont souvent été victimes de négligence émotionnelle au cours de leur enfance. La question porte donc plus sur ce que vous n'avez pas eu, à savoir sur la non-satisfaction de besoins fondamentaux pour disposer d'un attachement sécure et réactif. Un enfant peut grandir en se demandant « Qu'est-ce qui cloche chez moi ? », puis il se dit une fois adulte que le problème persiste.

Il n'existe pas de remède miracle à l'imperfection ressentie. Mais identifier son apparition une fois adulte et admettre que sa manifestation est due à un environnement loin d'être idéal, et non le reflet d'une réalité actuelle, représente un grand pas vers la prise en main de votre destin, de façon à ce que votre peur d'être très bien cerné par les autres ne vous mène pas à l'isolement et à la solitude.

Comprendre le style d'attachement

Les styles d'attachement adulte décrivent la manière dont nous gérons l'intimité et la proximité dans des relations, illustrant les principaux schémas rencontrés pendant l'enfance. Le style d'attachement que nous développons est le fruit de nombreux facteurs, dont l'état de santé de votre mère à votre naissance (stress, dépression, soutien ou isolement social), la qualité de la relation entre vos parents, votre caractère à l'état de nouveau-né et le temps que vous avez passé à l'écart de vos parents. Mais les travaux de recherche montrent également que les styles d'attachement ne sont pas immuables. Nos relations amoureuses à l'âge adulte continuent d'influer positivement ou négativement sur notre style d'attachement. Par conséquent, une personne présentant un style d'attachement sécure peut devenir plus anxieuse ou présenter une tendance à l'évitement après une expérience négative. Mais la bonne nouvelle, c'est que l'évolution peut également se faire dans l'autre sens. Si vous identifiez chez vous un style d'attachement évitant, moyennant un peu de temps et d'efforts, vous pourrez bénéficier des effets notables d'une relation avec quelqu'un affichant un attachement plus sécure[2].

Tout ce que nous avons décrit jusqu'à présent – l'évitement de l'intimité et de la proximité, le désir d'être proche des autres tout en trouvant l'expérience désagréable, la volonté de garder une distance émotionnelle – est l'illustration d'un style d'attachement évitant.

Le style d'attachement évitant n'est pas une maladie mentale, mais un ensemble d'envies irrépressibles résiduelles et de schémas comportementaux que nous avons acquis afin de gérer les relations vécues jusqu'à présent. Quelles que soient les circonstances ayant favorisé ce style évitant, ce n'est pas une raison pour sombrer dans l'autodénigrement. L'acquisition de ces schémas a été utile, vu la situation dans laquelle ils se sont développés, mais cela constitue désormais un frein.

Malgré l'existence d'un immense potentiel favorable à un changement modifiant votre existence, aucune évolution ne saurait transformer instantanément un attachement évitant en attachement sécure. Les vieilles habitudes ne disparaissent pas du jour au lendemain. Agir comme d'habitude demeure toujours une option, parfois très séduisante. Vous tracer une nouvelle voie signifie avoir en tête les conséquences d'avoir suivi l'ancienne et les raisons pour lesquelles la nouvelle, qui demeure associée à des situations qui vous terrifient, débouchera sur des relations plus enrichissantes.

Pour développer un attachement plus sécure dans vos relations, vous devez tout d'abord identifier les schémas de votre style d'attachement et avoir une idée d'une autre manière de procéder dans le cadre d'une relation plus sécure. Vous saurez ainsi plus précisément ce que vous voulez et pourquoi. Et vous pourrez alors vous pencher sur la manière de vous y prendre.

Pour apprendre à identifier la gêne émotionnelle et les envies irrépressibles de battre en retraite et savoir comment y répondre, de façon à aller vers les autres, au lieu de vous en écarter, un plan d'action est indispensable. Lorsque vous diminuez la réponse émotionnelle qui s'installe en réaction à la proximité avec les autres, l'envie folle de s'isoler s'estompe également. Par conséquent, expérimenter de nouveaux moyens moins destructeurs de se sentir calme et en sécurité est un élément essentiel du processus.

Une grande partie de la mission consiste à rebondir sur les tentatives de connexion de la part de votre partenaire, à définir une règle pour lui répondre et à disposer d'un plan pour cela, de sorte que les vieilles pulsions provenant du passé n'aient plus leur place. Facile à dire, mais difficile à faire. Voilà pourquoi l'aide de professionnels est précieuse si vous y avez accès. Pour ceux ne pouvant en bénéficier, l'écriture et la tenue d'un journal sont un moyen extrêmement utile d'apprendre de chaque expérience, de prévoir une réponse plutôt que de réagir et de garder le cap lorsque vous avez envie d'abandonner[3]. L'ouvrage de James Pennebaker et Joshua Smyth, intitulé *Opening Up by Writing It Down*, vous montre comment vous servir de l'écriture pour opérer ce changement personnel[4]. Quelle que soit la voie empruntée, gardez à l'esprit que nous sommes tous en chantier.

La confiance commence par vous-même

Bien qu'il soit logique de s'attendre à mettre l'accent sur le mode d'interaction avec les autres, l'apprentissage de la confiance doit démarrer par la relation avec vous-même. Afin d'accumuler suffisamment de courage pour faire confiance aux autres, nous devons d'abord nous faire confiance[5]. Vous faire confiance exige un engagement radical consistant à avoir à cœur vos propres intérêts, à faire le nécessaire pour vous relever, nourrir votre moi et ne jamais penser être indigne d'être aimé et de faire partie d'un groupe, même en cas de rejet, d'humiliation ou d'abandon potentiel. Chaque lien fort s'accompagne de questions qui font peur. « Et s'ils ne m'aiment pas ? Et s'ils ne me renvoient pas mon amour ? Et si je me dévoile et qu'ils n'aiment pas ce qu'ils voient ? Et si toutes mes faiblesses se révèlent et que j'en sors humilié ? Et si mes pires peurs de ne pas être à la hauteur se matérialisent ? » La seule manière de répondre à chacune de ces questions est de savoir, sans le moindre doute, que vous serez une source constante d'amour et de dévouement envers vous-même. Lorsque vous vous savez capable de survivre à toutes les éventualités ci-dessus, vous êtes libre de tout risquer au nom d'un lien important et de relations profondes et intimes. Cela ne signifie pas qu'il est facile d'avoir des conversations gênantes et une intimité très gênante. Mais cela réduit le risque d'une désintégration totale de votre amour-propre et vous permet de vous remettre d'un apprentissage pénible.

Déceler les pièges[6]

Quelqu'un présentant un style d'attachement évitant n'est pas forcément un loup solitaire. Le besoin d'attachement ne disparaissant pas, vous vous retrouvez à lutter contre ce système d'attachement, en essayant de supprimer les envies irrépressibles de vous lier à la personne que vous aimez afin d'éviter la gêne qui naît lorsque vous le faites.

Mais nos procédés pour garder les êtres chers à distance ne coulent pas toujours de source. En voici quelques-uns :

- Vous dire que vous êtes simplement indépendant et pas du genre à vous engager.
- Entamer une liaison avec une personne qui n'est pas disponible, par exemple quelqu'un qui est déjà en couple.
- Vous replier sur vous-même lorsque les choses commencent à bien se passer, pour que l'autre souhaite plus de proximité et plus s'engager.
- Mettre en exergue ce qui vous irrite ou vous agace chez votre partenaire au lieu de vous concentrer sur la vision d'ensemble, qui comprend de nombreuses choses que vous appréciez.
- Avoir tendance à passer à côté des signaux de changement émotionnel chez votre partenaire et à ne pas les prendre pour des raisons de vous rapprocher de lui.

- Lorsque vous êtes distant avec votre partenaire et vous vous sentez seul, vous remarquez peut-être que vous fantasmez sur vos ex, tout en sachant pertinemment que ces relations n'étaient pas faites pour vous.

Gardez à l'œil ce genre de schémas comportementaux et remarquez comme ils mettent en lumière votre évitement de la proximité et de toute connexion. Le repérage de ces schémas est un grand pas vers la capacité à lutter contre ces envies irrépressibles et à agir différemment. Par exemple, lorsque vous remarquez que vous êtes excessivement irrité par de petits comportements de votre partenaire, il est possible de vous concerter afin de rechercher la gratitude et de vous recentrer sur toutes les choses qui vous plaisent chez cette personne.

Imiter le partenaire fiable

Vous contenter d'essayer d'arrêter les comportements représentant une seconde nature n'est pas une excellente stratégie. Pour avoir une chance de faire mouche, il est utile d'avoir une idée claire de votre objectif. Vous avez peut-être eu (ou c'est le cas actuellement) des relations avec des partenaires fiables par le passé. Ils peuvent donc représenter un bon exemple à l'heure de choisir votre comportement dans diverses situations. Voici quelques caractéristiques d'un style d'attachement sécure.

- Avoir l'objectif de répondre aux besoins de son partenaire et espérer qu'il en soit de même pour lui. Cela signifie faire le point de temps en temps avec l'autre et essayer d'offrir du réconfort lorsqu'il semble en avoir besoin, ainsi qu'exprimer aussi clairement que possible vos propres émotions et besoins.
- Vous montrer très attentionné envers votre partenaire de manière à le rendre unique à vos yeux et créer une bulle de

protection autour de la relation. Cela peut se traduire par de petites attentions lui indiquant que c'est un être à part et que votre relation est sacrée.

- En cas de conflit, chercher à vous rapprocher, à régler le désaccord et à rétablir le lien plutôt que jouer la carte de l'évitement et ne pas se dire les choses. Cela implique que chacun soit prêt à faire des compromis et ait conscience que vouloir l'emporter lors d'une dispute ne saurait créer une relation saine.
- Résister à l'envie de se mettre sur la défensive ou de sanctionner son partenaire lors d'un désaccord. La clé est de faire part de ce que l'on ressent sans agresser l'autre, d'être prêt à accepter ses critiques et à procéder à des ajustements susceptibles de profiter à la relation.

Parmi toutes les différences entre les styles d'attachement sécure et évitant, la tendance du style sécure à privilégier la proximité et non à s'en écarter est un signe clairement distinctif. Ce n'est pas un changement facile à opérer pour quelqu'un présentant un style évitant. Ayez donc bien conscience de l'ampleur de la tâche et décomposez-la en étapes les plus modestes possibles. Le fait d'informer votre partenaire de votre projet et de l'aider à comprendre les raisons pour lesquelles il vous arrive de prendre vos distances lui permettra de se joindre à vous et de vous encourager, tout en se montrant compréhensif lorsqu'il vous arrive de retomber dans vos travers.

CE QU'IL FAUT RETENIR

- Les envies irrépressibles de maintenir les autres à distance ne sont pas le signe que quelque chose cloche chez vous. Il est possible qu'à un moment de votre vie, ce comportement vous soit paru logique. Lorsque vous réalisez que ces schémas sont désormais plus néfastes que bénéfiques, vous avez alors la possibilité d'agir différemment.

- Vous pouvez commencer à repérer vos tendances, souvent subtiles, à éviter la proximité et l'intimité. Déceler ces comportements vous donne la possibilité de décider de les modifier. Vous pouvez commencer à aller progressivement vers les autres, d'une manière ne correspondant pas à vos habitudes par le passé.
- Si votre tendance à tenir les autres à distance est néfaste pour des relations qui vous tiennent à cœur, ne soyez pas tenté de justifier cette distance émotionnelle en vous disant que vous êtes très indépendant et pas du genre à vous engager. Œuvrer à la concrétisation d'une relation reflétant mieux un attachement sécure favorisera des relations plus heureuses et épanouissantes.
- Si vous souhaitez vous efforcer d'être plus à l'aise avec l'intimité, faire part de cet objectif à votre partenaire l'aidera à être plus compréhensif lorsque vous vous mettez en retrait et à vous soutenir d'une manière très utile.

« Malgré tous
les risques que
nous prenons
en entretenant
des relations,
il s'avère que
la vie est bien plus
ardue sans
ces dernières. »

11

Quand vous souhaitez sortir vainqueur d'une dispute

« Apprenez à évaluer l'effet à long terme de vos actes sur les autres[1]. »

Robert Greene

Je vous ai écrit une lettre

Lors d'une dispute, quoi qu'ait fait ou n'ait pas fait l'autre personne, nous luttons généralement pour récupérer le pouvoir et le contrôle ou la reconnaissance et le respect que nous avons le sentiment d'avoir perdus. Et nous avons tous quelques trucs nous donnant le sentiment d'agir ainsi. Mais je parierais que la plupart de vos conflits du quotidien vous opposent aux personnes les plus chères à votre cœur. Les personnes que vous avez choisies et celles que vous souhaitez conserver auprès de vous. Les membres de votre équipe. Réfléchissez-y à deux fois avant de vous attaquer à votre équipe.

Lorsque vous luttez contre les personnes que vous aimez, la seule personne qui pense que la victoire lui va bien, c'est vous. Alors que celles que vous avez battues ne sont pas en admiration de votre capacité à avoir raison, mais retiennent les procédés employés ayant conduit à ce qu'elles se sentent anéanties, incomprises et malaimées. Le fait d'avoir constaté votre méchanceté à vouloir sortir à tout prix vainqueur de cette dispute risque de diminuer pour longtemps la confiance qu'elles avaient en vous.

Par conséquent, si votre objectif est de sortir vainqueur de disputes avec votre entourage, posez-vous pour réfléchir à l'avenir de votre relation et aux conséquences probables de l'issue des désaccords, avec l'un qui a le sentiment de l'avoir emporté et l'autre d'avoir perdu. Quel est vraiment votre objectif avec cette personne ? De vous révéler intransigeant et impitoyable pour parvenir à vos fins ? Ce ne sont pas des questions à prendre à la légère. Remporter une dispute n'est pas le triomphe satisfaisant qu'il est en apparence. Cela peut déboucher sur une existence très solitaire qui se caractérise par la destruction de toutes ces choses qui importaient vraiment, à cause de la volonté d'avoir raison sur des sujets en réalité beaucoup plus accessoires.

Mais être capable d'avoir une vision d'ensemble ne signifie pas que vous deviez éviter les conversations difficiles et apaiser les autres par souci de tranquillité, car cela nuirait à la relation. Nous devons tous gérer des désaccords. Mais si nous le faisons avec l'objectif de régler les problèmes et non de décrocher une victoire, il en va tout autrement. Personne n'a besoin de se sentir affligé par le processus. Le résultat ne sera peut-être pas parfait et il est possible qu'il faille plusieurs disputes sur le sujet avant de trouver une solution contentant les deux parties, mais le fait de garder à l'esprit que vous souhaitez voir cette personne vous aimer et vous respecter à l'avenir vous aidera à ne pas céder à une tentation : celle de la mettre plus bas que terre par le biais d'une agression verbale tonitruante risquant d'endommager durablement votre relation.

Des outils prêts à l'emploi

Aussi tentante que puisse être la libération de votre colère dans le feu de l'action, faire une pause pour vous poser quelques questions importantes est une solution rapide et facile pour laisser passer le vent de la colère et éviter de commettre des erreurs que vous pourriez payer cher par la suite.

Les premières questions à vous poser sont : contre qui vous disputez-vous et à quel sujet ? Quel est votre avenir avec cette personne ? Et quelles seront les conséquences d'une victoire ou d'une défaite ?

Qu'attendez-vous de cette relation à long terme ? Qu'elle prenne fin ? Qu'elle s'améliore ? Partager les responsabilités parentales sans faire de la vie de chacun un enfer ? Et concernant le sujet de discorde, quelle est sa place par rapport à cette vision d'ensemble ? Qu'essayez-vous de faire comprendre à cette personne ? Et quel message pensez-vous qu'elle essaie de vous faire passer ?

Être le premier à écouter

Lorsque les émotions affluent intensément, nous commençons souvent par préparer notre réplique avant même que l'autre ait fini sa phrase. Tout le monde souhaite être entendu. Personne ne veut écouter.

À ce stade, quiconque capable de percevoir l'intensité émotionnelle afin d'accepter le point de vue de l'autre sera plus à même d'effectuer des progrès significatifs. Interrompre votre croisade pour écouter l'autre vous donne peut-être le sentiment de rendre les armes, mais c'est faux !

Lorsque l'on vous aboie dessus, on vous critique, on vous accuse ou on vous juge, vous vous fermez instantanément, dans l'idée de vous protéger. Les gens sont plus ouverts à un compromis lorsqu'ils se sentent entendus et compris. Il est donc particulièrement efficace de contrôler une dispute en écoutant simplement l'autre dans le calme, puis en lui montrant que nous lui avons prêté une oreille attentive. Cela ne signifie pas lui dire qu'il a raison, mais plutôt « Je te comprends et je veux bien croire que ton avis sur le sujet diffère du mien ».

Indiquer que vous n'êtes pas une menace en changeant de tonalité et de volume est un moyen efficace d'entamer une désescalade et de créer une atmosphère plus calme propice à une écoute de nouveau mutuelle, de manière à affirmer que votre relation dépasse largement le stade de cet instant de désaccord. Toutes ces choses permettent presque immédiatement aux protagonistes de baisser légèrement leur arme et de respirer un bon coup.

Ne pas mettre de l'huile sur le feu

Gardez bien à l'esprit que, lors d'une dispute, chacun pense avoir raison, disposer de la vérité absolue. Mais en fait, tout ce que nous avons, c'est une version différente de la signification d'« avoir raison », en fonction de son point de vue. La base de la gestion d'un conflit entre vous et un être cher est d'accepter sa personnalité[2]. Quoi que vous pensiez de son comportement ou de ses erreurs, si vous souhaitez que la relation prospère, la dernière chose à faire est de mépriser son tempérament et de l'attaquer sur ce plan-là. Montrer du mépris pour le caractère de la personne en question risque de tout changer.

On repère facilement quand l'autre perd ses nerfs, car il passe d'une argumentation logique aux insultes et aux attaques personnelles. Cela se produit lorsqu'il a épuisé ses arguments. Il ne faut pas que cela vous incite à en faire de même. Vous n'avez pas à accepter l'image qu'il a de vous sur l'instant, et c'est plus facile à faire si vous identifiez le schéma et savez que cette attaque n'a rien de personnel. Il est dos au mur et agit probablement ainsi par peur ou parce qu'il se sent blessé. Que vous vous sentiez ou non responsable, il est utile de percevoir son manège et d'éprouver un peu de compassion. Ainsi, vous risquez moins de perdre le contrôle et de surenchérir verbalement. Et il est moins probable que l'autre envenime la situation.

Être fort, mais souple

Les meilleures luttes impliquent de faire des compromis, mais sans céder trop de terrain. Vous pouvez faire preuve de souplesse sans endommager votre perception de soi ni rogner sur les limites personnelles maintenant votre intégrité et votre capacité d'action intactes. La difficulté, c'est que personne ne prévoit de lutter contre son partenaire ou ses proches. Les désaccords surgissent quand nous nous y attendons le moins. Et nous n'avons alors pas le temps de réfléchir aux points sur lesquels nous sommes prêts à transiger et ceux sur lesquels il est important de faire preuve de fermeté. Il y aura donc des moments où vous allez vous fourvoyer. La clé est d'être disposé à repenser aux situations où tout ne s'est pas passé comme vous le souhaitiez et de réfléchir à la manière de procéder différemment la prochaine fois. Si vous remarquez que c'est toujours l'autre qui présente ses excuses ou fait des compromis, il vaudrait la peine d'envisager de faire preuve de plus de souplesse. S'il dépasse vos limites personnelles et que vous remarquez que vous avez tendance à céder à ses intentions, il serait judicieux de dresser une liste de vos limites à faire respecter. Il est plus facile de réfléchir à tête reposée, après la tourmente, aux situations où vous dites « oui » alors que vous souhaitez ou avez besoin de dire « non », ou à celles où vous vous montrez trop rigide. Le fait d'avoir une idée claire de ces situations vous aidera à les repérer dès qu'elles se produiront lors de futures disputes et à accroître la probabilité que vous choisissiez, la prochaine fois, une voie différente.

Ralentir la cadence

Lorsque la situation vous impose de défendre votre position et d'affirmer vos limites ou besoins, deux obstacles peuvent vous en empêcher. Le premier consiste à faire preuve de trop d'empathie, au point de vous dissocier de votre moi. Le second est d'être intimidé par l'intensité des émotions de l'autre personne. Lorsqu'elle est en colère et hausse le ton, cela peut faire retentir une alarme et semer la confusion dans votre esprit quant aux arguments sur lesquels vous devez tenir bon. Dans ce cas, il est souhaitable d'essayer de ralentir la cadence afin que les pulsions ne prennent pas le dessus sur les mesures bien pensées.

Lorsque l'objectif est de vous faire entendre, le sang-froid est votre super-pouvoir. Au mieux, la colère occulte la validité de votre argument, vous faisant paraître moins crédible. Au pire, elle blesse l'autre personne, qui se met alors sur la défensive, réduisant à néant toutes vos chances d'être entendu. Communiquer clairement, c'est exprimer ce que vous savez être vrai avec calme et confiance, même si vous êtes hérissé intérieurement.

On peut dire que la colère est l'émotion du dernier ressort. Tant que vous n'êtes pas à court d'options, la colère ne saurait optimiser une voie bien pensée pour sortir de ce désaccord. Y aller trop fort risque d'inciter l'autre personne à céder. Mais ne prenez pas cet apaisement pour un accord. Si vous avez le sentiment d'être sur le point de perdre le contrôle, signalez-le clairement et accordez-vous un instant pour recouvrer votre calme avant de poursuivre.

Ne pas être juge et partie à propos de ce que l'autre vit[3]

Lors de disputes, certaines personnes s'octroient une position d'autorité pour déterminer si ce que ressent l'autre est ou non valable. Si vous êtes tenté d'adopter ce genre d'attitude, faites une pause. Dire à quelqu'un qu'il ne devrait pas ressentir telle chose alors qu'il l'éprouve déjà ne l'aidera pas à se débarrasser de cette émotion. Vous risquez probablement d'ajouter une part de honte et donc de fermer la porte à une conversation raisonnable susceptible de vous permettre de renouer le lien.

Inutile de souscrire à son point de vue pour admettre qu'il éprouve telle émotion dans sa position. La voie de la reconnexion passe par le fait de lui permettre d'éprouver les émotions qui affluent. C'est également l'occasion de passer du jugement à la curiosité. Au cours d'une dispute, dans le feu de l'action, le jugement s'imprègne en nous. Nous sommes sur nos gardes, désireux de protéger notre opinion, en la considérant comme la seule et unique vérité. Pourquoi m'embêter à essayer de comprendre son point de vue quand je sais que j'ai raison ? Eh bien, si votre objectif est d'entretenir la relation, celle-ci ne saurait être salutaire si vous admettez tous deux que vous êtes deux personnes uniques qui verront toujours le tableau et ressentiront les choses à travers leur prisme individuel. S'attacher à comprendre quelque chose, ce n'est pas se laisser convaincre.

Vous ne cédez pas. Dire « Je t'ai entendu » ne veut pas dire « Je suis d'accord ». Acceptez l'émotion de l'autre, en sachant que vous êtes capable de l'appréhender, sans avoir besoin d'être convaincu que c'est le meilleur moyen de percevoir la situation.

Repérer vos propres biais afin de mieux argumenter

Le **biais de confirmation** est un élément auquel prêter attention dans les disputes lorsque la logique semble avoir déserté les lieux. Il s'agit de notre tendance naturelle à interpréter les informations de façon à étayer nos croyances existantes. Aucune dispute ne porte exclusivement sur l'instant présent. Si je crois profondément ne pas être à la hauteur ou si je m'attends à ce que les autres ne s'intéressent plus à moi et ne se soucient plus de moi, tous les scénarios susceptibles d'être interprétés de cette manière seront repérés par mon radar et désignés comme la preuve que cette personne se fiche royalement de moi et que je ne mérite pas son attention. Sur mon radar, ces points s'illumineront, contrairement aux preuves du contraire. Et ce phénomène se produit même lorsque nos croyances nous sont préjudiciables, car nos expériences passées ont créé notre modèle du monde, qui ne peut être facilement remodelé.

Le **raisonnement émotionnel** fait naître des arguments destructeurs. « Je ressens telle chose. Elle doit donc être vraie. Si je suis offensé ou blessé, tu dois avoir fait quelque chose de mal. » Il se recoupe très bien avec le biais de confirmation. « J'ai vraiment le sentiment de ne pas être digne d'être aimé, et lorsque mon partenaire est en retard à un rendez-vous amoureux, je me sens blessé, comme s'il n'en avait rien à faire de moi. Je ne me sens pas aimé. Par conséquent, il ne m'aime pas assez, c'est évident. » Son point de vue n'est alors pas du tout pris en compte. Un événement mineur peut raviver une blessure du passé, car le cerveau essaie de comprendre la situation en intégrant à l'équation les moments où vous avez ressenti quelque chose de similaire par le passé. Cette personne et cette relation peuvent s'avérer très différentes de celle ayant provoqué la blessure en question, mais l'émotion générée sert à créer notre nouvelle réalité.

L'**égocentrisme** est un autre biais à surveiller lors des disputes. Il s'agit de considérer notre point de vue comme un fait, tout en négligeant les valeurs, idéaux et points de vue différents de l'autre. Cela nous conduit à lui imposer toutes nos règles sans le lui dire. Si l'une de mes règles de vie consiste à ôter mes chaussures lorsque j'entre chez quelqu'un, je peux me sentir offensé quand un ami débarque dans ma cuisine avec ses bottes, en négligeant le fait que mon ami n'a pas le même principe et n'a aucune idée de ma position sur la question. Ce biais peut interrompre le lien, car les personnes nous entourant marchent sur des œufs, bien conscientes qu'elles risquent de se faire sanctionner si elles font un pas de travers.

La **généralisation** est un biais connu de bon nombre de personnes, car nous procédons ainsi avec nous-même quand nous ne nous sentons pas bien. À la fin d'une journée bien chargée, le plat que vous sortez du four vous échappe et explose au sol. Vous considérez alors que votre journée a été désastreuse. Dans ce genre de scénario, l'impact de notre état émotionnel est clair. Mais en cas de dispute, les dégâts peuvent être considérables. Cela donne souvent « Tu laisses *toujours* traîner tes tasses ! » ou « Tu ne m'aides *jamais* à débarrasser ! ». Au lieu d'aborder chaque situation individuelle, nous regroupons les choses et procédons à une généralisation rapide, en occultant toutes les fois où l'autre a fait ce qu'il fallait. Résultat, il se sent instantanément peu apprécié et considère que vous ne jugez pas ses efforts à leur juste valeur. Soudain, l'éventualité que votre partenaire s'empresse de vous faire plaisir, même avec quelque chose demandant peu d'efforts, s'évanouit. Il va plutôt se mettre sur la défensive et non se montrer coopératif. Il vous servira sans doute toute une liste de ses efforts et contributions, car de son point de vue, vous ne les avez pas remarqués ou appréciés comme il se devrait. L'abandon de cette approche peut changer la donne.

CE QU'IL FAUT RETENIR

- Lorsque vous vous chamaillez avec ceux que vous aimez, la seule personne qui pense que la victoire lui va bien, c'est vous. Alors que ceux que vous avez battus ne sont pas en admiration de votre capacité à avoir raison, mais retiennent la manière dont vous les avez fait se sentir anéantis, incompris et malaimés.
- Par conséquent, si votre objectif est de sortir vainqueur de disputes avec votre entourage, posez-vous pour réfléchir à l'avenir de votre relation et aux conséquences probables de l'issue des désaccords, avec l'un qui a le sentiment de l'avoir emporté et l'autre d'avoir perdu. Quel est vraiment votre objectif avec cette personne ?
- Remporter une dispute n'est pas aussi satisfaisant qu'il y paraît. Cela peut déboucher sur la destruction de tout ce qui importe vraiment, pour le plaisir d'avoir raison sur des sujets en fait beaucoup plus accessoires.
- Accorder la priorité à une relation ne signifie pas que vous deviez éviter les conversations difficiles et apaiser les autres par souci de tranquillité. Cela nuirait à la relation. Nous devons tous gérer des désaccords. Mais si nous le faisons avec l'objectif

de régler les problèmes et non de décrocher une victoire, il en va tout autrement.

- Quoi que vous pensiez du comportement ou des erreurs d'une personne, si vous souhaitez que la relation prospère, la dernière chose à faire est de mépriser son tempérament et de l'attaquer sur ce plan-là.
- Au cours d'une dispute, il est bon d'essayer de ralentir la cadence afin que les pulsions ne prennent pas le dessus sur les mesures bien pensées. Lorsque l'objectif est de vous faire entendre, le sang-froid est votre super-pouvoir.

« Lorsque
l'objectif est
de vous faire
entendre,
le sang-froid
est votre
super-pouvoir. »

12

Quand il est difficile de demander de l'aide

« Si vous voulez aller vite, partez seul.
Si vous voulez aller loin, partez à plusieurs. »

Proverbe africain

Je vous ai écrit une lettre

Une partie de moi se demande si, de tous les chapitres que comprend ce livre, celui-ci sera le plus utilisé. Si les humains ont besoin d'une chose, c'est bien de leurs congénères. Mais savoir que vous avez besoin d'aide n'est rien à côté de la solliciter. La plupart du temps, ce n'est même pas la peur qu'ils ne puissent pas nous aider, mais celle qu'ils soient en mesure de le faire. Vous devez ensuite accepter leur gentillesse. Permettre à quelqu'un d'apporter sa contribution va à l'encontre de cet instinct de n'avoir besoin de personne et de ne dépendre de personne[1]. Vous vous réfugiez alors dans l'histoire selon laquelle vos problèmes sont trop ou pas assez importants pour justifier que l'on vous aide. Et par le biais de cette histoire, vous vous convainquez que la priorité N°1 est de ne pas être un fardeau.

Dieu merci, nos ancêtres ne croyaient pas à cette histoire. Si cela avait été le cas, aucun de nous ne serait présent sur terre. Savoir ne pas se débrouiller seul était leur plus grande réussite et la clé de leur survie. Ils aidaient les autres dans la mesure du possible et acceptaient de l'aide quand ils ne pouvaient faire autrement. Ce n'est pas pour autant qu'ils ont baissé dans notre estime. Au contraire, c'est pour cela que nous les glorifions. Par conséquent, ne considérez pas comme une force le fait de se débrouiller seul. Le pouvoir réside dans le groupe.

Choisir de ne pas rechercher de l'aide quand vous savez qu'elle vous serait utile, c'est freiner votre avancée dans la vie. C'est décider que tout ce que vous visez ne vaut pas la peine de mobiliser toutes les ressources disponibles pour l'obtenir. Cela limite votre apprentissage et votre progression. Cela vous rend infiniment plus seul et accroît grandement la probabilité que vous renonciez. Si votre objectif est d'envergure, vous devez avoir clairement à l'esprit que personne ne réussit de grandes choses seul. Les gens brillants bénéficient d'une aide provenant de divers horizons. Et ils l'acceptent tous comme étant le meilleur moyen d'optimiser leurs performances et de garantir leur succès.

Cette petite voix qui vous dit d'échapper à la vue des autres et d'agir seul est généralement l'expression de la peur. C'est l'instinct d'échapper au jugement des autres. Mais si vous cédez à cette envie, vous payez un lourd tribut. Vous vous sentez en sécurité, mais dans une impasse. Et vous vous retrouvez coincé bien plus longtemps que ne dure ce sentiment de sécurité. Vous évitez que les autres ne perçoivent votre vulnérabilité, mais tout en ne faisant pas en sorte qu'ils découvrent la meilleure version de vous-même. Nous troquons donc un moment de vulnérabilité contre toute une vie à nous demander si les choses se seraient mieux passées si nous avions eu le courage de solliciter de l'aide.

Aider et se faire aider est dans la nature humaine. De plus, en acceptant de l'aide maintenant, vous vous mettez en mesure de transmettre cette gentillesse à quelqu'un et de donner plus que vous n'avez reçu.

Des outils prêts à l'emploi

Deux de ces outils peuvent aider à surmonter à la fois les processus de pensée et les émotions qui nous empêchent de chercher l'aide dont nous savons avoir besoin. Et si vous décidez de faire de votre mieux par vous-même et de demander de l'aide, j'ai inclus deux choses à garder en tête pour aller de l'avant.

Un sentiment n'est pas un fait

Quand vous n'avez pas le moral, vous remarquez peut-être une tendance à ressentir fortement les choses et à considérer ces sentiments comme des faits. Ce raisonnement émotionnel peut se révéler être un vrai piège lorsque vous savez que vous pourriez bénéficier d'une aide. Avoir le moral en berne ouvre la porte à la peur, à l'isolement, aux sentiments d'infériorité et de manque de mérite. Nous partons alors du principe que cela doit être vrai, car nous éprouvons ces sentiments. Il se peut alors que vous commenciez à croire que vous êtes seul et que vous ne méritez pas de recevoir de l'aide. Cependant, ces pensées ne sont pas le meilleur reflet de la réalité, mais celui de votre humeur et de votre état émotionnel.

Par conséquent, si vous savez dans votre esprit rationnel que rechercher de l'aide aurait tout son sens, mais que vous vous retenez de le faire en ayant des pensées convenant à votre humeur et non à la réalité, le fait de vous souvenir que le raisonnement émotionnel est un biais de pensée peut vous aider à prendre de la hauteur et à ôter du pouvoir à ce mécanisme.

Par exemple, si vous estimez ne pas mériter de l'aide et que vous prenez ce sentiment pour un fait, vous commencerez à agir comme si c'était vrai. Et pourtant, nous savons tous deux qu'il y a des gens qui ne sont pas d'accord, qui savent que vous méritez d'être aidé. Je le sais, car j'en fais partie.

Il existe une multitude de raisons de se lancer ou de renoncer. Mais la plupart de celles vous incitant à ne pas vous faire aider sont destinées à éviter un désagrément à court terme. Et si vous vous y accrochez, cela vous freinera à coup sûr. Ainsi, lorsque vous décelez un peu de raisonnement émotionnel, voyez si vous pouvez compenser par d'autres points de vue. Puis faites le choix fort de mettre en avant les pensées qui vous aideront le plus à aller de l'avant. Consigner par écrit la situation peut particulièrement contribuer à ralentir le processus et vous permettre de prendre de la distance par rapport à ces pensées et d'éviter que cela tourne à la rumination. Dressez donc la liste des pensées qui vous freinent et semblent traduire un raisonnement émotionnel. Puis assurez-vous qu'à chacune corresponde une alternative plus bénéfique.

Poser les choses

Il est très facile pour quelqu'un d'extérieur de voir que vous méritez d'être aidé, mais cette objectivité est bien plus difficile à s'appliquer à nous-même. Pour ce faire, une solution consiste à prendre quelques instants pour répondre à ces questions.

Essayez ceci

Prenez tous les problèmes auxquels vous êtes confronté actuellement et imaginez que vous ne soyez pas concerné. Imaginez une personne de votre entourage à laquelle vous ne souhaiteriez ces problèmes pour rien au monde. Que ressentiriez-vous si vous saviez qu'elle y est confrontée ?

Par conséquent, si cette personne chère à votre cœur se retrouvait dans cette situation, quel type d'aide souhaiteriez-vous lui apporter ? Vu votre connaissance de la situation, selon vous, quel aide serait la plus déterminante ?

Maintenant, imaginez que vous ne puissiez pas l'aider de cette manière, car vous ignorez ce à quoi elle est confrontée. Elle a décidé de faire face seule et de ne solliciter aucune aide. Elle sait que demander du soutien pourrait éclaircir l'avenir, mais elle perçoit les mêmes obstacles que vous.

Vous remarquez comme la perspective de ce scénario paraît bien plus pénible, sachant que vous seriez impatient de l'aider, si seulement elle acceptait votre intervention ?

Remarquez le jugement que vous portez sur la situation sans penser à la personne concernée ou en voyant simplement un autre humain qui pourrait y faire face moyennant un coup de main.

Imaginez-vous ce proche et demandez-vous : « Mérite-t-il d'être aidé ? »

Connaissant très bien la situation, quel type d'aide lui serait le plus profitable ?

Que souhaiteriez-vous qu'il ait la force d'entreprendre ?

Si vous étiez en mesure de le faire, comment pourriez-vous le rassurer en lui disant que la meilleure chose serait de demander de l'aide ?

Et si vous considérez que cette personne mérite d'être aidée, vous vous mettez en position d'être aidé de la même manière.

Faire vite

Une fois que vous avez décidé qu'il est indispensable de solliciter de l'aide, le premier principe à respecter est d'activer les choses[2]. Plus l'action suit de près la décision, plus vous augmentez les chances que les choses bougent. À ce stade, la plus grosse difficulté est de vous convaincre. Trouvez donc les mesures les plus modestes et applicables et passez à l'action le plus vite possible. Que vous désiriez vous sentir mieux, faire preuve de bon sens ou vous y prendre d'une meilleure manière, le seul moyen d'y parvenir est de passer à l'action.

Lorsque vous cessez de penser et agissez, vous récoltez instantanément les bienfaits de vous voir en mouvement. Si vous demandez de l'aide une première fois, vous aurez la preuve que vous en êtes capable à l'avenir.

Si votre première tentative ne se passe pas exactement comme prévu, vous remarquerez peut-être que vous avez fait de simples allusions au lieu d'exprimer clairement votre besoin ou que vous n'avez pas demandé à la bonne personne. Quel que soit l'enseignement à en tirer, il vous sera bénéfique. Vous savez maintenant pouvoir demander de l'aide, et vous avez la preuve que vous êtes capable de survivre à des issues loin d'être idéales.

La plupart des choses que vous apprendrez dans la vie seront plus souvent issues d'actes que de réflexions. En privilégiant ce principe, vous rendrez l'action plus engageante, même si elle vous terrifie. Rester à ruminer sur la meilleure chose que vous pourriez ou devriez faire revient à privilégier le statu quo et à contempler l'espace existant entre vous et ce que vous souhaitez obtenir. Faire un pas en avant est le seul moyen de vous rapprocher physiquement de votre objectif. Le résultat est moins important que l'acte en lui-même, car l'action génère l'action et fait donc naître une dynamique.

Ne rien laisser au hasard

Il est plus facile de vous attaquer à tout ce qui vous paraît insurmontable au départ en le décomposant en petites étapes à rendre claires et concrètes. Faites donc l'effort de ne pas trop vous projeter. Concentrez-vous sur la tâche à accomplir.

Essayez ceci

Dressez une liste des personnes que vous pourriez solliciter, en tête de laquelle doit figurer celle qui sera la plus facile à aborder.

Notez ensuite précisément ce dont vous avez besoin : une oreille attentive, une distraction, un soutien pratique ou simplement un lien d'amitié. Une fois que c'est clair dans votre tête, il est plus facile de formuler une demande concrète. Vous n'aurez pas à réfléchir vite et bien et vous ne risquerez pas de retomber dans des stratégies d'évitement, comme faire des allusions. Les gens sont aussi mauvais en matière de déchiffrage des allusions qu'en matière de décryptage des pensées. La clarté est donc votre alliée.

Rechercher de l'aide vous rend indépendant, et non codépendant

Ne soyez pas tenté d'associer la recherche d'aide à la codépendance ou à tout terme réservé à ceux qui sont incapables ou peu enclins à être indépendants.

La dépendance au sein de familles et de communautés est naturelle et accroît nos chances de survie et de développement sur toute une vie[3]. Dans un environnement constitué d'êtres chers de confiance et de personnes prêtes à vous apporter leur aide, vous serez plus disposé à prendre le taureau par les cornes et à vous engager à prendre les mesures nécessaires qui vous feront avancer.

Il est logique de chercher à vous faire conseiller par des personnes ayant de l'expérience, de solliciter de l'aide auprès de personnes compétentes et de rechercher l'oreille attentive de ceux qui vous permettront de vous exprimer ouvertement. Si vous craignez la codépendance, engagez-vous à ne pas laisser les autres prendre tout le poids du problème sur leurs seules épaules. Honorez leur soutien en menant des actions courageuses dans la direction qui s'impose. Une partie de cet engagement consiste à être suffisamment malin pour prendre conscience des moments où vous exploitez à fond vos points forts et où vous êtes suffisamment courageux pour permettre aux êtres qui vous sont chers d'apporter leur pierre à l'édifice.

CE QU'IL FAUT RETENIR

- Ne pas chercher de l'aide vous place face à un dilemme : un moment de vulnérabilité où vous vous sentez exposé *versus* toute une vie à vous demander si les choses auraient mieux tourné si vous aviez eu le courage de demander de l'aide.
- Choisir de ne pas rechercher de l'aide quand vous savez qu'elle vous serait utile, c'est décider que tout ce que vous visez ne vaut pas la peine de mobiliser toutes les ressources disponibles pour l'obtenir. Cela accroît considérablement le risque de baisser les bras. Personne ne réalise de grandes

choses tout seul. Les gens brillants bénéficient d'une aide provenant de divers horizons. Et ils l'acceptent tous comme étant le meilleur moyen de garantir leur succès.

- Cette petite voix qui vous dit d'échapper à la vue des autres et d'agir seul est généralement l'expression de la peur. C'est l'instinct de veiller à sa sécurité. Si vous cédez à cette envie, vous payez un lourd tribut. Vous vous sentez en sécurité, mais dans une impasse. Et vous vous retrouvez coincé bien plus longtemps que ne dure ce sentiment de sécurité.
- Ce n'est pas parce que vous avez le sentiment de ne pas mériter de l'aide ou d'être un fardeau que c'est le cas. De telles pensées et sentiments ont tendance à refléter votre état d'esprit, pas la réalité.
- Si vous considérez que toute autre personne dans votre position mérite de bénéficier d'une aide, vous le méritez également.
- Une fois que vous avez décidé qu'il est indispensable de solliciter de l'aide, activez les choses. Le plus gros obstacle est ensuite de vous en convaincre.
- Les allusions ne fonctionnent pas. Soyez clair et concret concernant votre besoin. Cela exclut le jeu des devinettes et facilite la vie de la personne qui souhaite apporter son aide.

« Savoir que
vous avez besoin
d'aide n'est rien
à côté du tourment
associé au fait
d'en demander.
Mais la plupart
des choses que
vous apprenez
dans la vie sont
plus souvent issues
d'actes que
de réflexions. »

2

Si votre propre compagnie est difficile à supporter

13

Quand votre petite voix est votre pire critique

« Ce n'est pas la montagne que nous conquérons, mais nous-mêmes. »

Sir Edmund Hillary

Je vous ai écrit une lettre

À quand remonte la dernière fois où vous n'avez pas répondu à vos attentes ? Qu'avez-vous fait précisément ? Et de quelle ampleur a été l'attaque verbale silencieuse dont a été victime votre esprit ? Quelle était la description de cet échec ? Est-ce qu'elle vous visait en tant que personne ? Était-ce une prévision de la personne que vous étiez destiné à devenir ou un enseignement bénéfique ?

Si vous estimez que vous infliger une autocritique en règle ne produit pas tout un tas d'effets secondaires, vous avez tort. Une autocritique permanente revient à vivre vingt-quatre heures sur vingt-quatre et sept jours sur sept dans une toute petite pièce (de la taille de votre crâne) avec un harceleur. Personne ne peut sortir de cette épreuve rayonnant de confiance. Le résultat est précisément le contraire. Je le sais, car un nombre considérable de clients débarquent dans mon cabinet pour une thérapie après avoir passé des années à considérer aveuglément comme une vérité un tel dialogue intérieur cinglant et à agir en conséquence.

Et malgré cela, bon nombre continuent de croire et de défendre leur critique intérieur, comme la personne qui défendrait un conjoint se rendant coupable de maltraitance émotionnelle et affirmant qu'il la critique pour son bien, qu'il essaie simplement de l'empêcher de se ridiculiser. Et vous vous asservissez à cela, convaincu que c'est nécessaire. Si vous n'êtes pas attentif, cette petite voix se met à vous convaincre qu'il est plus sûr de ne pas essayer plutôt que de risquer d'échouer. Puis cet état d'esprit réapparaît dans une autre situation, puis une autre, jusqu'à ce que vous ayez le sentiment de vivre une existence où vous loupez toutes les occasions parce que vous ne vous autorisez aucune prise de risque.

Ou admettons que vous ne battiez jamais en retraite. Vous considérez ce critique intérieur comme votre serviteur le plus utile et la seule source d'animation. Vous faites donc tout votre possible et surcompensez afin de répondre chaque jour aux exigences incessantes, dans une tentative de faire taire vos angoisses. Mais vous et votre entourage sentez bien que vous redoublez trop d'efforts, au risque de paraître moins authentique. Même s'ils vont dans votre sens et vous tressent des lauriers, comme vous en rêviez, et vous font donc sentir à la hauteur, votre ressenti, dont le maintien est source d'anxiété, est quelque peu faux. Il faut donc laisser le critique faire son œuvre, car il semble confirmer que vous n'êtes manifestement pas taillé pour cela et qu'il faut constamment vous pousser, sans quoi vous seriez paresseux et sans aucun dynamisme.

À ce stade de votre vie, on vous a probablement déjà dit que, pour aller loin, il est judicieux de côtoyer des gens qui vous veulent le plus grand bien. Et vous êtes indéniablement capable de repérer les qualités d'un bon ami. Quelqu'un qui fête vos succès, vous redresse lorsque vous êtes sur le point de tomber et vous aide à trouver une nouvelle voie sans vous attaquer ni vous critiquer. Vous éloigner d'amis qui ne vous soutiennent pas est une chose, mais que faire si la personne est dans votre tête ? Quand ce récit interne vous témoigne du mépris, vous avez le sentiment qu'il n'est pas possible de changer, car ces pensées sont assurément le reflet de vous-même. Si vous les percevez comme votre moi, votre choix, vous vous sentirez incapable de choisir un autre récit. Vous vivrez donc conformément aux premières pensées qui surgissent. Et longtemps après vous être débarrassé des personnes qui vous rabaissaient, vous poursuivrez intérieurement leur entreprise de démolition.

Remarquez cela. La prochaine fois que surgira une pensée problématique et remplie de mépris envers vous-même, basée sur vos actes et votre manière de procéder, voyez si cette voix émane de quelqu'un avec qui il est souhaitable de passer du temps. Si la réponse est « non », la bonne nouvelle, c'est que le choix vous revient. Vous pouvez interrompre le flux de cette histoire et vous mettre à en créer une autre, qui serait la voix de quelqu'un de confiance qui vous protège, qui souhaite le meilleur pour vous, qui a bien conscience de tout le chemin que vous avez parcouru et se sent extrêmement fier, qui vous dit ce que vous avez besoin d'entendre au lieu de saisir la moindre occasion pour vous offenser.

La personne qui vous a donné ce livre (même si c'est une partie de vous-même qui souhaite que vous alliez mieux) désire que vous repériez ce qu'elle voit en vous. Elle veut que vous perceviez votre valeur intrinsèque et votre potentiel, que vous vous voyiez comme elle vous voit, comme quelqu'un qui vaut la peine d'être connu, d'être encouragé. Quelqu'un avec un avenir qui bénéficie des bons ingrédients. Elle voit la bonté en vous, et elle sait que si vous êtes capable de vous aimer, de la même manière qu'elle vous apprécie, vous serez en mesure d'aller loin. Cette personne n'a pas besoin que vous la remerciiez. Elle souhaite que vous vous appropriiez cette reconnaissance. Rendez-la fière. Faites en sorte d'être fier de vous. Et vous ne sauriez y parvenir tant que vous vous démolissez intérieurement. Commencez donc à vous traiter de la manière dont cette personne sait que vous méritez d'être traité. Car votre potentiel va au-delà des images que vous projetez mentalement actuellement. Et la seule chose qui va vous le prouver, c'est votre action.

Des outils prêts à l'emploi

Si vous êtes encore partagé concernant votre souhait ou votre capacité à vous débarrasser de votre critique intérieur, bien qu'ayant parfaitement conscience de ses effets négatifs, je dispose des outils adéquats. Vous n'avez pas besoin de proscrire toute forme d'autoévaluation et de privilégier un dialogue intérieur trop complaisant et mièvre. Vous pouvez vous livrer à des autocritiques salutaires et non handicapantes. Nous souhaitons tous nous épanouir dans la vie, mais, pour conserver une trajectoire ascendante, une personne au sommet de son art dans un domaine engagera un coach professionnel et non un harceleur. Et pour une bonne raison : vous aider à tirer le meilleur de vous-même, tandis que le harceleur fait précisément le contraire. Cette section répertorie donc quelques outils permettant de rendre l'autocritique constructive et non destructrice.

Si une critique s'impose, faites en sorte qu'elle soit utile

Toutes les critiques ne rendent pas systématiquement service. Mais comment passer de l'autocritique qui vous met plus bas que terre à l'autocritique qui renforce votre envie de redoubler d'efforts et de vous relever après un revers ?

Si vous avez déjà essayé d'enseigner à un enfant une aptitude dont la maîtrise prend du temps, vous aurez remarqué que lorsqu'il commet une erreur ou n'est pas à la hauteur, il existe des manières de communiquer avec lui qui lui donnent envie de réessayer, et des façons qui l'inciteront à penser que ce n'est pas son truc et qu'il vaut mieux qu'il lâche l'affaire. Et vous retrouvez la même équation, quel que soit votre âge. Vous abandonnerez des choses ou éviterez carrément de vous y mettre, en réponse à votre critique intérieur qui estime que vous n'êtes pas fait pour ça. L'avantage, c'est que vous vous retrouvez à l'abri de l'échec. Par exemple, je souhaite écrire ce livre, mais un flux incessant de pensées me dit : « Qui es-tu pour croire que tu en es capable ? » L'humiliation pourrait être au rendez-vous si je persévère. Me mettre devant mon clavier d'ordinateur est source de vulnérabilité. Le critique intérieur m'incite à privilégier la sécurité apparente en me donnant le sentiment que chaque tentative de progression est futile et risquée. Mais l'évitement est moins bénéfique pour ma confiance que l'écriture.

Alors, comment s'évaluer et assumer ses responsabilités sans causer plus de mal que de bien ? Voici quelques éléments de votre dialogue intérieur à éradiquer.

Cinq éléments à proscrire de votre dialogue intérieur

1. **L'attaque totale.** Elle intervient quand vous passez d'un simple défaut ou d'une simple erreur à une attaque totale contre votre caractère et votre personnalité, comme si un seul événement en disait long sur la personne que vous êtes et votre mérite, en occultant vos autres qualités. Cette tendance ressort dans le feu de l'action, quand nous sommes en colère ou frustrés. Nous nous disons alors souvent des choses qui seraient qualifiées de harcèlement si elles provenaient d'une autre personne.

2. **La généralisation[1].** Si l'attaque totale se concentre sur vos caractéristiques personnelles et votre valeur, la généralisation se distingue par son angle d'attaque. Vous laissez un événement occulter tous les autres, comme si un épisode négatif effaçait tous les événements positifs survenus précédemment et était annonciateur d'issues systématiquement négatives. Vous le remarquez peut-être lorsqu'un événement tourne mal et vous qualifiez toute votre journée de désastre absolu ou, quand une relation prend fin, vous vous dites que toutes les relations ne sont qu'une perte de temps. C'est la recette idéale pour abandonner quelque chose et l'expression typique d'un état d'esprit fixe. Cela signifie qu'à vos yeux, vos capacités n'ont pas évolué depuis votre naissance et ne le feront jamais, contrairement aux personnes ayant un état d'esprit de développement, qui reconnaît que vous avez le potentiel de vous améliorer si vous fournissez des efforts. Vous vous considérez peut-être comme quelqu'un de bon en maths, jusqu'à ce que vous ne réussissiez pas une tâche dont le niveau dépasse vos aptitudes actuelles. Puis l'état d'esprit fixe en déduit « Je suis mauvais dans ce domaine » et baisse les bras.

3. **Une exagération mentale.** Après une erreur ou un revers, nous reviennent en mémoire tous les échecs dont nous avons été responsables. Notre univers intérieur s'apparente alors à une campagne de dénigrement en ligne qui s'emballe et prend des proportions bien supérieures à l'importance de l'erreur initiale. Ce mode de pensée plonge logiquement votre état émotionnel dans une spirale négative qui ne vous permet pas de tirer des enseignements ou ne vous incite pas à refaire une tentative.

4. **Un langage méprisant et des insultes[2].** Quand une personne fait preuve de mépris envers une autre face à ses défauts, la réaction naturelle de cette dernière est souvent d'arrêter d'écouter et de se défendre. Toute progression et possibilité d'apprendre des choses s'interrompt brusquement. Mais que se passe-t-il lorsque nous éprouvons un tel mépris envers nous-même ? Quand notre dialogue intérieur dit par exemple : « Je te déteste ! Tu es vraiment nul ! » Dans ces moments, plutôt que nous défendre, nous jugeons valable cette manifestation de notre détestation de soi et commençons à nous comporter et à nous traiter comme si c'était vrai.

5. **L'autoprotection.** La charge verbale d'autrui nous incite à nous défendre ou à fuir la situation. Mais l'agresseur est nous-même, la défense devient inconsciente. Nous cédons de manière impulsive aux envies irrépressibles de rechercher la sécurité et le confort, par exemple en évitant la chose sur laquelle nous souhaitions travailler et en nous disant qu'au fond de nous, nous ne la désirions pas vraiment. Ou bien nous nous mettons à accuser les autres afin de nous libérer un peu du poids de la honte associée à notre attaque frontale contre notre caractère. Quel que soit le mécanisme d'autoprotection, il a tendance à nous éloigner des principes favorisant le développement et les progrès.

Cinq éléments de substitution à intégrer à votre dialogue intérieur

1. **Choisir votre point de vue.** Comme je l'ai déjà souligné, accéder à la vérité à partir de nouveaux angles d'attaque vous permettra de vivre légèrement différemment cette réalité. Par conséquent, lorsque vous réfléchissez sur vous-même, il est important de prendre du recul et de la hauteur par rapport à l'événement en question. Cela permet de le percevoir seulement comme un lieu dans un paysage bien plus vaste. Dans certaines psychothérapies, nous créons sur papier une chronologie des événements qui peut s'étendre sur toute la vie. Cela peut constituer un excellent outil pour intégrer au récit global de votre vie des événements qui vous paraissent bouleversants sur l'instant, en modifiant la perception que vous en avez. Un événement ne peut définir à lui seul une personne multidimensionnelle qui apporte sa pierre à l'édifice d'une multitude de manières et dont l'objectif est de continuer d'apprendre et de progresser au-delà d'une seule tentative, que celle-ci se soit soldée par un échec ou ait été couronnée de succès. Le point de vue à toujours rechercher correspond aux enseignements à tirer de votre périple et de vos ambitions, qui dépassent largement cet événement ou l'erreur commise. Cherchez les leçons à tirer afin de renforcer votre résolution lorsque vous vous retrouverez dans des situations similaires.

2. **Évaluer uniquement l'action.** La tendance naturelle de l'humain est d'évaluer sa personnalité et sa valeur intrinsèque, qui paraissent toutes deux immuables et génèrent un sentiment de honte au lieu d'être véritablement utiles. Dans l'optique de rejoindre la destination fixée, transformez ce qui ressemble à une évaluation de votre caractère en

évaluation de votre action. Cela signifie vous concentrer sur des événements, comportements et choix bien précis, être le plus clair et concret possible, comme vous le seriez avec quelqu'un que vous essayez de coacher pour qu'il évolue à son meilleur niveau. Aucun apprentissage n'est possible si vous vous débattez avec votre valeur en tant qu'être humain. Lorsque celle-ci est menacée, elle est toujours prioritaire dans votre esprit et déclenche un mécanisme d'autoprotection. Mais lorsque votre valeur intrinsèque n'est pas contestée, vous êtes en mesure de vous pencher sur vos erreurs et d'apprendre. Gardez-la donc toujours à bonne distance de la table des négociations, car vous ne sauriez vous épanouir sans. Quand vos actes ne vous sont pas bénéfiques, visez à conserver intacte votre capacité d'action lors de la phase de résolution de ce problème. Pour ce faire, concentrez-vous sur les options à votre disposition. Si vous échouez à un examen et concluez que votre échec est dû au fait que vous êtes nul, cela ne peut qu'amorcer une spirale négative. Mais si vous ne mettez pas votre personnalité en jeu et commencez à envisager de repasser cet examen et à travailler les sujets sur lesquels vous avez péché, vous trouverez l'énergie nécessaire pour reprendre votre marche en avant. Lorsque des options s'offrent à nous, nous ne nous demandons pas si nous devons abandonner et nous en vouloir ensuite éternellement.

3. **Choisir soigneusement vos mots.** Imaginez qu'un enfant très cher à votre cœur ait un talent exceptionnel dans le sport qu'il pratique et que vous deviez le coacher à travers les victoires et les défaites et les hauts et les bas dans l'assouvissement de ses ambitions. En chemin vers la réalisation d'exploits, il peut lui arriver de commettre des erreurs et de connaître des défaites cinglantes. Votre mission est d'être le premier à lui parler et à redresser sa confiance. Dans ces moments-là,

si vous souhaitiez le meilleur pour cet enfant, vous choisiriez vos mots avec précision. Il en va de même à l'heure de réagir à vos triomphes et déconvenues. Vos paroles ont un certain pouvoir, ne l'oubliez pas. Comment décrire la réalité d'une manière écartant toute menace psychologique inutile et vous aidant à vous remettre sur pied afin de reprendre votre progression ?

4. **Être sincère.** Lancer des poignées d'affirmations positives comme si vous jetiez des confettis à un mariage aura des retombées tout aussi « légères ». Vos mots n'influeront significativement sur votre ressenti et votre comportement que si vous avez confiance en eux. Gratifiez-les donc systématiquement d'une grande sincérité. Nombre de personnes partent du principe qu'il n'existe que deux options : l'option « bonnes ondes », avec un dialogue intérieur trop complaisant et édulcoré qui a des allures de mensonge. Ou l'option « vérité », livrée sous les traits d'une agression verbale qui vous donne envie de vous réfugier dans une grotte en souhaitant n'être jamais venu au monde. Mais il existe d'autres options. Nous pouvons choisir une honnêteté chaleureuse qui nous aidera à nous épanouir. Une honnêteté parée de respect et d'une dose de curiosité qui nous donnera l'occasion d'apprendre.

5. **Faire face au monde.** Parfois, le meilleur remède contre les attaques que nous menons sans cesse contre nous-même et l'autoévaluation permanente est de cesser d'être axé sur notre moi. Plus nous pensons à nous, plus nous devenons malheureux[3]. Nous sommes des animaux sociaux, censés nous préoccuper des autres et réfléchir à la manière de contribuer du mieux possible à l'effort collectif. Le monde actuel nous incite à l'égotisme, car il provoque l'ouverture d'un gouffre d'insécurité, des tas de produits vous promettant que vous

allez vous sentir à la hauteur de tous les défis. Mais lorsque vous vous concentrez sur toutes les personnes importantes et les choses qui se produisent autour de vous, il devient évident qu'il est inutile d'être parfait pour vivre une existence enrichissante et pleine de sens. Personne n'exige cela de vous à part vous-même. Personne ne se soucie autant de vos défauts que vous. Mettez-vous à vous préoccuper de ce que vous pouvez faire pour les autres. Il est plus facile de modifier cette habitude consistant à vous critiquer lorsque vous ne vous placez pas constamment entre les deux lames d'un microscope. Sur quelle chose pourriez-vous vous concentrer aujourd'hui de façon à rendre un peu meilleure la vie des êtres qui vous sont chers ?

CE QU'IL FAUT RETENIR

- Il existe un ensemble d'ingrédients toxiques qui, associés à l'autocritique, rendent celle-ci néfaste et non bénéfique. Si votre objectif n'est pas de vous tyranniser, mais de vous améliorer, la maîtrise de l'autocritique vous fera avancer au lieu de vous freiner.
- Vous pouvez être très discipliné, afficher une grande envie et être productif sans vous rabaisser en permanence. Le respect de soi ne conduit pas à une vie d'assouvissement.
- Cessez d'être obnubilé par votre moi et portez votre attention sur toutes les autres choses importantes à vos yeux. Être trop centré sur vous-même ne fait qu'aggraver votre ressenti.
- La vérité n'a pas besoin d'être dure et la compassion ne doit jamais être un mensonge. La sincérité

doit être délivrée avec habileté et considération quant à la direction que vous empruntez.

- Lorsque vous n'essayez pas de vous débattre avec votre valeur en tant qu'être humain, vous êtes libre d'apprendre et de progresser. Évitez donc les jugements de soi et concentrez-vous sur ce que vous essayez d'accomplir.

« Personne
ne se soucie autant
de vos défauts
que vous. »

14

Quand vous doutez de vous et souhaitez être plus confiant

« La seule personne que vous êtes destiné à devenir est celle que vous décidez d'être. »

Ralph Waldo Emerson

Je vous ai écrit une lettre

Cette lettre n'est peut-être pas celle que vous espériez. Mais ce que nous attendons ne correspond pas toujours à ce dont nous avons besoin. Je ne connais que trop bien ce sentiment, lorsque je feuillette des livres promettant de me rendre plus confiante en espérant qu'ils renferment la clé de cette confiance en soi. La plupart nous disent d'éradiquer nos doutes (tâche qui nous paraît impossible) et de nous convaincre que nous disposons déjà de toute la confiance nécessaire (ce qui a des allures de mensonge). Mais ce que ces ouvrages ne disent pas, et on ne le découvre que grâce aux expériences que l'on vit, c'est que l'on ne trouve pas la confiance en se lançant à sa poursuite.

La confiance n'est pas un élément que l'on atteint après l'avoir visé, mais simplement le produit d'une existence au cours de laquelle on se concentre sur d'autres choses. Vous choisissez un domaine que vous souhaitez maîtriser : une interaction sociale, des examens, la technique du football ou la prise de parole en public. Puis, à chaque fois que vous faites l'effort de vous mettre dans une situation où la confiance vous fuit, lorsque vous perfectionnez votre savoir-faire ou vous vous préparez à une bataille, lorsque vous gagnez ou perdez puis vous vous relevez, votre confiance se renforce très légèrement. Autre élément de preuve, lorsque vous décidez d'affronter la difficulté, sans aucune garantie de succès, vous y survivez et apprenez inévitablement des choses. Que l'issue ait des apparences de succès ou d'échec, vous en avez obligatoirement tiré quelque chose. Une fois que vous vous savez capable de survivre à une défaite, vous pouvez devenir implacable et persévérant. Se développe alors une confiance en votre résilience face à des issues imprévisibles.

Dans cette équation, nous commençons par l'acte et terminons par le ressenti. Mais la partie difficile concerne la volonté d'aller dans cette direction, de rejoindre cet endroit où la vulnérabilité nous gagne et où nous ne pouvons contrôler les résultats, et l'engagement d'y demeurer jusqu'à ce que nous ayons appris tout ce qu'il fallait.

Si vous repoussez vos limites comme il le faut pour vous forger de la confiance, vous éprouverez une pointe d'anxiété et l'envie irrépressible de battre en retraite, jusqu'à ce que vous soyez certain que tout ira bien. Cette peur est inhérente au processus, et lorsque vous choisissez d'y être attentif de cette manière, les émotions éprouvées sont supportables, voire adoptées, au lieu d'être perçues comme intolérables.

Alors que si vous vous dites que vous n'êtes pas capable d'endurer la gêne temporaire causée par l'incertitude et la vulnérabilité, vous emprunterez immédiatement la voie de la sécurité instantanée, et non la voie de la confiance. Le seul moyen d'avoir confiance en votre capacité à faire face, même dans des situations loin d'être idéales, est de réunir les éléments prouvant que vous y êtes déjà parvenu.

La condition indispensable est d'être disposé à coiffer la casquette du débutant qui commet erreur sur erreur et s'améliore tout en faisant sa part à la hauteur de ses moyens. Animé de cet état d'esprit, vous pouvez accepter une partie de cette nervosité comme le signe que vous êtes sur la bonne voie. Cela ne signifie pas que vous deviez avoir en permanence des pensées positives. Vous n'êtes pas obligé d'éradiquer toute pensée négative et de croire en vous à cent pour cent. En fait, lorsque vous essayez de vous améliorer dans un domaine, ignorer vos vulnérabilités ou vous convaincre qu'elles n'existent pas a toutes les chances de se muer en illusion éphémère.

Acceptez plutôt cette réalité voulant que les doutes et vulnérabilités surgissent de partout lorsque vous rencontrez des difficultés et concentrez-vous sur votre engagement à faire preuve de courage, à fournir des efforts et à instaurer une dynamique.

Un jour, vous relèverez la tête et verrez toutes ces situations que vous craigniez auparavant et qui font désormais partie de votre zone de confort. Mais vous ne vous appesantirez pas dessus très longtemps, car votre engagement à faire preuve de courage, à fournir des efforts et à instaurer une dynamique sera tel que vous serez déjà en quête du prochain défi à relever. Bonne route !

Des outils prêts à l'emploi

Une grande partie du travail effectué en thérapie est le processus de construction de la confiance, non pas un coup de boost de positivité superficiel çà et là, mais une relation plus durable avec le moi et les difficultés qui s'annoncent. Dans cette optique, nous ne pouvons pas occulter le travail de mise en exergue des plus grands contributeurs à une piètre confiance permanente. Une fois que nous les connaissons, nous pouvons les repérer, même si nous percevons subtilement les choses. Aller ainsi à l'origine du problème permet de faciliter le processus par la suite.

Bien arracher les mauvaises herbes

Voici quelques contributeurs à éradiquer après les avoir repérés. Mais l'identification de leur rôle en une seule occasion ne suffit pas à changer les choses. Pour changer réellement la donne, il faut les prendre sur le fait, lorsque apparaît leur vilaine trombine. À vous ensuite de choisir si vous souhaitez vous en accommoder ou procéder différemment cette fois-ci. Mais cela ne se déroulera pas tout de suite. Il s'agit généralement de commencer par les déceler après coup, peut-être par la tenue d'un journal, une thérapie ou un échange avec quelqu'un. Au fil du temps et des répétitions, vous vous mettrez à les prendre en flagrant délit. Pour commencer, voyez s'ils vous parlent, puis engagez-vous à tenir un registre de leur apparition.

- **La peur de l'inconnu**

Prenons un instant pour banaliser le principe selon lequel, face à une situation nouvelle, on peut s'attendre à ce que la confiance soit faible et le stress élevé. Ce n'est pas un problème. C'est simplement votre cerveau qui repère, à juste titre, que cette situation n'est pas familière (et donc difficilement prévisible) et que l'on va exiger des choses de vous. La réponse au stress s'installe alors, ce qui renforce votre vigilance et vous aide à vous concentrer sur le défi à relever.

Ce n'est en aucun cas le signe que la situation ou l'activité n'est pas faite pour vous. La véritable confiance n'est pas une foi en soi démesurée ou de l'arrogance, mais un sentiment réaliste de ce que vous êtes capable de faire et du courage de mettre vos aptitudes à l'épreuve. Par conséquent, lorsque vous manquez d'expérience et n'avez pas encore appris les compétences dont vous avez besoin ou lorsque vous savez pertinemment que vous ne vous êtes pas préparé assez, un niveau de confiance inférieur est le reflet fidèle de la réalité et un indicateur des efforts à consentir.

En conséquence, si un défi vous attend et que vous souhaitez le relever avec un niveau de confiance plus élevé, mettez-vous au travail. Prévoyez de vous perfectionner et arrivez le jour J avec plus de cordes à votre arc que vous n'en avez aujourd'hui. La clé est de relever progressivement de petits défis dont la difficulté augmente au fur et à mesure ou avec plus de pression.

- **Les attentes**

Si vous souhaitez aborder ce manque de confiance avec curiosité, vous pouvez relever ce que cela vous dit. Par exemple, je viens de mentionner qu'il est normal, sain et utile d'emprunter de nouvelles voies avec moins de confiance que celles auxquelles vous êtes habitué. Mais ce manque de confiance paraîtra beaucoup plus intense si les attentes que vous avez envers vous-même ne cadrent pas avec la situation à gérer.

Si vous vous comparez à quelqu'un de déjà bien avancé dans son périple et que vous vous attendez à produire une performance équivalente, un manque de confiance reflétera avec justesse la réalité. Alors que si vous espérez produire un effort légèrement plus conséquent et dépasser votre performance de la veille, un véritable sentiment de confiance sera non seulement possible, mais probable.

C'est souvent là que les perfectionnistes trébuchent. Leurs attentes sont tellement peu réalistes et en permanence élevées qu'il ne leur est pas possible de se sentir confiants. Les attentes doivent être conformes à votre préparation, proportionnelles à votre aptitude et pouvoir se concrétiser, même lorsqu'elles sont considérables. Bâtir sa confiance, c'est mettre tout bien en ordre et avoir des attentes reflétant la réalité – et le contexte est un élément crucial.

Il existe également une belle différence entre ne pas être à la hauteur et ne pas être encore prêt. Le fait de n'être pas assez préparé et pas assez entraîné ne doit jamais vous inciter à en conclure que vous ne serez jamais capable de parvenir à vos fins. Vous ne pouvez tirer cette conclusion qu'une fois que vous avez fait tout ce qui était en votre pouvoir pour aller au bout des choses. Prenez donc garde à votre langage. Le mot « jamais » doit se faire rare. Un langage précis peut donner une nouvelle signification à votre situation et devenir la recette du passage à l'action. Prenez un peu de temps pour repérer le langage que vous employez et remarquez la manière dont il colore votre évaluation et votre réaction émotionnelle aux difficultés rencontrées. Si vous essayez d'agir avec confiance, ce qui implique souvent d'aller de l'avant malgré la peur et l'incertitude, sans garantie du résultat, votre point de mire ne doit pas être simplement positif, mais également productif, quelque chose qui vous aide à avancer dans la direction souhaitée.

- **Confondre échec et jugement définitif**

L'échec, c'est quelque chose que nous rencontrons, et non quelque chose que nous devenons. C'est une expérience, et non un trait de personnalité. Si vous refusez de considérer l'échec comme un jugement définitif, il peut se muer en professeur. À chaque fois que vous essuyez un revers, une occasion se présente, celle d'apprendre et d'emmener cet enseignement dans le prochain chapitre. Si la chose que vous retenez d'un échec, c'est qu'il fait de vous un raté, vous n'en tirerez rien, car vous refusez de bénéficier des enseignements qu'il vous offre.

Cette tendance à nous condamner est une seconde nature, et quelques secondes après avoir pris conscience de l'erreur commise, les mots « idiot, loser, boulet » sortent de votre bouche. Mais même lorsque nous nous qualifions de nul, nous avons encore la possibilité de limiter les dégâts de cette prise de position. Ne restez donc pas sans réaction. Entendez-vous dire cela, même mentalement, et forcez-vous à fournir un contre-argument, sous la forme d'une déclaration qui soit à la fois un meilleur reflet de la réalité et une affirmation plus productive et utile permettant de nourrir vos efforts permanents destinés à vous faire progresser. La procédure est détaillée dans le chapitre sur l'autocritique (voir page 163), mais faites en sorte que le retour d'une telle détestation de soi soit plutôt le reflet d'une autocompassion farouche, dans l'optique de vous relever et de repartir au combat. Cela exige responsabilisation, honnêteté et un attachement à pallier le manque de performance et à mettre en place un plan d'action qui vous fera avancer. Avec cette recette, il n'y a pas de place pour le mépris, la haine de soi ou la honte si vous souhaitez faire mieux.

La recette pour se bâtir une confiance[1]

Pour forger sa confiance en soi, il existe une recette simple, mais qui s'applique individuellement aux différents domaines que vous souhaitez maîtriser. Par conséquent, que vous souhaitiez vous améliorer dans vos études, dans la pratique d'un sport, dans la prise de parole en public ou dans un métier, veillez à suivre ce processus pour obtenir une progression et un apprentissage optimaux.

1. **Répéter le processus.** Exercez-vous à la maîtrise des compétences et habiletés nécessaires pour maîtriser ce domaine. Chaque répétition du processus donne naissance à de nouvelles voies neuronales permettant au cerveau d'automatiser une grande partie du processus sur la durée. C'est la partie se caractérisant par des efforts importants, au cours de laquelle la progression vous paraît lente.

2. **Passer l'épreuve de résistance.** Si la répétition est au cœur de votre progression, vous ne pouvez pas espérer passer immédiatement de l'entraînement à la course ou de la révision à l'examen. Qu'il s'agisse de muscles physiques ou mentaux, mettez-les régulièrement à l'épreuve le plus régulièrement possible. Augmentez progressivement la difficulté et la pression inhérentes à ces tests afin de reproduire les difficultés que vous pourriez rencontrer sur le terrain, la piste ou la salle d'examen. Augmentez également petit à petit le nombre de personnes assistant à votre prestation. Renforcez la pression exercée par le temps lors de courses d'entraînement ou d'examens blancs. La compréhension de la tâche qui met votre confiance à l'épreuve vous permettra d'orienter vos choix en la matière. Le fait de tester en permanence vos compétences favorisera un bon rythme de progression et vous évitera, le jour J, d'avoir à vous préoccuper de la foi que vous avez en vous-même.

3. **Étudier chaque performance.** Vous pouvez très bien mettre vos compétences constamment à l'épreuve, mais répéter, encore et encore, les mêmes erreurs sans tirer beaucoup d'enseignements d'une fois sur l'autre. Pour tirer le meilleur parti de chaque défi à relever, qu'il soit modeste ou d'envergure, considérez-le comme une occasion d'apprendre. Quels aspects de votre performance souhaitez-vous reproduire dans le futur, et quelles compétences devez-vous perfectionner ? Allez dans le détail et considérez les éléments passés en revue comme de précieuses informations. Les fruits de ce processus de réflexion dessineront la voie de votre progression.

4. **Mettre les idées en pratique.** Il ne suffit pas de dire que vous exécutez différemment telle technique. Votre cerveau n'apprendra des choses que s'il a l'occasion de la mettre en œuvre à de multiples reprises. Si vous identifiez le sujet qui vous a coûté le plus de points lors d'un examen blanc, exploitez cette information. Revenez à la base de ce savoir et répétez le processus, en travaillant sur ces points faibles jusqu'à ce qu'ils se muent en points forts. Puis revenez à la première étape et répétez le processus.

Essayez ceci

Pour cet exercice, il peut s'avérer utile de consigner vos réponses par écrit afin de les consulter par la suite. Je souhaite que vous preniez quelques instants pour imaginer que, comme par magie, vous vous réveilliez demain armé d'une splendide confiance en soi conforme à vos souhaits. Dès que vous ouvrez les yeux, comment savez-vous que cette magie a opéré ? Pour répondre à cette question, essayez de ne pas penser au *ressenti* différent éprouvé et plus aux mesures prises et à la façon d'opérer. Quelle serait votre attitude ? Quelle serait la façon de vous mouvoir ? En quoi interagiriez-vous différemment avec les autres ? Comment aborderiez-vous le prochain défi ? Essayez d'étudier les différences les plus minimes. Visualisez la situation et servez-vous de l'image obtenue pour dresser une liste d'actions.

Maintenant, la plupart des gens rêvant de cette manière partent du principe qu'ils doivent attendre que ce ressenti ou problème change avant que l'histoire puisse se concrétiser. Mais à l'instar du problème de motivation, la confiance n'est pas le genre de sentiment à se matérialiser en premier. Ainsi, tous les éléments de votre liste sont les actions qui vous aideront à déclencher ce ressenti. Certains éléments vous paraîtront plus faciles à générer que d'autres. Dans ce cas, pourquoi ne pas commencer par eux ?

La confiance est ce bus qui n'arrive jamais tant que vous êtes assis à l'attendre. Il apparaît généralement après que vous avez décidé de vous rendre à votre destination à pied et lorsque vous êtes pratiquement arrivé. Attachez-vous donc à réaliser des progrès et je parie qu'il arrivera lorsque vous vous serez mis en route.

CE QU'IL FAUT RETENIR

- Ne visez pas la confiance. Vous ne parviendrez jamais à vos fins. La confiance est le fruit de votre volonté de partir du bas afin de vous élever, en apprenant des choses au fur et à mesure. C'est le produit de l'échec et du succès, à condition de continuer à apprendre de chacun d'eux.
- Un manque de confiance face à des situations nouvelles et imprévisibles est normal et n'est pas une raison pour battre en retraite. Plutôt que d'essayer d'éradiquer ce sentiment, efforcez-vous d'apprendre et de contribuer d'égale manière.

Faites de votre mieux et, en cas de revers, trouvez le moyen de faire mieux.

- Pour bâtir votre confiance, vous devez être disposé à risquer d'échouer. Pour ce faire, vous devez être prêt à voir en l'échec un élément indispensable du processus d'apprentissage. L'échec ne révèle rien de votre mérite ou valeur d'être humain, mais vous oriente simplement vers les choses à travailler.
- Prenez donc garde à votre langage. Il existe une belle différence entre ne pas être à la hauteur et ne pas être encore prêt. Quand vous manifestez une volonté de fournir des efforts, il existe une marge de progression.

« Il existe
une belle différence
entre ne pas être
à la hauteur et
ne pas être encore
prêt. L'échec est
une expérience,
et non un trait
de personnalité. »

15

Quand vous êtes bouleversé

« La meilleure issue est d'affronter le problème. »

Robert Frost, « A Servant to Servants »

Je vous ai écrit une lettre

Si vous avez le sentiment que tout se referme sur vous et que vous n'êtes plus en mesure d'avoir les idées claires sur la situation, je suis ravie que vous lisiez ce chapitre. Pendant quelques minutes, vous n'aurez qu'à vous concentrer sur les mots qu'il renferme. Votre attention, qui tente de se braquer sur tout à la fois, pourra momentanément se porter uniquement sur ces mots. Juste vous et moi. Et à mesure qu'ils défileront devant vos yeux, nous pourrons ralentir la cadence. Suivez le rythme naturel de votre respiration et voyez si vous parvenez à remplir un peu plus vos poumons et à prendre le temps d'expirer lentement. Vous remarquerez alors que chaque expiration vous permet de plonger un peu plus à l'intérieur de votre être et de libérer un peu de cette tension si présente il y a quelques instants. Maintenant, desserrez la mâchoire et placez votre langue contre votre palais. Abaissez vos épaules. Voilà !

Soyons clairs, ce n'est pas le moment de tout régler. À ce stade, vous devez être vous-même. Laissez en place tout ce qui appartient au passé et au futur et concentrez-vous sur l'instant présent. Tout ce que vous avez à faire, c'est trouver votre équilibre. Pour l'heure, la pression est désactivée, car vous faites une pause et invitez tout votre corps à se détendre. Cette tension qui était présente était certes désagréable, mais pas néfaste, et vous n'êtes pas à sa merci. Lorsque nous allons diminuer cette tension pour bénéficier d'un moment de calme et de détente, vous ressentirez une libération, une sorte de ralentissement.

Il ne s'agit pas d'abandonner ou de renoncer. C'est une pause impérieuse qui vous permettra de sortir de cette spirale infernale, de vous recentrer et de vous étalonner. Détendez vos yeux et laissez tomber vos sourcils, en relâchant si besoin de nouveau votre mâchoire. À mesure que vous vous détendez à chaque longue expiration, sachez que j'ai quelque chose à vous dire.

Certains changements profonds dont j'ai été témoin chez des personnes au fil des années ne se sont pas matérialisés lorsque leur vie est soudain devenue plus facile, mais quand ils ont commencé à découvrir que leur capacité à faire face était plus importante qu'ils ne l'avaient imaginé.

Personne ne vous a dit quelles étaient vos limites pour faire face aux situations parce que personne ne le sait. Même pas vous. Alors, quand vous vous dites que vous n'êtes pas capable de faire face à une situation, sachez que cette pensée ne saurait être un fait. C'est le récit que vous vous racontez.

Et ce moment d'immobilité n'est pas destiné à vous protéger du monde extérieur, car vous n'avez pas besoin de protection. Lorsque vous choisissez d'affronter cette difficulté, vous trouvez la force dont vous ne soupçonniez pas l'existence et vous découvrez que c'est possible.

Et à chaque fois que vous vous sentez submergé, que la spirale est vertigineuse, vous pouvez retrouver cet endroit. Je serai présente. Nous pouvons machinalement calmer notre esprit et nous reposer autant de fois que nécessaire, de façon à être prêts à revenir en scène et à en faire un peu plus dans les domaines qui nous importent.

La beauté de ces moments réside dans leur caractère modeste, car ils n'impliquent pas de décisions capitales. Le train n'a pas besoin de s'arrêter. Personne ne remarquera que vous vous êtes accordé un petit moment de répit, mais vous aurez récupéré votre capacité d'action et serez de nouveau prêt à effectuer un petit pas à la fois. Lorsque vous êtes bouleversé, à essayer de saisir tous les éléments se trouvant sur votre voie, vous bénéficiez d'une attention toute nouvelle, qui ne se projette pas très loin à l'horizon, mais vise les deux ou trois prochains pas à effectuer. Et vous savez alors que lorsque vous estimiez ne pas être capable de surmonter l'obstacle, cette pensée constituait un frein à votre progression.

Lorsque l'issue et la situation vous semblent hors de contrôle, reposez-vous sur ce nouvel horizon, à savoir ce sur quoi vous savez pouvoir influer. Suivez la dynamique, puis mettez un pied devant l'autre en vous félicitant de ne préférer ni l'évitement ni la fuite. Un pas en avant décidé génère un sentiment tout autre qu'un pas en arrière. Il révèle la force qui vous anime et dont vous ignoriez l'existence, nécessaire pour accomplir le prochain pas, puis le suivant.

Des outils prêts à l'emploi

Concernant les outils à utiliser pour vous aider à survivre aux bouleversements, il faut bien garder à l'esprit que vous êtes capable de préserver votre capacité d'action, même lorsque vous subissez un stress intense. C'est une prise de conscience primordiale de votre capacité à décider de vos actes et d'influer sur votre environnement. Mais le plus important est de vous servir de cette aptitude. Le bouleversement peut s'accompagner du sentiment d'avoir perdu votre capacité d'action et votre faculté de choisir. Il est alors indispensable de renouer avec un sentiment de sécurité qui vous redonnera une clarté d'esprit. L'outil suivant vous aidera à y parvenir.

L'ancrage

Si vous vous sentez prisonnier d'un sentiment d'immobilisme ou d'un état de tension, ce petit exercice vous écartera des stimuli à l'origine de votre accablement et vous permettra de vous reconnecter à votre corps et de vous réorienter vers l'instant présent.

Pour commencer, placez vos pieds en contact avec le sol.

Remarquez ce que vous pouvez toucher (vos vêtements, un mur à proximité ou la chaise sur laquelle vous êtes assis). Prenez quelques instants pour explorer ces éléments, comme si vous les découvriez pour la première fois.

Observez, puis décrivez mentalement votre ressenti : sa température, sa texture, son poids dans vos mains.

Regardez ensuite autour de vous et trouvez un élément auquel vous n'aviez pas prêté très attention ces derniers temps, peut-être parce qu'il n'est pas très intéressant ou que vous passez tout le temps devant sans vous en préoccuper. Prenez quelques instants pour le redécouvrir, en l'observant et en le décrivant mentalement une nouvelle fois. Vous remarquerez peut-être la lumière qui se projette dessus, ses couleurs et ses ombres, sa texture et ses lignes. Quels mots utiliseriez-vous pour décrire cette chose ?

Reportez maintenant cette pleine conscience sur les sons qui vous parviennent. Certains peuvent être proches, tandis que d'autres semblent lointains. N'essayez pas de les juger ou de les modifier. Contentez-vous de les remarquer, de les observer, puis de les décrire mentalement.

Vous pouvez continuer en vous concentrant sur des éléments de votre environnement immédiat que vous pouvez toucher, voir et entendre. Ce processus de sollicitation de vos sens vous ramène dans l'instant présent lorsque vous vous êtes laissé distraire par des pensées qui déclenchent un stress et vous bouleversent.

Vous pouvez également associer l'emploi de cet outil à l'auto-apaisement, excellente technique permettant de supporter une grande détresse lorsque vous vivez des moments difficiles. Cela implique aussi de solliciter chacun de vos sens. Mais cette fois-ci, concentrez-vous sur des choses que vous associez à la sécurité et au confort. En Angleterre, par exemple, le rituel de préparation et de partage du thé est particulièrement associé à la proximité et au confort ressentis lorsque nous ralentissons la cadence et prêtons attention à chaque étape, à ce que nous voyons, entendons et sentons quand nous versons le thé dans la tasse. Cela peut contribuer à diminuer notre détresse émotionnelle. Ces sensations apaisantes se retrouvent dans le parfum d'un être cher, un repas de famille, des photos de moments festifs, une musique qui calme. À vous de choisir les détails. La clé est de mobiliser chacun de vos sens pour vous ramener dans l'instant présent et abaisser le niveau de détresse, au lieu d'essayer de l'anesthésier ou d'y échapper.

Repérer les faux récits qui vous freinent

L'accablement intervient naturellement face à des événements qui menacent de bouleverser notre existence, qu'il s'agisse de la mort d'un proche, d'un divorce, d'un harcèlement ou de violences. Dans ces scénarios, ce bouleversement peut être soudain. Mais il arrive qu'il apparaisse progressivement, accompagné d'un stress chronique. À notre époque, il n'est pas rare de voir ses responsabilités professionnelles et les exigences qui vont avec se renforcer progressivement au moment même où l'on fonde une famille. Les attentes que l'on porte sur vous augmentent régulièrement, et les signes des dégâts infligés par le stress chronique sont ignorés jusqu'au point de rupture.

Pour d'autres, l'accablement est moins le reflet de l'ampleur de la situation, et plus volontiers associé à leur estime de soi et à leurs capacités en apparence limitées à gérer le stress et les émotions pénibles. J'ai passé une grande partie de ma carrière à aider des personnes à gérer la sous-estimation de leurs forces et de leur résilience. Les mots « Je ne serai pas capable de faire face » sont très souvent ceux qui sortent en premier et mènent à des existences rendues plus modestes et tristes par des décisions reposant sur des croyances limitantes.

Quand on dit que l'on ne peut calmer l'esprit qu'avec le corps, ce n'est pas prendre en compte le fait que les pensées négatives non traitées peuvent déclencher de manière répétée la réponse au stress et donner le sentiment qu'il est impossible de rester calme sur la durée. Il est donc utile de se pencher sur le récit alimentant le sentiment d'accablement. Si, à ce stade, il vous paraît démesuré, vous n'êtes pas obligé de vous y attaquer. Mais remarquez-le et gardez-le à distance. Considérez ce scénario pour ce qu'il est : une histoire à laquelle vous n'êtes pas contraint d'adhérer. Voyez si vous aimeriez qu'un proche souscrive à ce genre de pensées lorsqu'il est bouleversé. S'il se retrouvait dans la même situation que vous, en quoi souhaiteriez-vous que ce scénario soit différent ? Qu'aimeriez-vous qu'il ait la force de voir ?

Vous vous souvenez peut-être avoir lu dans d'autres chapitres que je ne vous demanderai jamais d'essayer de vous convaincre d'une chose à laquelle vous ne croyez pas déjà. Mais chaque réalité peut se percevoir à 360 degrés. Parvenez donc à la vérité en prenant la perspective qui vous rend service et non celles qui vous desservent. Il s'agit de reformuler la situation, de façon à contrer des déclarations du genre « Je ne vais pas pouvoir faire face », que vous pouvez transformer en « Comment puis-je me préparer à aborder du mieux possible cette situation dans le temps imparti ? ». Cessez d'essayer d'éviter ce que vous ne souhaitez pas vivre et visez ce que vous voulez voir aboutir.

Ne pas endosser le costume de la victime fragile

L'accablement n'est pas le signe que vous êtes inférieur ou que vous souffrez d'un trouble. Il indique que l'existence que vous vivez actuellement ne vous convient pas ou simplement qu'un élément a perturbé votre équilibre. Les détails varient en fonction de la personne. Il vous incombe donc de résister à la tentation de vous juger et de vous condamner. Considérez plutôt ces informations comme des éléments à explorer. Commencez par rechercher ce qui alimente ce bouleversement et ce que cela dit des besoins de votre corps et de votre esprit. Soyez à l'écoute et vous apprendrez des choses.

Du temps pour soi à ne rien faire[1]

La plupart des gens connaissent ce sentiment de vivre une existence qui file bien trop vite au vu des capacités de l'esprit humain. Dans ses travaux sur la diminution du stress, le professeur américain Jon Kabat-Zinn met en avant une idée très simple qui semble presque radicale dans notre monde moderne. Il suggère de se réserver un « temps d'inaction », à savoir un moment à part pendant lequel votre seul objectif est d'être attentif à l'instant présent. Il s'agit de sortir du chaos provoqué par l'accablement, qui voit le corps et l'esprit désirer s'anesthésier et se refermer.

Vous pouvez passer ce moment seul, mais en tant qu'êtres sociaux, appartenir à une communauté et nous lier à notre entourage est source d'apaisement. Vous êtes en pleine conscience si vous prêtez délibérément attention à l'instant présent, et il est tout à fait possible d'y parvenir en compagnie d'autrui.

Faire passer votre système nerveux d'un état actif à un état de calme, d'immobilisme et de tranquillité vous permettra de vous soulager du bouleversement éprouvé et de recharger les batteries. Par conséquent, que vous parliez avec un ami, que vous vous baladiez dans la nature, que vous passiez du temps avec des animaux, que vous ressentiez la vie chez une autre personne ou que vous méditiez, peu importe. Trouvez simplement ce qui vous convient.

Pour ceux préférant suivre la voix de quelqu'un et recourir à une méditation guidée, vous en trouverez sur ma chaîne YouTube. Je les ai créées. Elles sont accessibles à tout moment.

Hausses et baisses d'énergie

Il arrive que vous soyez submergé quand vous êtes dans un état de grande tension et de stress élevé. Vous avez alors besoin de faire redescendre cette tension et de retrouver le calme. À d'autres moments, le changement d'état doit s'opérer dans l'autre sens. Vous êtes amorphe et souhaitez reprendre contact avec le monde et répondre aux attentes pesant sur vous. Et pour ce faire, il est indispensable que vous vous sentiez plus alerte et dynamique et mieux à même de vous concentrer sur la tâche à exécuter. Apprendre à booster et calmer votre corps est à ce titre un outil précieux.

Pour basculer dans un état propice à l'action, vous pouvez utiliser votre respiration, en passant des expirations prolongées à des inspirations plus profondes et toniques. Cela vous aidera à faire grimper très rapidement votre fréquence cardiaque. Vous pouvez y parvenir grâce au mouvement et en écoutant une musique appropriée. En essayant les divers outils, vous prendrez plus conscience de l'impact de chaque technique sur votre état physique et émotionnel. Cette prise de conscience est la clé pour être capable de tirer parti de tous ces outils, que vous essayiez de retrouver le calme ou que vous ayez besoin de recouvrer de l'énergie et de vous dynamiser.

CE QU'IL FAUT RETENIR

- Les émotions sont parfois désagréables, mais pas dangereuses. Si vous en avez peur, vous passerez à côté de leur message.
- Ce n'est pas parce que vous vous sentez submergé que vous êtes incompétent, malade ou victime. Il s'agit de tout un tas de sensations provenant de votre corps et qui vous renseignent sur vos besoins. Lorsque vous êtes disposé à les examiner en faisant preuve de curiosité, les réponses peuvent être très simples.
- Résistez à la tentation de vous juger et de vous condamner à cause de ce que vous ressentez. Cela ne vous définit pas en tant que personne.

C'est une expérience, un ensemble de sensations qui vous indiquent ce dont vous avez besoin. Écoutez votre corps, il vous dira ce qu'il vous faut. La réponse vous indique généralement la nécessité de refaire le plein de certains éléments.

- Lorsque vous êtes accablé, ne laissez pas ce processus de pensée influer sur votre état sans intervenir. À quel récit vous maintenant dans cet état d'accablement adhérez-vous ? Quel autre scénario devez-vous écrire pour vous réétalonner et être prêt à aller de l'avant ?
- Nous n'avons pas toujours besoin de retrouver le calme. Parfois, il est indispensable de se sentir alerte et prêt à passer à l'action. Le travail sur la respiration, le mouvement et la musique, entre autres, nous le permet. Expérimentez et découvrez ce qui vous aide à basculer dans l'état dont vous avez besoin à cet instant précis.

« Votre capacité
à faire face est
plus grande que
vous l'imaginiez.
Un pas en avant
décidé génère
un sentiment tout
autre qu'un pas
en arrière. »

16

Quand vous détestez la personne que vous êtes devenue

« Le moi n'est pas quelque chose de prêt à l'emploi, mais un élément en perpétuelle formation grâce à l'action. »

John Dewey

Je vous ai écrit une lettre

Pensez à quelqu'un auquel vous portez un amour inconditionnel. Quelqu'un qui est tout pour vous. Quelqu'un à qui vous souhaitez ce qu'il y a de mieux au monde. Remémorez-vous l'époque où vous côtoyiez cette personne pour des moments pleins de joie et d'insouciance. Notez les sentiments que provoque ce souvenir.

Imaginez maintenant ce regard rempli de peine lorsque vous entendez se répéter inlassablement les mots suivants : « Je me déteste. » Et remarquez le sentiment qui se dégage quand vous réalisez que cette haine de soi est la même que la vôtre.

Vous souhaitez absolument convaincre cet être cher du mérite et du brio qu'il ne perçoit plus en lui, car, de l'extérieur, ses qualités apparaissent au grand jour, claires comme de l'eau de roche. Il a énormément de choses à chérir et à cultiver. Si seulement il parvenait lui aussi à les percevoir.

Qu'il réponde ou non à ses attentes ou à celles des autres ne change rien à l'amour que vous lui témoignez. Vous voyez de l'extérieur que cette détestation et cette haine de soi ne traduisent en rien sa valeur, car il a tout faux. Vous savez qu'il mérite d'être aimé et entouré, même s'il ne l'admet pas.

Gardez à l'esprit cette image de vous et de cet être cher. Mais cette fois-ci, mettez-vous à sa place. De mon côté, je vais prendre la vôtre. Je vois bien grâce à mon regard extérieur que votre haine de soi vous détruit. Et je constate que vous la considérez comme la seule vérité, alors que vous pouvez prendre en compte bien d'autres choses de votre position.

J'ai beau avoir terriblement envie de vous faire changer d'état d'esprit, aucun mot ne saurait effacer les expériences vous ayant conduit à haïr la personne que vous êtes. Nous ne sommes pas en mesure de barrer l'accès à cette voie dans notre esprit. Nous pouvons uniquement en ouvrir une autre, un chemin pavé d'une autocompassion et d'une réhabilitation d'envergure.

Mais je ne vais pas vous dire de chanter « Je t'aime » devant votre miroir. Si vous n'aimez pas la personne que vous êtes aujourd'hui, vous devez vous concentrer sur celle que vous avez l'intention de devenir demain. Car la bonne nouvelle dans tout cela, c'est que rien n'est irrévocable chez vous, et les précédents chapitres de votre histoire ne déterminent pas obligatoirement le reste. Vous êtes le potentiel incarné. Et il vous incombe de prendre le taureau par les cornes et de décider qui vous allez devenir, de vous considérer comme un précieux chantier, même si vous n'en avez pas encore le sentiment.

Vous avez déjà vu où vous mène l'alternative et vous ne le souhaitez à personne.

Vivre en accord avec la personne que vous désirez le plus devenir, une personne que vous aimez, ne peut se faire tant que vous ne vous témoignez pas du respect, de la compassion et de l'humilité.

Pour abandonner ces vieux récits, engagez-vous à vous soutenir, à souhaiter la meilleure existence possible et à contribuer du mieux que vous pouvez à la marche du monde[1]. Cela signifie d'un côté accepter sans condition les parties de votre être que vous aimez le moins, et de l'autre, allier cette honnêteté à la bienveillance et aux encouragements que vous destineriez au proche dont nous avons parlé précédemment. Il s'agit de contrôler le traitement que vous vous réservez, votre rapport aux autres et la manière dont vous concevez votre existence, même lorsque les vieilles habitudes ont la vie dure, sachant que la haine de soi a le don de vous maintenir dans l'impasse.

Des outils prêts à l'emploi

Votre estime de soi change rarement du jour au lendemain. Comme la plupart des choses, elle évolue progressivement au fil du temps. En outre, elle ne vous a pas été fournie prête à l'emploi, mais a été forgée par de nombreuses personnes, expériences et actions, très souvent sans que vous en ayez eu conscience. Ainsi, aucun des outils à suivre ne représente une recette miracle qui va changer radicalement la donne. Mais chacun influera fortement sur votre capacité à opérer dorénavant des choix précis sur votre rapport aux autres et à remarquer l'impact de ces choix sur votre existence.

Ne pas laisser le perfectionnisme dissimuler la haine de soi[2]

Lorsque la haine de soi se manifeste dans votre vie, notamment quand vous avez de mauvaises relations, vous sabotez celles qui pourraient s'avérer salutaires et ne saisissez pas les bonnes occasions. Mais elle ne prend pas toujours les traits d'une autodestruction flagrante.

En voulant nous débarrasser de sentiments et de croyances psychologiquement menaçantes, nous développons certaines règles de vie qui promettent de nous préserver de la réalité de ces croyances fondamentales néfastes. Cela peut donner : « Tant que je suis aimé de tout mon entourage, tout va bien. » Ainsi, vous vous efforcez de faire en sorte que les autres vous considèrent serviable, gentil et plein de qualités. Cette tâche, impossible à maintenir sur la durée, pompe toute votre énergie disponible et bien plus encore. Aller jusqu'à cette extrémité est regrettable, mais le plus triste, c'est que les autres auront beau vous aimer pour tout ce que vous faites, vous ne vous sentirez jamais pleinement satisfait, ni accepté, car au fond de vous, vous avez le sentiment que cela ne peut être le cas qu'à certaines conditions. Si vous ne faites pas l'effort en permanence, vous estimez ne pas mériter d'être aimé et d'appartenir à un groupe.

Décelez donc les tendances au perfectionnisme qui masquent une haine de soi, mais seulement lorsque vous supportez l'insupportable. Apporter votre contribution à votre communauté est une étape positive, mais à condition de vous évaluer en acceptant les imperfections et les hauts et les bas dans vos relations avec les autres.

Si vous ne faites pas preuve d'autocompassion et que vous ne vous engagez pas à vous traiter comme le mérite et a besoin tout être humain, préparez-vous à supporter la même routine pénible pendant le restant de votre existence. Car sans ces deux éléments, vous ne vous sentirez jamais à la hauteur et vous n'aurez de cesse de repousser dans le futur le moment du bonheur et de la satisfaction.

Prenez-vous donc par la main, éduquez-vous et commencez à vous plonger corps et âme dans le monde, en sachant que, ce faisant, vous vous offrirez un sentiment d'appartenance omniprésent.

Il est important de ne pas rendre floue la frontière entre la modestie et l'autodénigrement. Vous considérer comme insignifiant et de peu de poids alimente cette détestation de soi et les comportements destructeurs qui vont avec. Au mieux, ces derniers gâchent tout ce qui est important pour vous et au pire, ils le détruisent systématiquement.

Votre tendance à vous haïr n'est pas un indicateur de votre valeur et de votre mérite. Elle ne vous dit absolument pas si vous êtes adorable et vous méritez de connaître le bonheur et de vous épanouir. Mais c'est le signe qu'un changement s'impose pour que vous puissiez tirer le meilleur parti de votre existence. Elle demande notamment que se comble le fossé entre la personne que vous êtes et celle que vous souhaitez devenir. Mais votre développement personnel seul ne parviendra pas à combler le vide causé par la détestation de soi. Il pourra simplement le masquer aux yeux des autres et de vous-même. La clé est d'apprécier et de prendre soin de vous-même comme d'un enfant ayant besoin d'encouragements, et d'éprouver un sentiment d'appartenance. Vous devez vous occuper de vous-même et de votre avenir comme si vous étiez un proche cher à votre cœur. Ainsi, vous n'attendrez pas ce moment hors de portée et illusoire de la rencontre de la perfection pour éprouver bonheur et satisfaction. Vous pouvez y aspirer, mais accommodez-vous de ne pas la toucher du doigt. Vous serez ainsi en bonne compagnie tout au long de votre périple.

Engagez-vous donc sur-le-champ à vous adresser à vous-même d'une manière favorisant la meilleure des issues. À ce stade, peu importe que vous pensiez ou non la mériter. L'important est de savoir que cette démarche est impérative afin de commencer à évoluer vers l'existence souhaitée.

Ne pas céder au raisonnement émotionnel[3]

Nombre de personnes partent du principe que nos pensées et nos émotions sont bien séparées, que les sentiments correspondent à notre côté irrationnel et chaotique, tandis que nos pensées sont leur pendant rationnel. Mais ce n'est pas le cas. Une grande partie de nos pensées ont été façonnées par notre ressenti, ces pensées ayant à leur tour un impact non négligeable sur nos sentiments.

Une émotion est votre meilleure estimation de la signification du moment vécu. Mais elle a rarement accès à tous les faits et comble donc les trous à l'aide de souvenirs de scénarios similaires passés et d'informations sur la situation transmises par votre corps. Une fois que vous avez saisi cette dimension émotionnelle, vous percevez mieux l'habitude que constitue ce raisonnement émotionnel. C'est lorsque nous ressentons une chose, au lieu de la considérer simplement comme une possibilité, qu'elle devient un fait à part entière. « Je ressens telle chose, ce doit donc être vrai. »

Une fois que vous connaissez ce raisonnement émotionnel, vous le voyez partout. Mais il est plus facile de le repérer chez les autres. Il existe des milliers de raisons de vous sentir stupide à un moment donné. Mais en conclure que vous êtes bête et nul, malgré des éléments prouvant le contraire, est un exemple de raisonnement émotionnel. La plupart des humains du monde entier sont destinés à se sentir comme des bons à rien à un moment donné. Mais vous ne laisseriez jamais entendre à quelqu'un que c'est un bon à rien parce que c'est justement son état d'esprit. Et pourtant, bon nombre prennent ce sentiment pour argent comptant et se considèrent nuls. Le véritable dommage se produit lorsque vous commencez à agir conformément à cette conclusion. Si vous vous estimez nul, vous allez vous comporter de la sorte dans tous les domaines. Même la plus insignifiante des émotions négatives va prendre de l'ampleur dans votre esprit et vous servira à confirmer ce sentiment d'être un bon à rien.

Rien de tout cela ne saurait rendre votre vie meilleure. Par conséquent, prendre l'habitude de repérer les signes d'un raisonnement émotionnel vous permettra de tuer ce dernier dans l'œuf.

Choisir votre récit

Si vous vous armez de courage pour vous attaquer à tout ce qui vous gâche la vie, le langage est important. Revenez à l'image de la personne que vous aimez de manière inconditionnelle. Vous ne lui tiendriez pas tel ou tel propos ? Alors, ne vous le dites pas non plus. Et si cette pensée est déclenchée par une habitude vieille de plusieurs années, penchez-vous dessus.

À chaque fois que le récit de la détestation de soi prend le dessus, vous savez où il va vous mener, et cela n'a rien d'enviable. Ce n'est pas la meilleure des solutions pour vous ou une personne que vous aimez. Avez-vous déjà tiré parti de la haine de soi d'autrui ? Non. Mais il est possible que cette dernière vous ait blessé.

Le récit de la haine de soi peut vous transformer en méchant, vous faire partir du principe que les autres vous méprisent et laisser entendre que vous méritez tous les malheurs qui vous tombent dessus. Il donne également le sentiment que vous vous persuadez de ne pas apporter votre pierre imparfaite à l'édifice, car en cas d'échec, il ne fera pas bon être dans votre esprit. Lorsque vous remarquez que vous menez contre vous-même ce genre d'attaques cinglantes, prenez quelques instants pour les consigner par écrit, ce qui vous aidera à les minimiser face à des faits irréfutables et à les réduire à un écho biaisé du passé qui ne bénéficiera pas à votre avenir.

Ne pas éradiquer la colère, mais vous en servir

Si vous commencez à éprouver de la colère envers vous-même, je dirais que c'est une bonne nouvelle. La colère a souvent besoin d'une pincée d'amour-propre pour se manifester. C'est la colère que vous ressentiriez envers les personnes qui ont convaincu un être cher de se détester. La colère n'est pas aussi mauvaise que l'on a bien voulu nous le dire. Tant qu'elle ne vise pas votre moi ou quiconque ne vous faisant aucun mal, elle peut se révéler être une force motrice. La colère est l'ordre de passer à l'action. C'est le feu qui couve en vous et vous incite à vous demander des comptes et à améliorer la situation. Ne la réduisez donc pas au silence. Servez-vous-en comme d'un carburant. Ainsi, elle cessera de traîner et suivra son cours naturel.

Cartographier le passé afin de comprendre comment vous en êtes arrivé là[4]

Bien qu'il puisse s'avérer très ardu de contester des croyances fondamentales pénibles, un moyen efficace consiste à prendre un peu de distance vis-à-vis des émotions éprouvées, afin que vous puissiez les considérer pour ce qu'elles sont et comprendre les pans de votre histoire ayant favorisé l'apparition de ce schéma. Cela peut nous aider à nous souvenir sur l'instant que la sensibilité provoquée par les anciennes blessures ne représente pas toujours la meilleure version de la réalité actuelle. Cette sensibilité s'est indubitablement développée pour vous protéger lorsque vous en aviez besoin. Mais une fois hors de propos, elle peut représenter une force destructrice néfaste.

Les personnes les plus intelligentes et avisées sont capables de cultiver les croyances fondamentales personnelles les plus nuisibles, qui l'emportent sur toute logique. Nos décisions reposent sur les émotions et nous les justifions après coup. La transformation commence donc par la compréhension de cet apprentissage erroné à la base de la naissance de ces croyances. Cela peut être causé par un trauma bien précis ou être dû à une lente érosion du moi impossible à percevoir avec du recul avant d'avoir pris de l'âge et vécu en dehors de la sphère familiale et en ayant conscience de la façon de procéder différente des autres.

Le prochain tremplin vers un terrain connu consiste à raconter cette histoire, à savoir mettre des mots sur les images mentales, que ce soit à l'écrit ou à l'oral. Il s'agit de revenir sur ces expériences passées, une fois que vous en êtes sorti et que vous n'en êtes plus dépendant, en les revisitant d'une manière constructive qui vous aidera à éclaircir votre regard sur les conséquences que vous devez encore gérer aujourd'hui. Vous retracerez ainsi les chemins empruntés par votre esprit pour veiller à votre sécurité et saurez comment il continue d'entretenir ce cycle avec la même intention. Et vous en déduirez alors que ce cycle n'est plus indispensable.

Mettre cette histoire de côté pour l'observer avec du recul et en prenant de la hauteur a une vertu transformatrice. La vue aérienne est bien plus pratique pour voir où ces chemins vous ont mené que la vue du marcheur qui les emprunte. Vous disposez alors de la carte de vos trajets, de vos erreurs d'orientation et de l'itinéraire à suivre.

Maîtriser votre esprit[5]

Vu que nous ne pouvons pas contrôler les pensées qui surgissent, comment les maîtriser ? Ce que nous ne voulons pas, c'est nous attaquer pour le plaisir. Ce cycle est inutile. Prenez l'habitude de remarquer la nature de vos pensées. Un exercice de pleine conscience quotidien vous permettra d'entraîner les muscles mentaux indispensables à cette pratique. Lorsque vous notez l'apparition d'une pensée que vous ne confieriez pas à un ami, bloquez sa progression, ce qui diffère des tentatives pour la faire disparaître. Il s'agit de trouver une riposte pour la partie de votre être qui souhaite un avenir plus radieux et n'a plus le temps de s'en vouloir lorsque votre moral est au plus bas. Vous pouvez donc dire à voix haute ou mentalement : « Non. Ce type de commentaire n'amène rien. Je ne me parle plus de la sorte. Cela ne fait que m'anéantir. » Vous pouvez également procéder à un retour à la réalité consistant à contester la validité de cette pensée, mais seulement si cette démarche est rapide et aisée. Pas question de vous retrouver la tête remplie de pensées critiques vous visant. Il s'agit de les tuer dans l'œuf en les considérant pour ce qu'elles sont : un écho du passé qui ne fera que vous freiner si vous leur accordez du crédit et les entretenez.

Tournez-vous ensuite vers la nouvelle voix identifiée comme étant celle qui vous sera utile, qui vous aidera à vous demander des comptes et à aller de l'avant. Il peut s'agir d'un coach ferme et encourageant, d'un parent bienveillant ou de votre moi empathique. Vous pouvez développer cette voix progressivement, mais elle ne doit avoir aucun remords, apporter un soutien sans faille et s'investir à cent pour cent dans la création de votre avenir radieux. Attendez-vous à ressentir des choses désagréables, gênantes, à vous apitoyer sur votre sort et à vous sentir ridicule. Tous les vieux jugements sur le côté ridicule de la gentillesse remonteront du passé de manière tonitruante, ce qui compliquera votre persévérance. Mais ce n'est pas parce que c'est la chose qu'il vous faut à long terme qu'elle vous paraîtra immédiatement comme une évidence incontournable. Acceptez donc ces échos du passé comme le dernier souffle de ces anciens récits et tenez bon pendant qu'ils rendent l'âme.

CE QU'IL FAUT RETENIR

- Vous n'avez pas appris à vous détester du jour au lendemain. Perdre cette habitude prend donc également du temps. Mais ce travail doit être effectué afin de vous libérer de cette détestation de soi et de la détresse qu'elle provoque.
- Le perfectionnisme ne fait que masquer la haine de soi si le respect que vous avez pour vous-même est grandement conditionné par des éléments. Viser haut et s'efforcer d'apporter sa pierre à l'édifice est positif, mais vous devez vous traiter comme quelqu'un que vous appréciez, aussi bien face à la victoire qu'en cas de défaite.
- Le raisonnement émotionnel (« Je ressens telle chose, ce doit donc être vrai ») est un biais courant

qui représente votre ennemi lorsque vous effectuez ce travail. Ne le laissez pas filer sans avoir remis en cause les suppositions qu'il colporte.

- Vous pouvez ressentir de la colère si votre vie ne ressemble pas à ce que vous souhaiteriez. Veillez simplement à l'utiliser à votre profit. Canalisez-la et servez-vous-en pour alimenter un comportement positif. Si vous la dirigez sans discernement vers votre moi, elle vous démolira.

« Prenez le taureau
par les cornes
et décidez qui
vous allez devenir.
Si vous n'aimez
pas la personne
que vous êtes
aujourd'hui,
vous devez vous
concentrer sur
celle que vous
avez l'intention de
devenir demain. »

17

Quand vous avez peur de faire le mauvais choix

« Il n'est pas difficile de prendre des décisions lorsque vous connaissez vos valeurs. »

Roy E. Disney

Je vous ai écrit une lettre

Quand vous êtes à la croisée des chemins, l'occasion à saisir ne coule pas toujours de source. La peur d'effectuer le mauvais choix peut vous clouer sur place. Vous vous mettez alors à chercher les raisons de cette peur. Et quand on cherche, on trouve. Une fois que vous connaissez l'objet de votre peur, différer la prise de décision est un soulagement, temporaire, tout du moins. Mais chaque cap suivi implique de payer un certain prix et de supporter ou abandonner quelque chose. Et faire une fixation sur cela est une erreur, car vous n'admettez pas le vide créé, et par la suite, le désespoir dû à l'immobilisme.

Certains choix sont tout simplement difficiles, car il ne s'agit pas de décisions parfaites, mais de choix imparfaits. Chaque voie empruntée a un coût. Il faut tirer un trait sur quelque chose qui aurait pu exister. S'il est impossible de voir venir certains regrets, vous pouvez en anticiper d'autres. Par conséquent, lorsque vous prenez des décisions sur votre mode de vie et vos objectifs, acceptez les regrets inhérents à chaque voie empruntée. Tout ce que nous pouvons faire, c'est choisir les regrets supportables, ceux que nous digérerons par la suite et non ceux qui nous feront pleurer une existence qui aurait pu être plus enrichissante[1].

Bien entendu, la vie ne se résume pas simplement à faire un choix entre deux avenirs potentiels. Notre conception de la notion de « mieux » nous emmène dans différentes directions. Nos désirs et besoins ne collent pas toujours. Et les personnes dont nous sommes responsables ont leurs propres besoins contradictoires. Le principe du meilleur choix se complique donc et s'accompagne de bonnes et mauvaises issues imprévisibles.

Le seul moyen de trouver le courage de prendre de grandes décisions est de s'engager à se pardonner s'il s'avère que vous avez fait fausse route.

Personne ne peut prendre cette décision à votre place. Mais c'est une bonne nouvelle. Cela signifie que vous ne pouvez pas être victime de cette issue. Vous avez la possibilité de prendre le contrôle de cet aspect de votre vie et d'influer sur la tournure qu'il prend. Vous investir pleinement dans votre choix, qu'il vous convienne ou non, est toujours bénéfique si vous êtes disposé à apprendre des choses et à changer de direction si besoin est. Cette voie tortueuse devient l'aventure de votre vie.

Des outils prêts à l'emploi

Il existe des solutions pour faciliter la gestion des choix complexes. Certaines prennent la forme de simples exercices à effectuer sur l'instant, tandis que d'autres sont des habiletés à utiliser et à renforcer sur le long terme.

Ce qui importe le plus

Il est bien plus difficile de prendre des décisions lorsque vous êtes attiré dans différentes directions semblant contradictoires. Il est donc pertinent de vous demander quel poids accorder à chacune de ces influences. Nos valeurs et priorités évoluent au fil de la vie. Il est donc toujours judicieux de faire le point à l'heure de prendre une décision capitale. Il existe divers moyens de le faire, que j'ai traités dans mon précédent livre (voir le chapitre 33 de *Pourquoi personne ne m'en a parlé avant ?*). Mais lorsque vous êtes concentré sur une décision bien précise, c'est un moyen facile de veiller à ce que votre décision repose sur ce qui vous importe le plus dans la vie à ce stade.

Essayez ceci

Dressez la liste des différents aspects de votre vie susceptibles d'être affectés par la décision que vous allez prendre. Par exemple, la famille, l'éducation des enfants, les amitiés, les relations amoureuses, la vie professionnelle, la santé, l'éducation, le développement personnel, la communauté et votre contribution.

À côté de chaque domaine, notez quelques mots pour répondre aux questions suivantes :

- Quel est l'élément le plus important pour vous dans ce domaine de votre existence ?

- Quel visage souhaitez-vous afficher et quelle contribution désirez-vous apporter dans ce domaine ?
- En quoi le choix auquel vous devez faire face influera-t-il sur votre capacité à vivre en harmonie avec ces valeurs ? Vous éloignera-t-il ou vous rapprochera-t-il de celles-ci ?
- Quel sentiment prédominera ? Est-ce que cela va améliorer votre vie ou la rendre moins heureuse ?

En fonction de la gravité de la situation rencontrée et des différentes valeurs qu'elle heurte, vous passerez plus ou moins de temps à l'étudier. La seule condition est de vous montrer totalement sincère avec vous-même lorsque vous répondez à ces questions. Souvent, les réponses obtenues ne sont pas celles que nous voulons entendre, surtout quand nous prenons conscience qu'il n'y a pas plus difficile que le choix à effectuer.

Aubaines et pièges

Quand une personne entre en thérapie en envisageant un changement, mais en ayant été incapable jusqu'à présent de s'engager à le mettre en œuvre, nous le décomposons ensemble, processus qu'elle ne prend pas toujours le temps d'exécuter au quotidien.

Lorsque nous faisons le point, en sachant que nous ne passerons pas tout de suite à l'action, nous pesons les avantages et les inconvénients de ce changement. Nous percevons alors clairement si les points positifs sont supérieurs aux éléments négatifs. Mais les raisons de son hésitation n'apparaissent alors pas distinctement. Cette analyse simpliste passe à côté de quelque chose de crucial.

Nous semblons tous occulter l'avantage de l'immobilisme, le fait que *ne pas* bouger vous récompense et vous permet d'éviter quelque chose. Une fois cet avantage identifié, vous pouvez percevoir en toute honnêteté le prix à payer de l'inaction, et ce au cours de toute votre existence.

Essayez ceci

Il s'agit d'un exercice instructif lorsque vous savez déjà quel choix s'impose, mais que vous évitez de l'appliquer. Vous pouvez vous servir des questions suivantes pour vous inciter à passer à l'action :

- Quels sont les avantages de ne pas prendre cette décision ?
- Qu'est-ce qui vous permet d'éviter de prendre cette décision ?
- Qu'est-ce que cela vous permet d'éviter ?
- Quel est et sera le prix à payer de cet évitement ?
- Êtes-vous disposé à en subir les conséquences ?

Supporter le doute

Il faut souligner que lorsque vous êtes axé sur l'engagement à effectuer un choix, la prise de décision ne met pas forcément un terme à l'angoisse. Vous ne serez pas systématiquement convaincu que c'était la meilleure des décisions. Le doute peut subsister. Si une réévaluation s'impose, effectuez-la de manière constructive, mais ne ruminez pas l'abandon de certaines pistes, surtout si vous les avez écartées pour une bonne raison. Le doute n'est pas synonyme de mauvais choix, car il peut simplement être l'expression d'un ressenti face aux sacrifices consentis pour que la voie choisie porte ses fruits. Restez attentif à la destination choisie et non à celle abandonnée.

L'échec

S'il vous arrive souvent d'être incapable de prendre une décision, un examen de votre rapport à l'échec est un bon point de départ.

Dans votre vie, certaines personnes vous ont rendu craintif face à la perspective de l'échec, tandis que d'autres vous ont donné la force de déplacer des montagnes, rien que par leur réaction à vos succès et à vos échecs. Aucun échec ne fait plus mal que celui suivi d'insultes qui vous ont poussé à remettre en cause votre mérite et votre valeur.

Lorsque ce type d'agression verbale en cas d'erreur est monnaie courante, nous sommes incapables de prendre une décision. Et c'est également le cas lorsque ce matraquage vient de vous-même. Le moyen le plus efficace de s'armer de courage face aux décisions capitales à prendre est de savoir, sans l'ombre d'un doute, que vous serez votre plus grand partisan quand vous échouerez. Il n'y a pas de *si* dans l'histoire, mais un *quand*, car il est certain que vous allez connaître un revers à un moment ou à un autre.

Mais lorsque vous vous engagez à prendre vraiment soin de vous en cas d'échec, comme si vous étiez quelqu'un en qui vous croyez et qui est très cher à vos yeux, lorsque vous prononcez les mots que vous avez besoin d'entendre au lieu de reprendre ceux des tyrans du passé, il devient plus facile de vous demander des comptes. Vous vous sentez moins tiré vers le bas et plus vers le haut.

Pour être capable d'avoir confiance en votre capacité à réagir à l'échec de manière salutaire, que ce soit en endossant le rôle de l'ami protecteur indispensable ou celui du coach désireux de vous voir trouver vos limites, il faut prendre les choses au sérieux. Trouvez les mots, préparez en détail leur utilisation, percevez ce qui vous tire vers le haut et ce qui vous tire vers le bas. Vous ne perdez pas, vous vivez. Vous apprenez. Vous vous relevez systématiquement. Ce faisant, la peur de l'échec vous traquera de moins en moins.

CE QU'IL FAUT RETENIR

- Ce n'est pas parce que le doute persiste que vous devez tout arrêter. Si vous avez bien pesé une décision qui est en phase avec vos valeurs fondamentales, supporter l'incertitude liée au fait de ne pas savoir comment vont tourner les choses fait partie du processus. Le doute peut vous accompagner, mais ne doit pas guider vos décisions.
- Si vous savez avoir fait le bon choix, mais ne parvenez pas à passer à l'action, pesez les avantages du statu quo. Qu'est-ce que l'inaction vous permet d'éviter ? Et quel en sera le prix à payer ? Êtes-vous disposé à supporter cela ?
- Comment vous a-t-on appris à considérer l'échec ? Cette perception vous empêche-t-elle de prendre certaines décisions ? Lorsque vous vous sentez armé du courage nécessaire pour faire des choix, quelle vision avez-vous de l'échec ?
- L'échec est à la fois inévitable et plus facile à digérer quand vous êtes épaulé de quelqu'un de confiance. En quoi votre existence changerait-elle si vous décidiez d'être votre plus grand soutien ?

« Restez attentif
à la destination
choisie et non
à celle
abandonnée. »

18

Quand vous manquez de volonté

« Souvenez-vous que les avions décollent face au vent,
et non le vent dans le dos. »

Henry Ford

Je vous ai écrit une lettre

Parfois, nous avons le sentiment que deux parties de nous-même ont envie de choses différentes. Une partie sait précisément ce qui serait le mieux pour vous à long terme, mais une autre ne supporte pas l'idée de devoir démarrer aujourd'hui. Vous ne passez donc pas à l'action et vous vous promettez de commencer demain. Mais le lendemain, ce conflit interne est toujours présent et vous repoussez donc à plus tard cette mesure que vous savez pourtant bénéfique, pour reprendre de vieilles habitudes plus confortables.

Cette lutte contre la volonté ne fait pas uniquement rage lorsque la tâche à exécuter est particulièrement éprouvante ou pénible. Prenez l'exercice physique : la plupart des gens savent qu'une fois la séance commencée, ils prennent du plaisir et se sentent mieux après. Cependant ce n'est pas la tâche proprement dite qui est difficile, mais souvent le conflit ressenti entre l'action et l'inaction. Une fois la dynamique enclenchée, la volonté ne vous semble plus un ingrédient nécessaire. Mais il faut fournir beaucoup d'efforts physiques et psychologiques pour générer cette dynamique lorsque vous rechignez à la tâche.

Si vous êtes en proie à ce problème, vous repérez probablement cette tendance à considérer le choix de ne pas vous y mettre comme un retard temporaire en attendant des conditions plus favorables : disposer de plus de temps, être moins fatigué, moins préoccupé. Mais au fil du temps, vous prenez conscience qu'il existe toujours des tas de raisons de remettre cela. Vous avez toujours des responsabilités plus prioritaires et vous ne vous sentirez jamais entièrement prêt à commencer. Ces reports successifs alimentent cette bataille intérieure permanente, ainsi que les inévitables regrets qui vous assaillent par la suite.

Mais savoir que les regrets sont inévitables à long terme ne rend pas le conflit ressenti plus supportable. Vous êtes toujours plus en prise avec votre état d'esprit actuel qu'avec votre éventuel ressenti. La véritable énergie d'aller de l'avant se manifeste lorsque vous réalisez qu'il y aura toujours une force contraire. Lorsque vous avez un objectif, le conflit est inhérent à chaque mesure prise.

Alors, n'attendez pas d'en avoir envie. N'attendez pas le moment idéal. Si l'objectif que vous avez en tête est réellement important pour vous, commencez à emprunter cette voie. Aussi modestes que puissent être les premiers pas, ils sont la première composante de la dynamique.

Comme l'a souligné à juste titre l'auteur Steven Pressfield, le vrai jeu, la vraie bataille, c'est vous contre la résistance[1]. Et lorsque vous vous engagez à vous pencher sur cette résistance et à l'affronter progressivement, vous devez apprécier cette fierté de prendre position et de choisir la direction à suivre au lieu de vous laisser entraîner sur la pente descendante. Rien ne vous fera vous sentir plus vivant qu'être ambitieux, avancer et constater qu'une dynamique s'installe.

Des outils prêts à l'emploi

Si vous souhaitez mettre en pratique des éléments pour faciliter la poursuite de vos objectifs, cette section regorge d'outils ayant tous un rôle à jouer dans la création d'un environnement propice à l'épanouissement de la volonté. Bien que l'efficacité de chaque outil soit étayée, certains vous conviendront peut-être plus que d'autres.

Vous poser des questions épineuses

Lorsqu'ils essaient de trouver la volonté d'agir, la plupart des gens font l'erreur de suivre les tendances, mises en avant sur la Toile, qui prônent de visualiser l'univers merveilleux qui se dessinera une fois qu'ils auront atteint leur objectif, de s'imaginer parvenu à destination et de se remémorer toutes les raisons pour lesquelles ils souhaitent l'atteindre. Bien qu'il y ait du mérite à cela, un outil moins radical, mais assez puissant pour vous animer est d'avoir deux choses à l'esprit :

1. Les avantages à ne pas commencer aujourd'hui, qui ne font que vous maintenir dans l'impasse. Cela signifie admettre que vous vous accrochez à une situation dont vous souhaitez

vous débarrasser, non pas simplement parce qu'il est difficile de changer, mais parce que vous êtes très enclin à opter pour le statu quo. Si vous optez pour la nouveauté, vous devrez peut-être tirer un trait sur quelque chose.

2. Les véritables conséquences de ne rien changer, en ce sens que ne pas choisir demeure un choix. Cela vous permet de prendre à bras-le-corps les conséquences de vos actes du jour, au lieu de prendre cela pour une décision différée.

Essayez ceci

Si vous consacrez quelques minutes à consigner par écrit vos réponses à ces questions, les tiraillements entre les perspectives du changement et du statu quo vous apparaîtront peut-être plus clairement :

- En ne passant pas à l'action, de quoi vous protégez-vous ? Quels sont les inconvénients du changement que vous évitez ?
- De quels bienfaits ou confort devrez-vous vous débarrasser si vous prenez des mesures ?
- À côté de quels avantages passez-vous en n'agissant pas ?
- Qu'est-ce qui vous coûte, à titre personnel, à chaque fois que vous choisissez de ne rien changer ?
- Si vous ne menez pas à bien ce changement ou ne faites même pas le premier pas, qu'est-ce que cela signifiera pour vous ?
- Quelles seront les répercussions sur votre estime de soi ?
- En quoi cela influera-t-il sur ce qui compte le plus pour vous dans la vie ?

Envisager votre échec

Lorsque nous essayons d'opérer un changement positif, mais faisons face à la tentation de l'évitement et rechignons à passer à l'action, en sachant que cela sera profitable à notre avenir, nous pouvons apprendre beaucoup des cas extrêmes : les addictions. Les personnes soignées pour des addictions passent une grande partie de leur temps à prévenir toute rechute. Il s'agit de prévoir les pires des journées, d'anticiper tout obstacle potentiel et d'échafauder un plan d'action concret et détaillé pour franchir chacun d'eux. Si vous ne le faites pas très tôt pendant le traitement, vous confiez votre avenir à vos pulsions.

Lorsque la difficulté d'une décision implique d'afficher de la volonté, ce travail vaudra indubitablement la peine que vous y consacriez du temps. Dressez la liste de toutes les menaces pesant sur votre réussite. Le moment est venu d'utiliser le doute de soi à votre avantage. Laissez le scénario du pire s'emparer de votre esprit pendant quelques instants, en sachant que cela fait partie d'un processus plus constructif que la rumination. Nous sommes sur le point d'encercler et d'enfermer ces pensées dans une cage grâce à un plan solide et bien pensé qui leur évitera de saboter vos objectifs.

La conception d'un plan pour minimiser les chances d'échec peut nécessiter des décisions difficiles de votre part : tirer un trait sur des choses que vous appréciiez, accepter un nouveau changement plein d'incertitude qui vous fait peur. Plutôt que laisser ces éléments vous dissuader de faire les efforts nécessaires, gardez bien en tête les raisons inhérentes à la fixation de cet objectif. Un élément est indispensable : une clarté absolue concernant les raisons pour lesquelles vous désirez cette solution *et non* l'alternative.

Essayez ceci

- Quels sont les obstacles risquant d'empêcher votre succès ?
- Quels sont les moments, les endroits ou les situations risquant d'entraver votre progression à cause de vos pulsions ?
- Quelles sont les excuses et justifications que vous pourriez utiliser afin de rendre un changement de cap plus acceptable dans ces conditions ?

Une fois la liste des obstacles potentiels constituée, entamez la création d'un plan d'action pour gérer chacun d'eux.

Bien qu'il s'agisse d'un processus désagréable, le plus anxiogène est de ne pas savoir ce qui vous attend. Heurter de plein fouet des obstacles parce que vous ne les avez pas vus venir réduit vos chances de mener à bonne fin votre objectif. Mais avoir suffisamment de courage pour imaginer les éléments susceptibles de vous poser un problème et la manière de les aborder qui risquerait de vous conduire à un échec fera que, le moment venu, il vous suffira de suivre votre plan pour les gérer sans trop mettre à mal votre dynamique.

Vous préparer au succès

Il existe un certain nombre d'ingrédients élémentaires présents dans la recette de l'action vers la réalisation de vos objectifs. Mais ils se retrouvent noyés parmi les exigences du quotidien. Vous n'espéreriez jamais faire du pain sans farine ni être au meilleur de votre forme sans un temps de repos suffisant. Par conséquent, à l'heure de démarrer votre mission, pour conserver de la volonté, vous allez devoir dormir et recharger les batteries pendant suffisamment longtemps après un effort physique. Interrogez n'importe quel sportif professionnel. L'importance qu'il accorde au repos va vous surprendre. Aucun muscle ne saurait se réparer et se renforcer sans ces plages de repos indispensables. Il en va de même pour votre esprit. Ce qui vous surprendra peut-être également, c'est la différence notable lorsque vous trouvez le moment de refaire le plein d'énergie pendant la journée.

Bien que certains mettent en avant le pouvoir des mots, il y a peu de chances que vous vous mettiez spontanément en action avec une énergie incroyable si vous manquez de sommeil et souffrez d'un stress excessif. Prononcer les bonnes paroles, mais sans bénéficier du bon carburant, ne pourra jamais faire rugir un moteur. Certains outils de cette section destinés à vous faire changer d'état d'esprit vous permettront d'avancer. Mais si vous souhaitez disposer de la volonté nécessaire pour refaire une tentative demain, puis le lendemain, la seule solution est de vous assurer de ne pas négliger les besoins de votre corps et de votre cerveau pour assouvir votre désir.

L'exercice physique, la nutrition et le sommeil renforcent votre volonté. Sans ces ingrédients fondamentaux, tout le reste vous paraîtra difficile. Inutile de viser la perfection, mais sachez que vous ignorez ces ingrédients à vos risques et périls. Si vous parvenez à faire une chose aujourd'hui pour progresser dans l'un de ces domaines, vous serez sur la bonne voie et vous vous faciliterez la tâche.

Faire ami-ami avec le stress

L'une des clés de la volonté optimale est de comprendre le rôle du stress dans cette équation. Si votre objectif est d'essayer de mettre un terme à un comportement, vous souhaiterez peut-être savoir que plus votre niveau de stress est élevé, plus vous êtes susceptible de céder à la tentation. Tirer un trait sur une mauvaise habitude ancrée depuis longtemps exige un effort cognitif très important. Mais lorsque vous vous sentez stressé, cela signifie généralement que les attentes placées sur vous sont supérieures aux ressources dont vous estimez disposer à l'instant T. Votre cerveau se sert alors des réponses automatiques comme de raccourcis pour se soulager du stress.

Une grande partie de ce stress peut être causé par le monde extérieur, mais n'oubliez pas la dose de stress ajoutée à cause de vos pensées. Si, après chaque revers ou bévue, vous sombrez dans la haine de soi et l'autocritique négative, vous provoquez, sans vous en apercevoir, un accroissement du stress et vous faites grimper l'envie de céder à la gratification immédiate, tout en affaiblissant les défenses nécessaires pour résister à la tentation.

De même, lorsque vous êtes léthargique et que vous essayez de relancer une action en vue d'atteindre un objectif, le stress est important, d'une manière légèrement différente. Lorsque vous vous dites que vous souhaitez vraiment atteindre votre objectif, vous anticipez le plaisir de la réussite et commencez à ressentir l'énergie nécessaire pour vous y mettre. Cette sensation est votre réponse au stress, celle que vous souhaitiez et celle dont vous avez besoin pour remplir cet objectif, mais pour bon nombre de personnes, cela peut provoquer le passage d'un état de détente à un état d'agitation désagréable. Si on ajoute à cela l'incertitude et l'anxiété lorsque vous vous demandez si vous en êtes capable, nombreux sont ceux à avoir envie d'endormir cette sensation avec autre chose. Par conséquent, si vous désirez ressentir l'énergie nécessaire pour tendre vers ces objectifs, vous devez admettre l'utilité de cette nervosité et faire en sorte de l'accepter et de la canaliser dans la bonne direction.

Ainsi, lorsque vous ressentez ce changement d'état crispant du repos au mouvement, du calme au plein d'énergie, de la sécurité à l'incertitude, gardez en tête que c'est inhérent au processus de transformation de l'ennui en aventure. Cette envie irrépressible de conserver l'état original est normale, mais peut être éliminée si vous êtes disposé à supporter ce ressenti et ouvert au changement. Dans les secondes précédant un plongeon dans une eau froide, vous remarquerez que cette perspective rebute votre esprit, qui essaie de vous en dissuader. Ce sont les personnes qui sont déjà dans l'eau depuis quelques minutes qui vous disent : « Elle est bonne une fois que tu es dedans. » Le changement d'état initial est toujours un choc pour l'organisme. Une fois que vous êtes en action, le ressenti est toujours moins désagréable qu'escompté.

Vous connecter avec votre futur moi

Absorbés par les exigences du quotidien, la plupart d'entre nous ne prennent jamais le temps de se projeter trop loin dans le futur, qui semble lointain et moins pertinent que tout ce que nous avons à faire en ce moment. Même lorsque vous vous imaginez dans le futur, c'est comme si vous regardiez un acteur jouant dans un film. L'image de ce futur moi paraît vague et difficile à imaginer, mais nous supposons que ce sera une meilleure version de nous-même ayant surmonté les difficultés actuelles et vivant à une époque où tout est plus simple.

Des études ont démontré que lorsque nous nous sentons ainsi déconnectés de notre futur moi, nous sommes plus enclins à ne pas tenir compte des conséquences futures de notre comportement actuel[2]. Mais en renforçant ce sentiment de continuité entre la personne que nous sommes aujourd'hui et celle que nous deviendrons plus tard, prendre des mesures immédiatement devient plus facile.

Quand nous sommes déconnectés de notre futur moi, nous avons tendance à être plus impulsifs et à faire des choix sur la base de ce que nous souhaitons éprouver aujourd'hui et non de l'avenir souhaité. Par conséquent, pour ne pas maltraiter notre futur moi ni lui donner plus de fil à retordre à cause de décisions impulsives prises aujourd'hui, il faut bien prendre conscience que l'image de nous-même dans le futur ne doit pas être une version idéalisée protégée des difficultés. En fait, l'effort générera les mêmes sentiments qu'aujourd'hui.

Essayez ceci

Prenez quelques instants pour fermer les yeux et vous imaginer dans une semaine ou un mois, en train de vous retourner sur les choix faits aujourd'hui. Que pense votre futur moi des mesures prises ? En quoi ont-elles influencé votre avenir ? Voyez maintenant si vous pouvez rédiger un mot destiné à ce futur moi, pour lui dire ce que vous allez faire aujourd'hui pour lui rendre la vie plus belle. Quelle mesure devez-vous prendre aujourd'hui pour faire en sorte que dans le futur, vous puissiez penser au passé avec fierté et gratitude, animé d'une nouvelle dynamique propice à une vie meilleure ?

CE QU'IL FAUT RETENIR

- Abandonnez l'illusion d'un futur moi à la vie plus facile et connectez-vous à lui avec votre moi actuel. Si la plénitude caractérise votre existence, il y aura toujours des priorités en concurrence pour occuper votre temps et bénéficier de votre attention. La résistance que vous éprouvez maintenant sera tout aussi présente dans le futur. Alors, autant démarrer aujourd'hui.

- Engagez-vous à donner la priorité absolue aux efforts à fournir, car c'est la seule chose que vous puissiez contrôler.
- Apprenez à connaître le rôle joué par le stress afin de pouvoir en tirer parti.
- Apprenez à connaître les avantages de ne pas bouger dans un domaine qui vous tient à cœur, ainsi que le prix à payer. Vous aurez ainsi une idée plus claire de ce qui vous enferme dans une impasse.
- Il est naïf de partir du principe que lorsque vous vous mettrez en mouvement, ce sera un long fleuve tranquille. Les personnes qui réussissent à long terme anticipent les écueils et échafaudent des plans pour gérer les difficultés. Ne laissez aucune place aux pulsions.
- La volonté ne surgit pas de nulle part. C'est une fusée qui a besoin d'une grande quantité de carburant. Par conséquent, tout effort consenti pour dormir plus, pratiquer une activité physique et vous préparer de bons repas va vous aider à persévérer sur la durée.

« Engagez-vous
à donner
la priorité absolue
aux efforts
à fournir, car c'est
la seule chose
que vous puissiez
contrôler. »

19

Quand vous devez être performant sous pression

« Lorsque nous rêvons d'une vie sans difficultés, rappelons-nous que les chênes deviennent forts grâce aux vents contraires et que les diamants sont fabriqués sous pression. »

Peter Marshall

Je vous ai écrit une lettre

Voici donc l'occasion de mettre en pratique tout ce pour quoi vous avez redoublé d'efforts. La pression fait rage de tous côtés, et lorsque vous lui prêtez vraiment attention, vous remarquez qu'elle risque d'entraver votre capacité de concentration. Vous commencez à remettre en question votre confiance en soi et votre faculté de prendre de bonnes décisions. Vous doutez de votre capacité à tout retenir et à garder votre calme – autant de choses qui sont naturelles lorsque la pression est absente.

Demandez à quelqu'un ayant connu la réussite, il vous dira avoir déjà ressenti cela. Sa capacité à évoluer à son meilleur niveau n'est pas une qualité innée. Il l'a acquise, et vous la cultiverez vous aussi.

Quel que soit le défi à relever, vous devez être aussi concentré sur l'état d'esprit à adopter que sur toute autre partie du processus de préparation. Si vous laissez vagabonder vos pensées, il se peut que vous ne soyez pas au meilleur de votre forme. Si vous considérez ce défi comme une menace, comme le lapin au milieu de la route ébloui par les phares d'une voiture, vous vous glisserez, non pas dans la peau du prédateur, mais dans celle de la proie, et vous réagirez comme elle, obnubilé par votre survie face à une expérience terrifiante, en souhaitant qu'elle prenne fin afin de pouvoir vous remettre du stress éprouvé et de panser vos blessures, qui prendront la forme de la défaite et de l'humiliation. Vous ne vous investirez alors jamais vraiment dans la mission à accomplir. Votre esprit sera pris de nervosité, comme le lapin pris dans le faisceau lumineux, fou d'inquiétude et désireux d'éviter la catastrophe et d'échapper au stress. Ce ne sont pas les conditions idéales pour réaliser une performance d'exception. Elles risquent de confirmer toutes les croyances limitantes que vous entretenez vis-à-vis de vous-même et de vous conforter dans l'idée d'abandonner toute ambition.

Si vous visez votre meilleur niveau, votre esprit doit être étalonné en fonction de vos intentions. La proie n'est concentrée que sur une chose : se protéger. Le prédateur porte son attention sur quelque chose d'excitant et aime tout faire pour l'atteindre. C'est cet empressement qui dynamise l'activité. Le prédateur qui se pose trop longtemps pour réfléchir à ce qui pourrait se passer et à ce qu'il ressentira s'il ne réussit pas, a déjà scellé son sort. Ce sont les sensations fortes procurées par la poursuite qui alimentent tout le processus, lequel peut certes être éreintant et redoutable, mais vous savez que sans lui, la tâche serait trop facile. Vous vous appropriez donc votre mission et le sentiment de pouvoir qui en découle.

Lorsque vous portez votre attention sur toutes les choses qui pourraient mal se passer et les conséquences de cette tournure fâcheuse, vous ne pouvez vous consacrer à la tâche à exécuter. Mais, dans le même ordre d'idée, quand vous êtes totalement absorbé par la tâche à accomplir, vous ne pouvez pas cogiter sur l'issue à éviter. Le seul moment où il est utile de penser au résultat, c'est une fois qu'il s'est matérialisé. Avant d'en arriver à ce stade, c'est le processus qui doit bénéficier de toute votre attention. Il s'agit de penser, non pas à ce que vous ressentirez en cas de réussite ou d'échec, mais à ce que vous procurera une exécution optimale du processus. Familiarisez-vous avec ce sentiment et jetez votre dévolu dessus. Il doit vous envelopper pendant l'exécution de votre mission. Ressentez une grande vitalité pendant que vous poursuivez votre objectif, et non une peur paralysante qui vous empêchera de croiser votre meilleur moi. Vous devez ressentir un bien-être face à la personne que vous êtes, au travail abattu et aux raisons pour lesquelles vous menez cette mission. Vous aurez alors conscience que, quelle que soit l'issue, vous vous efforcerez de relever le prochain défi, puis le suivant, car ils font partie d'un tout plus grand. Ils ne représentent qu'une occasion parmi de nombreuses de faire de votre mieux et d'apprendre des choses. C'est la seule voie à suivre vers une vie meilleure.

Les avantages à se concentrer sur le processus et non le résultat vont au-delà de l'impact sur votre performance. La confiance en soi et la satisfaction inébranlables de l'existence vécue ne vous attendent pas patiemment derrière la ligne d'arrivée. Car une fois que vous l'aurez franchie, vous réaliserez que vous vous sentez à peu près comme maintenant. Cette confiance s'empare de vous lorsque vous êtes absorbé par la poursuite de votre objectif, quand vous fournissez des efforts et découvrez que les limites que vous jugiez immuables n'étaient qu'un mirage.

Et cela se produit quand vous avez tout donné. Vous êtes capable de transformer une situation sous haute pression causée par quelque chose de terrifiant en quelque chose d'appréciable. Vous y parviendrez en fournissant les efforts nécessaires, en faisant le job et en connaissant très bien la mission. Par conséquent, le jour où vous entrerez dans l'arène pour de bon, ce ne sera pas une nouveauté. Ce ne sera pas une surprise. Vous répéterez simplement ce que vous avez déjà fait un millier de fois, et vous aurez l'occasion de montrer tout le travail réalisé en coulisses.

Le cœur qui s'accélère et les mains moites seront le signe que votre cerveau a préparé votre corps à donner le meilleur de vous-même. Vous serez alors tous sens dehors et disposerez du carburant nécessaire pour parvenir à vos fins. Servez-vous de toutes ces émotions. N'essayez pas de les éliminer. Elles vous paraîtront peut-être perturbantes et désagréables, mais elles vous permettront d'atteindre votre destination.

Enfin, quelles que soient les caractéristiques de votre arène personnelle, engagez-vous à garder la tête haute, en sachant qu'au plus profond de vous-même, vous n'êtes en concurrence qu'avec votre précédent moi.

Des outils prêts à l'emploi

Comme je l'ai mentionné en début de chapitre, être performant sous pression est une aptitude qui s'acquiert.

Je vais donc passer en revue quelques techniques clés. Si votre jour J approche, vous pourrez mettre immédiatement en pratique ces aptitudes. Mais elles vous seront bien plus bénéfiques si vous y consacrez du temps et ne ménagez pas vos efforts. Plus vous vous exercerez, plus elles deviendront une seconde nature.

Gérer l'anxiété

Vous constatez peut-être avec une certaine déception que cette section ne renferme pas un outil vous promettant de vous débarrasser de l'anxiété. Chose incroyable, pour mener votre mission à bien en évoluant au sommet de votre forme, cet accroissement de votre vigilance, de votre réactivité et cette quantité d'énergie circulant dans vos muscles seront indispensables.

Un changement s'impose dans votre rapport à l'anxiété quand elle se manifeste pour vous venir en aide. Tout le temps que vous passez à vous concentrer sur votre cœur qui bat à tout rompre et à essayer de faire disparaître cette anxiété vous empêche de vous focaliser sur la tâche à exécuter. Mais il faut savoir que lorsque vous la laissez exister, voire quand vous l'appréciez, elle a tendance à ne pas vous freiner dans votre entreprise. Vous pouvez accepter la gêne et les sensations associées à l'anxiété en sachant que celle-ci vous permettra d'être performant. La clé est d'admettre que cette anxiété s'accompagnera d'une envie irrépressible de prendre du recul et de vous réfugier dans le calme et la sécurité. Prêter attention à tout ce qui pourrait mal tourner et privilégier le scénario du pire vous donnera envie d'éviter la situation.

Mais la réponse de lutte ou de fuite vous offre une autre option : lutter. Cela ne signifie pas que vous devez vous mettre à hésiter. Vous canalisez cette peur en choisissant de vous concentrer sur ce que vous ferez quand tout se passera bien et sur les mesures à prendre pour que cela se produise.

Surveiller votre langage

Quelle que soit la difficulté, votre meilleure performance s'accompagnera d'un sentiment, que vous devez soigneusement choisir. Et l'ingrédient le plus puissant pour donner naissance à ce sentiment est votre langage, sans lequel vous ne pouvez vous élever. Lors de la présentation du précédent outil, j'ai traité l'anxiété sous un angle qui diffère de ce à quoi vous étiez habitué. Il s'agit d'une reformulation, qui ne consiste pas à vous mentir ou à essayer de vous convaincre d'une chose à laquelle vous ne croyez pas[1]. Il s'agit d'examiner une situation sous l'angle le plus utile pour vous. C'est choisir le prédateur et non la proie, l'enthousiasme et non l'anxiété, le défi et non la menace, la gratitude et non le ressentiment, les progrès permanents et non l'autodénigrement qui vous brime. Ces changements apparemment accessoires vous permettront de relever ce défi avec un regard différent, une démarche, une concentration de tous les instants et la capacité à apprécier le processus.

Dans mon ouvrage précédent, j'ai mentionné le conseil souvent prodigué sur la Toile, qui consiste à vous répéter des choses gentilles auxquelles vous ne croyez pas encore. Cela ne porte pas ses fruits et risque de déclencher une dispute intérieure sur la véracité du processus. Lorsque vous répétez un énoncé qui essaie de vous convaincre de quelque chose, votre esprit déballe toutes les raisons de ne pas y croire, sans compter que cela vous détourne de la concentration nécessaire pour évoluer à votre meilleur niveau. Ceci dit, disposer de quelques mots pertinents pour ancrer l'objet de votre attention et votre état émotionnel vous permettra de garder le bon cap lorsque la pression menace de vous distraire.

Si vous choisissez d'avoir recours à une affirmation, il vaut la peine de prendre un peu de temps pour vérifier sa pertinence à ce moment-là. Voici une liste de conseils à suivre pour créer une affirmation efficace qui vous aidera à faire ressortir le meilleur de vous-même dans les moments difficiles[2] :

- Si vous n'y croyez pas, cela ne fonctionnera pas. Axez tout ce que vous vous dites sur des faits, et non des sentiments ou des opinions. Choisissez minutieusement ces faits pour qu'ils aient l'effet désiré sur votre ressenti.
- Les mots ont du pouvoir quand vous ne ménagez pas vos efforts. C'est demander beaucoup à quelques mots d'encouragement afin de pallier un manque de préparation. En conséquence, si vous vous lancez dans quelque chose en sachant que vous n'avez pas fourni le travail préparatoire nécessaire, adaptez vos mots pour illustrer ce que vous pouvez attendre de vous-même à ce stade de votre processus d'apprentissage. Gardez à l'esprit qu'aborder ce défi en ayant le sentiment d'être mal préparé est en soi une leçon très instructive. Cet événement ne constitue pas le point final de votre progression, mais un barreau de l'échelle qui vous conduira au suivant. En revanche, si vous avez tout donné pour parvenir à ce stade, le fait de reconnaître votre engagement et tout le travail fourni dans votre affirmation peut vous aider à adopter une attitude pleine d'assurance qui vous fera aborder l'épreuve avec confiance.
- Bien que les meilleures affirmations soient révélatrices et guident votre concentration et vos actes, vous n'êtes pas en train d'écrire un livre de recettes. Choisissez des mots pleins d'authenticité. Après tout, c'est le but d'une affirmation. Elle doit faire naître l'état d'esprit et l'état émotionnel nécessaires pour que vous donniez le meilleur de vous-même et guider votre concentration pendant le processus.
- Servez-vous de vos succès passés pour vous rappeler ce que vous faites et la méthode employée lorsque vous révélez le meilleur

de vous-même. Quels état d'esprit et attitude affichez-vous, sur quels éléments vous concentrez-vous et quels sont les détails de votre manière de procéder ? Grâce à l'énorme travail fourni jusqu'à présent, vous aurez indéniablement appris que lorsque vous faites certaines choses d'une certaine manière, et quand vous utilisez certaines forces, elles vous permettent toutes d'évoluer à votre meilleur niveau. Ce sont autant d'éléments à intégrer à la déclaration que vous vous faites, des mots qui vous invitent à entrer dans cette zone d'état de grâce.

Quoi faire de toutes ces pensées ?

Comme vous le savez sans doute à ce stade, il est impossible d'empêcher les pensées anxieuses de se manifester. Il suffit que vous proposiez involontairement un scénario plausible, et le tout ressemble alors à une histoire d'horreur très personnelle. Vous dire simplement de ne pas penser aux issues potentiellement négatives d'un événement signifie que vous y pensez déjà.

Outre le problème posé par notre incapacité à empêcher ces pensées de surgir, une fois qu'elles se sont matérialisées, vous ne pouvez pas les chasser pour vider votre esprit. Cet espace doit être occupé par autre chose, un élément qui dirigera votre attention, votre état émotionnel et vos actes dans la direction que vous souhaitez les voir prendre. C'est là qu'entrent en scène les affirmations que je viens de décrire.

Mais parfois, ces outils peuvent paraître trop beaux pour être vrais ou être simplifiés à l'extrême. En réalité, nous ne prenons conscience du caractère néfaste de nos pensées que lorsque l'anxiété nous a déjà gagné et que nous avons décidé de lâcher l'affaire. Vous ne pouvez vous servir de ces outils que si vous êtes suffisamment lucide pour remarquer le moment où votre esprit a emprunté cette direction dangereuse et pour choisir délibérément de porter votre attention sur le point de vue choisi. C'est là qu'un travail préparatoire de répétition de votre processus de pensée vous évitera de vous faire surprendre par cette pression supplémentaire et de voir votre niveau de performance habituel se dégrader.

La métaphore de l'attention la plus efficace que j'ai trouvée, que j'utilise lorsque je suis sous pression et dont j'ai parlé précédemment dans ce chapitre, est celle du projecteur. Les pensées et sentiments qui peuvent faire leur apparition à tout moment ne sont pas entièrement sous mon contrôle. Mais ce que je commande, c'est le projecteur de mon attention. Comme des acteurs sur les planches, les personnages éclairés modifient le déroulement de l'histoire. La bonne nouvelle, c'est que lorsque nous pratiquons cette technique, notre capacité d'exécution se renforce. Cette faculté de décider sur quoi porter notre attention est essentiellement consciente. Par conséquent, à chaque fois que vous pratiquez la pleine conscience, vous renforcez votre capacité à vous servir de cet outil prêt à l'emploi afin d'entrer dans la zone et d'évoluer à votre meilleur niveau quand c'est indispensable.

Calmer le corps pour calmer l'esprit[3]

Lorsque vous êtes sur le point d'entrer dans une situation où tout se joue à quitte ou double, et que vous ne vous sentez pas dans la zone, un autre moyen efficace de recentrer votre esprit consiste à prendre le contrôle de votre réponse physiologique. Cela ne signifie pas calmer totalement votre corps, car l'adrénaline et la vigilance accrue procurées par la réponse au stress sont nécessaires. Mais vous pouvez choisir de ralentir votre rythme respiratoire afin d'empêcher l'emballement de ces sensations et de conserver une fréquence cardiaque gérable.

En outre, prenez un peu de temps pour prévoir la manière dont vous allez solliciter votre corps afin de renforcer votre état d'esprit et votre processus de pensée. La relation d'influence entre votre corps et votre esprit fonctionne dans les deux sens. Cela signifie que votre apparence et la façon de vous mouvoir confirment ce que vous souhaitez ressentir ou non. Est-ce que votre apparence physique vous convainc que vous êtes prêt à évoluer à votre meilleur niveau ? Est-ce qu'elle renforce ou diminue votre confiance en soi ? Le sport est une excellence illustration de ce phénomène. Observez attentivement n'importe lequel de vos sportifs de haut niveau préférés lorsqu'il entre sur le terrain. Vous ne le verrez pas scruter la foule d'un regard paniqué ni se ronger les ongles. Vous lirez le calme et la concentration sur son visage, vous constaterez qu'il a les épaules en arrière et le torse bombé, que sa posture est à la fois forte et relâchée et qu'il est prêt à passer à l'action, avec une démarche déterminée, associée à une lucidité et un plan d'action minutieusement préparé.

L'utilisation de votre corps dépendra grandement du défi à relever. Vous essaierez peut-être d'insuffler un enthousiasme très marqué, une grande concentration dans le calme ou un état d'esprit proactif de type prédateur. Quel que soit l'état d'esprit adopté, vos mouvements et votre attitude attiseront ou étoufferont le feu.

À chaque fois que la pression est présente, la tension corporelle est une partie naturelle de votre réponse au stress. Vous n'êtes peut-être pas totalement conscient de ces changements, mais ils renverront à votre cerveau des informations sur votre ressenti et influeront sur la façon de vous mouvoir. Par conséquent, effectuer un choix délibéré concernant votre état d'esprit implique de décider avec soin de votre posture, de vos mouvements et de votre respiration.

CE QU'IL FAUT RETENIR

- Reformuler ne signifie pas vous mentir à vous-même ou essayer de vous convaincre d'une chose à laquelle vous ne croyez pas. C'est plutôt choisir de percevoir une situation sous un angle qui vous est bénéfique.
- Ne choisissez pas uniquement de reformuler la difficulté qui s'annonce, mais tenez également compte de la manière dont vous vous considérez avant de l'affronter et de ce que votre perception de soi dit de votre performance à venir. Vous lancez-vous corps et âme, avec enthousiasme, dans le défi à relever ou tournez-vous autour du pot en gardant à l'esprit un échec potentiel à éviter ? Les deux cas de figure déboucheront sur des performances très différentes.
- L'objet de votre attention a plus de pouvoir sur votre performance et la manière de la vivre que vous l'imaginez. Plongez-vous dans la tâche à exécuter. Toute issue potentielle ne fait que vous détourner de la concentration nécessaire pour être au sommet de votre art.
- Servez-vous de votre langage avec précision et intention, en respectant la force qu'il exerce sur votre état émotionnel et votre capacité de concentration. Choisissez donc minutieusement vos mots.
- Modifiez votre rapport à la réponse au stress et aux différentes sensations que nous appelons anxiété. Accueillez-les avec bienveillance en les considérant comme le signe que votre corps se prépare à passer à l'action. Servez-vous de votre respiration pour ralentir votre fréquence cardiaque si nécessaire et tenez-vous-en fermement à l'objet de votre attention.

« Si vous visez
votre meilleur
niveau, votre esprit
doit être étalonné
en fonction
de vos intentions. »

3

Si vous avez du mal à supporter vos émotions

20

Quand vous réfléchissez trop dans tous les domaines

« C'est adoucir l'amertume et alléger le poids de ses malheurs, que de les supporter sans faiblesse. »

Sénèque, *Hercule sur l'Œta*

Je vous ai écrit une lettre

Si, actuellement, vous réfléchissez trop dans tous les domaines, vous ne connaissez probablement que trop bien ce processus consistant à envisager d'emblée le pire. Commençons donc par nous attaquer au scénario du pire à propos de la suranalyse. Nombre de personnes qui passent une grande partie de leur temps à s'inquiéter de choses qui n'arriveront peut-être jamais partent du principe qu'il s'agit d'une habitude impossible à faire disparaître. Mais c'est faux ! Vous n'êtes pas obligé de rester à la merci de cette tendance à vous inquiéter et de la souffrance que peut causer cette attitude.

L'apparition de pensées prévoyant le pire est aussi automatique qu'inspirer de l'air. Mais notre réaction face à ce phénomène diffère d'une personne à l'autre, car elle s'acquiert. Par conséquent, vous n'avez pas à faire obligatoirement avec cette tendance à vous inquiéter de la moindre chose. Faites plutôt en sorte que ces pensées œuvrent dans votre intérêt et non contre vous.

Il existe une nette différence entre les moments où vous vous sentez terrifié et ceux où vous allez de l'avant en toute confiance, selon que vous estimez savoir quoi faire dans une situation et que vous pensez que vos actes peuvent porter leurs fruits. Et c'est le cas lorsque vous vous surprenez à vous faire du souci à propos de quelque chose. Une fois que vous avez un modèle en tête et que vous savez comment réagir, vous pouvez tirer parti des pensées susceptibles de vous apporter des choses et vous administrer l'antidote contre la souffrance éprouvée lorsque vous vous appesantissez sur les pensées néfastes.

Non seulement vous n'aurez plus à subir les affres des pensées qui vous nuisent, mais vous ne devrez plus non plus accroître votre souffrance en anticipant toute l'inquiétude qui va s'emparer de vous.

Vous affronterez l'avenir avec cette force qui vous permet de faire face au temps présent. Mais grâce aux outils que je me m'apprête à vous présenter, vous allez pouvoir affronter l'avenir encore mieux armé que vous l'êtes aujourd'hui. En fait, c'est ce qui se passe à chaque fois que vous choisissez d'aller courageusement au-devant de la peur et de l'inquiétude. La manière dont vous réagissez aux inquiétudes actuelles sert, pour votre esprit, de modèle à vos réactions aux futures inquiétudes. Les réactions les plus naturelles seront celles que vous avez eues à de multiples reprises.

Passez donc d'une posture défensive caractérisée par l'impression que l'inquiétude est dominatrice à une posture offensive à même de modifier ce vieux schéma qui vous rend la vie plus dure qu'elle devrait l'être.

Des outils prêts à l'emploi

Bien que les outils de cette section donnent satisfaction instantanément, leurs résultats s'améliorent à mesure que vous progressez dans leur mise en œuvre. Au début, celle-ci vous paraîtra laborieuse, puis une seconde nature au fil du temps. Comme pour tout, commencez modestement en choisissant de petites inquiétudes afin de pouvoir vous habituer au processus.

Comprendre la valeur des agissements de votre cerveau[1]

On peut dire que votre cerveau est le responsable de votre sécurité physique et psychologique. Il récolte des indices à partir du fonctionnement de votre corps et des informations sur le monde extérieur fournies par vos sens, puis vous présente des idées et des prévisions concernant ce qui pourrait se produire. Ces prévisions prennent la forme de sentiments et de pensées, qui sont parfois utiles, mais vous distraient de choses plus utiles à d'autres moments. Il vous incombe de décider quoi en faire. La décision finale porte sur les idées méritant le plus votre attention et votre temps.

Parfois, le scénario du pire vous accapare l'esprit et vous prenez immédiatement les mesures nécessaires pour empêcher qu'il se produise. Il s'agit pour vous et votre instinct d'œuvrer du mieux possible ensemble. Mais lorsque ce n'est pas immédiat et que la meilleure mesure à prendre ne coule pas de source, il est naturel de s'accrocher à ces prévisions et de les ressasser, sans jamais parvenir à une conclusion ou à un plan, mais en laissant la peur associée gagner en intensité. Nous nous accrochons aux pensées qui exigent notre attention, comme si le fait d'imaginer sans cesse des issues négatives allait déboucher d'une manière ou d'une autre sur une résolution. Mais, bien que la génération de ces pensées par notre cerveau soit utile, s'accrocher à elles sans nous interroger sur leur valeur, au mieux n'aide en rien, et au pire vous rend malheureux. Elles commencent alors à nous priver de la force nécessaire pour éprouver des émotions plus agréables, positives et pleines de sens accessibles à tout moment.

Par conséquent, quand il s'agit de s'attaquer à l'inquiétude, nous n'avons pas besoin de stopper l'apparition de ces pensées tournées vers le pire, mais d'un processus clair et bien maîtrisé pour savoir quoi en faire une fois qu'elles sont présentes.

La clé est de garder à l'esprit que votre cerveau accomplit sa mission, qui est d'essayer de veiller à votre sécurité et à celle de vos proches, et qu'il ne disposera jamais de toutes les données nécessaires pour y parvenir systématiquement.

Résistez à la tentation de vous considérer comme quelqu'un de bileux. Les pensées automatiques sont une expérience humaine normale, et ne vous définissent pas. Vous ne serez pas désarmé par ses effets si vous vous exercez à opter pour une nouvelle réponse.

Faire le point sur votre niveau de stress général

La plupart des gens se focalisent sur le stress causé par le fait de trop réfléchir. Mais l'inquiétude n'est pas le début de la réponse au stress. Elle fait partie d'un cycle de stress de plus grande envergure qui a débuté (la plupart du temps) un peu avant l'apparition de l'inquiétude. Par conséquent, il est vrai que le temps passé à s'inquiéter fera grimper votre stress et alimentera ce cycle. Mais il n'en demeure pas moins que lorsque le niveau de stress est élevé, vous êtes plus enclin à penser ainsi.

Lorsque votre corps montre des signes de stress, vous devenez naturellement plus vigilant et hypersensible, car votre cerveau balaie votre environnement à la recherche de causes possibles de ce stress. Admettons qu'après une nuit horrible, vous abusiez du café le lendemain matin pour être performant au travail. Puis votre conjoint ne répond pas à votre appel téléphonique, et votre corps déjà stressé pousse votre cerveau à l'hypervigilance et vous vous mettez à gamberger sur les pires raisons pour lesquelles il n'a pas décroché. Ce stress déjà élevé vous a rendu plus vulnérable à la cogitation à propos d'une chose à laquelle vous n'auriez pas réfléchi un autre jour.

Pour couronner le tout, vu le niveau de stress, le cerveau se met à emprunter des raccourcis cognitifs, et un biais fait son apparition : la divination. « J'ai pensé cela, ce doit donc être vrai ou cela va très vraisemblablement arriver. » Ce raisonnement fait encore plus grimper l'anxiété et vous conduit à renchérir sur ces scénarios du pire, que vous ressassez alors.

Cet exemple vous montre qu'il est logique de s'attacher à essayer d'arrêter de s'inquiéter, et encore plus de vous pencher sur le contexte de votre niveau de stress général. Revenez à l'essentiel. Si vous ne dormez pas bien, ne mangez pas bien ou ne faites pas d'exercice, vous serez plus vulnérable aux scénarios du pire et plus tenté de vous inquiéter. Si vous consommez trop de caféine, d'alcool ou d'un autre produit qui stresse le corps, cela entraînera également une augmentation de l'hypervigilance.

Faites un point plus général sur la présence du stress dans votre vie. Qu'il s'agisse de la vie amoureuse, du travail ou des pressions financières, il est trop facile de partir du principe que ces choses ne sont pas liées à l'inquiétude et à l'anxiété qui se manifestent dans un autre domaine de votre existence, surtout lorsque le niveau d'anxiété paraît disproportionné et hors de propos. Notre existence est faite de nombreuses couches, mais nous n'avons qu'une seule réponse au stress. Par conséquent, si vous avez remarqué chez vous une tendance à vous appesantir sur certains éléments qui ne vous posaient aucun problème auparavant, il serait utile de tenir compte de la situation d'ensemble et du niveau de stress que vous affichiez avant de vous retrouver dans cet état.

Identifier et considérer les pensées pour ce qu'elles sont[2]

Il est possible de vous inquiéter pour certaines choses pendant des heures avant d'en avoir vraiment conscience. Par conséquent, la partie qui paraît assez facile, mais demande un peu de pratique, consiste à prendre les pensées pour ce qu'elles sont afin de pouvoir choisir quoi en faire. Si vous ne les percevez pas objectivement, vous aurez tendance à les prendre pour des faits et à leur porter toute votre attention.

Voici les trois biais de pensée les plus courants que vous avez peut-être remarqués lorsque vous vous faites du souci[3].

1. **Le catastrophisme.** Aussi improbable qu'il puisse être, le pire des scénarios est la première chose qui vous vient à l'esprit. Il se déroule alors dans votre esprit, véritable film d'horreur personnel.
2. **La pensée binaire.** Également appelée « pensée tout ou rien », c'est lorsque nous voyons uniquement les extrêmes,

en ignorant le juste milieu et toutes les nuances pouvant exister entre ces deux extrêmes.

3. **La divination.** Cela correspond à une supposition sous-jacente qui dit : « J'ai pensé cela, c'est donc vrai et cela se produira probablement. » Par exemple, vous convaincre qu'un entretien d'embauche se passera mal avant même qu'il ait démarré, en vous basant uniquement sur des inquiétudes que vous considérez comme des faits.

Une fois que vous repérez n'importe lequel de ces biais, la première étape pour vous en écarter un peu et diminuer son pouvoir est de prononcer mentalement son nom. Parfois, cela suffit à vous aider à admettre qu'il ne s'agit pas d'une prédiction factuelle de l'avenir. C'est un mode de considération de la situation parmi d'autres. Mais si cela demande un peu d'approfondissement, considérez-le avec curiosité et posez-vous quelques questions à son propos :

- Est-elle valide ?
- Est-elle probable ?
- Est-elle importante ?
- Peut-elle changer ?
- Où se trouve le biais dans cette idée ou prévision ?
- Et surtout, vous est-elle bénéfique ?

Nombre de personnes exécutent ce processus de manière plus formelle et structurée, en consignant par écrit avec précision leurs inquiétudes, puis les réponses à ces questions. C'est un excellent moyen de vous familiariser avec le processus de manière à ce que, quand le besoin se fait le plus sentir, il vous vienne naturellement et rapidement sans avoir à le refaire depuis le début.

Prendre les commandes de votre attention et passer à l'action

Une fois que vous vous êtes posé des questions, ne serait-ce que quelques-unes, sur ces pensées, vous constatez que la solution n'est pas tant de ne pas vous inquiéter du tout, mais plutôt de prêter attention aux bonnes choses. Pour passer du temps à vous soucier d'une chose, d'une manière qui pourra vous être utile, il faut que vous ayez confirmé que cette chose était vraie, importante et modifiable.

Une fois que vous savez quel sujet d'inquiétude mérite le plus votre attention, l'antidote contre toute suranalyse destructrice est de passer à l'action. Si vous ne pouvez pas démarrer immédiatement, l'idéal est d'échafauder un plan en détaillant les mesures à prendre. Préparer et entamer une première étape modeste débouche sur une issue émotionnelle extrêmement différente qu'attendre et ne rien faire, paralysé par la peur.

Manifester votre capacité d'adaptation, même d'une manière modeste et dans des situations absolument inévitables, peut transformer l'orientation prise par votre santé mentale. La personne qui s'attache à améliorer le moment vécu, même si ce n'est que légèrement, ressentira les effets des actions modestes sur sa personne et son entourage, alors que sinon, elle pourrait se sentir paralysée d'inquiétude.

CE QU'IL FAUT RETENIR

- Résistez à la tentation de vous cataloguer de bileux. Nous sommes bien plus capables d'apprendre à bonifier notre capacité d'adaptation que nous l'imaginons.

- Le problème, ce ne sont pas les pensées automatiques qui envisagent le pire. En fait, nombre d'entre elles présentent l'avantage de veiller à notre sécurité. La cause de la principale souffrance est de ressasser ces petites histoires d'horreur sans basculer dans des mesures constructives pour améliorer la situation.
- Trop réfléchir augmente le niveau de stress. Mais un stress plus élevé accroît également votre vulnérabilité à d'autres inquiétudes et vous expose à la tentation d'être obnubilé par celles-ci. Par conséquent, si vous réfléchissez trop à des choses qui ne vous tourmentent pas en temps normal, penchez-vous sur votre niveau de stress dans votre vie en général.
- Lorsque le cerveau détecte une menace, il emprunte des raccourcis pour se dépêcher d'assurer votre sécurité. Sachant que les inquiétudes peuvent être le fruit de la réponse au stress, cela signifie qu'elles sont souvent criblées de biais. Identifier ce biais contribue à le priver de son pouvoir.
- Poser des questions telles que « Est-ce important ? », « Est-ce probable ? », « Est-ce changeable ? » et « Est-ce utile ? » permet de vous orienter dans le choix de l'objet de votre attention.

« La manière
dont vous réagissez
aux inquiétudes
actuelles sert,
pour votre esprit,
de modèle
à vos réactions aux
futures inquiétudes.
Les réactions
les plus naturelles
seront celles que
vous avez eues à de
multiples reprises. »

21

Quand la peur fait son apparition

« Le courage n'est pas l'absence de peur,
mais la capacité à la vaincre. »

Nelson Mandela

Je vous ai écrit une lettre

Vous n'êtes pas responsable de cette peur qui pointe le bout de son nez, mais du courage que vous cultivez pour avancer malgré sa présence. Nous ne sommes pas à la merci de la peur. Nous sommes des métamorphes émotionnels depuis la nuit des temps. De la concentration absolue du samouraï à la danse guerrière des Maoris, ce sont autant d'actes consistant à choisir l'objet de son attention, un état d'esprit, une réponse, même à la plus grande des peurs. Ces communautés éprouvaient bien de la peur. Elles l'exploitaient de la plus courageuse des manières. Ce pouvoir de canaliser une attention bien aiguisée et d'agir avec un calme olympien est un choix qui nous tend tous les bras.

La vigilance que vous ressentez est nécessaire. C'est le signe que vous êtes prêt et alerte. En choisissant de faire face à votre peur, vous cultivez une force plus profonde que vous l'imaginiez. En vous fait rage une lutte que vous effleurez à peine. Alors, respirez calmement. Vous avancez, non pas dans la peau d'une proie, mais dans celle d'un prédateur. Ne laissez pas votre esprit passer allégrement d'une ombre à éviter à l'autre. Regardez vers l'avant, avec une attention qui ne faiblit pas, portée sur votre destination.

Répétez mentalement, non pas toutes les histoires d'horreur imaginables, mais précisément ce que vous souhaitez apporter. Les mesures choisies et leur mode d'exécution avec courage et vous aux manettes.

Faire face vous permettra de vous forger le caractère, toujours en affrontant l'adversité. Et grâce à cette détermination sans faille, vous découvrirez votre pouvoir de cultiver le calme à même de canaliser le pouvoir de votre réponse physiologique lorsque vous menez l'action de votre choix. Cette action vous rendra fier.

Alors, levez la tête, bombez le torse et commencez à effectuer des choix déterminés concernant la personne que vous souhaitez être face au monde. Prenez entièrement les commandes de l'histoire que vous vous racontez à propos de la signification de votre peur. Elle est présente, car vous faites quelque chose de difficile. Tout comme l'allumage des moteurs d'une fusée, dont l'énergie déployée se répercute sur tout ce qui se trouve aux alentours, cet accès de peur qui vous traverse le corps est bénéfique, car c'est ce carburant qui vous fera avancer.

Vous êtes sur le point de sortir le grand jeu. Et quand vous aurez terminé, vous prendrez conscience du pouvoir que vous avez en vous de mettre cette émotion à profit, d'une manière idoine.

Des outils prêts à l'emploi

Petit rappel : les outils que je vous propose sont des outils prêts à l'emploi que vous pouvez utiliser au moment même où vous vivez des choses difficiles. Si vous essayez de gérer une phobie de longue date ou une anxiété généralisée, vous bénéficierez d'un guide au sein du plan d'action contre l'anxiété, qui figure dans la version actualisée de mon premier livre (voir le chapitre 38 de *Pourquoi personne ne m'en a parlé avant ?*).

Mais si vous vivez actuellement une période difficile et que vous avez besoin d'adopter le bon état d'esprit, ces outils devraient vous aider à prendre le taureau par les cornes.

Une compassion de tous les instants

Le seul moyen d'affronter la peur avec détermination, défiance et le calme nécessaire pour relever ce défi est de tout faire pour vous soutenir. Ne sous-estimez pas ce que cela signifie. Cela n'a rien d'un symbole. Vous ne pouvez pas vous parler d'une manière susceptible de vous freiner. Vous ne pouvez pas être trop ferme ou trop laxiste avec vous-même. Vous ne pouvez pas manifester du mépris envers vous-même lorsque vous essuyez des revers. Vous devez avant tout avoir conscience que si le pire devait arriver, vous vous soutiendriez et feriez du mieux possible par vous-même. Vous n'allez pas vous tourner vers vous uniquement au moment où vos failles et votre humanité se manifestent. Lorsque vous vous engagez à prendre soin de vous, comme si vous étiez à la fois un roi et un guerrier, cette approche nourrit la réponse que vous avez l'intention de fournir et non une retraite en bonne et due forme.

L'autocompassion de tous les instants, c'est accéder plus volontiers au mode lutte de la réponse de lutte ou de fuite. Avancer malgré la peur afin de faire ce qui est bien pour vous ou vos proches. Affronter la difficulté maintenant afin de vous réserver un avenir plus rose.

Le pouvoir de l'attention

Surveillez les pensées, images et émotions qui vous aident et celles qui vous desservent. Il faut garder à bonne distance celles qui vous nuisent, afin de les percevoir pour ce qu'elles sont réellement, et privilégier celles qui permettront de traverser les épreuves.

On appelle désamorçage le fait de prendre du recul par rapport aux pensées et sentiments. Un moyen rapide de le faire consiste à les consigner par écrit, ce qui vous fait prendre instantanément de la hauteur, ainsi que conscience de la situation. Cela vous aide également à changer de langage. Commencez systématiquement par les mots suivants : « Je remarque que je pense à… » ou « Je ressens un sentiment de… » Cela permet de bien faire la distinction entre vous et ce que vous vivez, ce qui vous aide à admettre que vous n'êtes pas vos pensées ou vos sentiments. Ces éléments sont le résumé que fait votre cerveau de la signification donnée à la situation rencontrée à partir de votre réaction physiologique. Lorsque nous parvenons à prendre ainsi du recul, il est bien plus facile de repérer les points de vue à prendre à la légère et ceux sur lesquels mettre l'accent.

Ce processus est à distinguer du refoulement de la peur, qui nie carrément sa présence et la fait souvent remonter à la surface au moment où vous avez baissé la garde et vous vous y attendez le moins. Vous n'ignorez pas et ne détruisez pas toutes ces pensées et sentiments empreints de peur. Vous choisissez simplement de faire en sorte qu'ils ne vous mènent pas par le bout du nez.

La peur n'est pas problématique

La peur n'est pas le problème, c'est le signe de la présence de problèmes potentiels à prendre en compte. Lorsque nous considérons la peur comme quelque chose qui cloche en nous, nous la jugeons, nous la combattons et nous nous accrochons à tout ce qui pourrait la faire disparaître. Nous nous efforçons d'abattre le messager au lieu de chercher à comprendre la teneur du message et les raisons de sa diffusion.

Autre tendance très répandue, se juger parce que l'on a peur, comme si sa présence signifiait que l'on n'est pas courageux ou capable de faire face. En réalité, cela peut simplement signifier que vous êtes face à quelque chose de redoutable. Comme l'a souligné le psychiatre Carl Jung, « Là où est votre peur se trouve votre tâche[1] ». Si c'est vrai, vous éprouvez bien sûr de la peur. La peur de l'inconnu ou la peur de savoir précisément ce qui va se passer. La peur de la complexité du problème et le poids de la responsabilité de le régler, pour vous-même et vos proches. Si la peur est méritée, laissez-la exister. Lorsque vous cessez de la combattre, elle n'a pas à prendre de décisions à votre place. Laissez-la vous accompagner, mais prenez chaque mesure en fonction de la personne que vous souhaitez être dans cette situation et du visage que vous désirez afficher.

En faisant cela, la situation rencontrée ne sera pas plus facile à vivre, mais vous deviendrez plus fort, courageux et vaillant. L'acceptation absolue des difficultés que l'on rencontre dans l'existence fait partie prenante de ce processus. Si nous ne nous sentons pas en droit de jouir d'une vie sans accrocs, nous ne nous faisons pas un sang d'encre à cause des pièges rencontrés tout au long de notre périple. Nous nous efforçons de les déjouer. Et lorsque vous donnez sans rien attendre en retour, vous découvrez le meilleur de l'humanité.

Reformuler

Le sens que vous donnez à toutes les sensations physiques éprouvées actuellement façonnera votre réaction et votre gestion de la peur à l'avenir. Est-ce que ce sera le signal qui vous fera prendre les choses en main et éprouver de la fierté ou allez-vous vous recroqueviller par peur de la peur proprement dite ? Lorsque je parle de reformulation[2], il ne s'agit pas de déguiser une émotion pénible ou de vous convaincre qu'il s'agit d'autre chose, mais de revenir à la réalité.

Plus la science fait des révélations sur la création des émotions, mieux nous comprenons que nous avons tous plus de pouvoir de cultiver notre existence et de contrôler notre approche qu'on nous l'avait dit.

Votre cerveau se raconte en permanence une histoire sur ce qui se passe dans votre corps en fonction du monde extérieur et il se sert des souvenirs pour prévoir ce qui va se passer et décider comment réagir[3]. Vos sentiments font partie de l'expression du résumé évoqué précédemment. Par conséquent, à mesure que vous déroulez les scénarios qui évoluent, vos émotions sont essentiellement des conjectures. À vous ensuite de décider quoi faire de ces dernières. Elles peuvent être le signe que vous êtes dans une situation délicate, à devoir faire des choses difficiles, ou illustrer plein de choses, comme un manque de sommeil, une situation nouvelle ou imprévue, un manque d'aptitudes pour répondre à une exigence d'envergure, un épuisement, des croyances limitantes, entre autres. Mais vous pouvez jouer un rôle prépondérant en préparant votre cerveau à se focaliser sur des aspects particuliers et à choisir des actions qui nourrissent la réponse émotionnelle à gérer.

En conséquence, si vous étiez comme un lapin sidéré par les phares d'une voiture, la lettre que je vous adresse au début de ce chapitre a peut-être modifié cette image, rien qu'en transformant le langage. Vous n'avez pas besoin d'adhérer à cette description si elle ne vous convient pas ou ne correspond pas à la situation. La clé est d'employer des mots précis et d'afficher l'intention de faire de votre mieux par vous-même, quelle que soit la situation rencontrée.

Gardez à tout le moins en tête que la peur est l'ingrédient fondamental du courage et le signe de la nécessité d'engager la bataille. La peur n'est que temporaire. Servez-vous-en donc tant qu'elle est présente. Nous sommes capables d'endurer plus volontiers des épreuves et d'utiliser plus efficacement nos outils lorsque nous savons que les temps difficiles ne dureront pas éternellement.

CE QU'IL FAUT RETENIR

- Vous n'êtes pas responsable de l'apparition de la peur, mais du courage que vous cultivez pour la dépasser.
- La vigilance que vous ressentez est indispensable. C'est le signe que vous êtes prêt, en alerte et calme. En choisissant de faire face à la situation, vous cultivez une force plus profonde que vous l'imaginiez.
- Répétez mentalement, non pas toutes les histoires d'horreur imaginables, mais précisément ce que vous souhaitez apporter. Les mesures choisies et leur mode d'exécution avec courage et vous aux manettes.

- Le seul moyen d'affronter la peur avec détermination, défiance et le calme nécessaire pour relever ce défi est de tout faire pour vous soutenir.
- Surveillez les pensées, images et émotions qui vous aident et celles qui vous desservent. Il faut garder à bonne distance celles qui vous nuisent, afin de les percevoir pour ce qu'elles sont réellement, et privilégier celles qui permettront de traverser les épreuves.
- Résistez à la tentation de considérer la peur comme autre chose que le messager. Lorsque nous la prenons pour un défaut personnel, nous cherchons les moyens de la faire disparaître. Ne la jugez pas et ne la combattez pas. Ce n'est pas parce que vous avez peur que quelque chose cloche chez vous, que vous n'êtes pas courageux ou pas capable de faire face. Cela peut simplement signifier que la situation rencontrée est difficile.

« La peur
est l'ingrédient
fondamental
du courage. »

22

Quand le chagrin vous submerge

« La douleur du chagrin fait tout autant partie de la vie que la joie de l'amour ; c'est peut-être le prix que nous payons pour l'amour, le prix de l'engagement[1]. »

Dr Colin Murray Parkes

Je vous ai écrit une lettre

Je vous écris cette lettre sans essayer de deviner votre ressenti ou la profondeur de votre douleur. Mais j'imagine qu'elle est bien plus profonde que vous et moi ne saurions la décrire. Je ne m'apprête pas à vous dire ce que vous devez ressentir ou penser. Quel que soit votre ressenti actuel, ne le réfrénez pas.

Le chagrin n'est pas une seule émotion. C'est un fil conducteur qui les parcourt toutes. Chaque rappel ravive une peine que nous ne savons pas gérer. Mais chaque souvenir renferme également l'amour, les rires, le réconfort et le calme que nous ressentions lorsque la personne que nous pleurons était encore présente. Comment est-il possible de ressentir la chaleur de sa présence à travers ces souvenirs en même temps que cette terrible douleur provoquée par son absence ? Comment est-il possible de ressentir la légèreté propre à un petit moment de distraction ? Un petit espace temporel au cours duquel la vie serait presque comme avant. Mais la réalité vient alors vous frapper en plein cœur et vous replonger dans les affres de cette douleur atroce.

Ces interludes naturels sont souvent suivis d'une culpabilité pour avoir vécu un instant où la peine avait disparu. Comment puis-je oser oublier, ne serait-ce que pendant trois secondes ? Et si cette personne a souffert d'un long déclin ou maladie, le soulagement que nous éprouvons face à la fin de sa souffrance se mêle à la folle envie de la voir revenir parmi nous.

Ces émotions se percutent, semblant toutes entrer en conflit, chacune rendant l'autre difficile à digérer et toutes ne se retrouvant guère intelligibles.

Si le chagrin est le prix à payer de l'amour, soit ! Car aucune peine ne nous pousserait à vouloir que la personne n'ait jamais existé, que nous n'ayons jamais eu l'occasion de l'aimer.

Sollicitez donc toute votre force pour supporter cette peine. Laissez-la affluer, aussi impitoyable soit-elle, et suivre son cours naturel. Nous pouvons avoir du chagrin tout en ressentant de la gratitude pour le lien que nous avions, afin de perpétuer cette relation, d'une nouvelle manière, que nous n'avons pas choisie.

La trace laissée par la personne dans votre esprit et votre corps continue d'exister. Elle reste donc avec vous, avec ce lien d'un nouveau genre. Non seulement à travers les souvenirs constitués, mais également grâce à toutes les émotions qu'elle vous a fait éprouver, à tous les rituels partagés : les regards entendus, les plaisanteries personnelles, la compréhension mutuelle et la personne que vous êtes devenue grâce à votre relation.

Votre corps se souvient de la présence de l'autre personne, de ce que les échanges lui faisaient. La difficulté du deuil n'est pas de nier ou d'anéantir cela, mais de le faire remonter à la surface quand vous le souhaitez. Cela ne signifie pas vivre dans le déni de la disparition, mais apprendre à chérir et cultiver son empreinte et honorer la trace qu'elle a laissée dans votre univers.

Des outils prêts à l'emploi

Il n'y a pas de place pour des conseils désinvoltes en matière de deuil. Par conséquent, les éléments présentés dans cette section reposent sur ce que nous savons de la littérature, des personnes ayant traversé cette épreuve et des professionnels de santé les ayant soutenues tout du long.

Abandonner les attentes

Il n'y a pas de point final au deuil. Pourquoi en faudrait-il un ? L'expérience et les caractéristiques du deuil peuvent changer avec le temps, et c'est bien ainsi. Vous pouvez avoir plus de liberté dans le choix du moment où vous souhaitez vivre cette peine et en sortir, revivre les souvenirs et vivre votre existence telle qu'elle est aujourd'hui.

Ne soyez pas coupable de pleurer l'être cher disparu. C'est absolument nécessaire. Donnez-vous le temps de vous adapter à cette perte qui a bouleversé votre vie.

Le deuil est souvent chaotique et imprévisible. Ce n'est pas du tout le reflet d'une aptitude à faire face. C'est la nature même du deuil. Mettez votre main sur le cœur, ressentez la chaleur et rappelez-vous que le deuil est à la fois naturel et extrêmement difficile à vivre. La dernière chose dont vous avez besoin dans ces moments pénibles est d'une douleur supplémentaire générée par des principes que vous seriez censé respecter.

Les symptômes de la dépression après un deuil ne sont absolument pas inhabituels, ni pathologiques, mais pendant cette période, veillez à faire les choses qui vous aideront. Laissez votre entourage vous consoler et vous soutenir, passez du temps dehors, bougez tous les jours et accordez-vous des plages de repos réparatrices.

Laisser la pluie tomber, mais prendre un parapluie

La psychothérapeute spécialiste du deuil Julia Samuel dit que « la peine est l'agent du changement[2] ». Passer du temps à ressentir diverses émotions vous aidera à vous adapter à cette nouvelle réalité. Mais vous n'avez pas besoin de rester toute la journée plongé dans votre chagrin. Vous pouvez vous protéger pendant un moment en profitant des distractions de la vie. De petites choses vous offriront un réconfort ou une distraction temporaire, ainsi qu'un peu de répit face à l'épuisement physique et émotionnel provoqué par le deuil.

Mais toutes les distractions ne se valent pas, et il est important que lorsque vous êtes le plus bouleversé, vous ne sombriez pas dans les choses qui anesthésient la peine au détriment de votre santé ou de votre capacité à vivre normalement par la suite. L'alcool et la drogue sont ceux qui viennent en premier à l'esprit, mais se réfugier dans le travail et s'occuper en permanence pour éviter que des éléments vous rappellent votre peine en sont d'autres que l'on néglige souvent. Bien qu'il soit positif de se replonger dans le travail, cela peut devenir compulsif quand c'est une stratégie d'évitement. Le calme renforce le chagrin. Il devient alors impossible de faire des pauses, jusqu'à ce que le burn out frappe à la porte et que votre corps vous impose de vous reposer. Il est donc judicieux d'utiliser intelligemment les distractions et d'admettre que laisser de temps en temps ces émotions poindre est la voie vers une adaptation saine.

Ne pas retourner votre peine contre ceux qui restent

Qu'il s'agisse de l'expression de votre douleur ou de son évitement, retourner cette peine contre les autres ne peut que faire empirer une situation tragique pour tout le monde. Laissez-les vous relever quand vous vous sentez anéanti et renvoyez-leur l'appareil. Face à une disparition, c'est l'amour et le lien avec notre entourage qui nous portent dans cette épreuve. La famille et les amis qui se soutiennent permettent d'éviter de sombrer dans cet isolement qui survient souvent après un deuil. Personne ne peut faire ce travail de deuil à votre place, mais les autres peuvent vous accompagner et veiller à ce que vous ne soyez pas seul.

Le ressentiment envers les autres ne peut qu'abîmer les liens que vous aviez avec les personnes dont vous vous êtes éloigné. Ne laissez pas cet événement vous plonger dans la détestation ou l'amertume.

Ne pas retourner votre peine contre vous-même

Nous nous sentons coupables quand nous éprouvons du chagrin, coupables quand nous n'en éprouvons pas, coupables de ce que nous avons fait et coupables de ce que nous n'avons pas fait. La culpabilité semble surgir de toutes parts, inhérente au fait que nous nous accordons plus de pouvoir que nous n'en avons jamais eu.

Nous luttons contre toutes ces histoires « Et si… ? », fantasmant sur tous les choix que nous aurions pu ou dû effectuer, testant les nouvelles versions de ces histoires dans notre tête, avec différentes issues. Ou bien nous nous torturons avec l'illusion que tout est de notre faute.

Tout cela fait partie de l'envie que la personne disparue soit encore présente et du marchandage auquel nous nous adonnons face à la nouvelle réalité que nous ne souhaitions pas voir arriver. C'est une partie naturelle du processus. Mais libérez-vous dans la mesure du possible de cette culpabilité et revenez dans l'instant présent. Retourner cette peine contre vous-même n'améliorera pas le passé et rendra l'avenir bien moins réjouissant.

Accepter et exprimer

La relation avec l'être cher disparu n'a pas pris fin. Elle a changé de nature. Alors, parler de cette personne quand elle vous revient en mémoire et accepter que son absence déclenche des émotions devient partie prenante du processus d'adaptation pour tout le monde. Cela peut s'avérer plus difficile quand la sensibilité est palpable et que nous ne souhaitons pas contrarier les autres lors d'occasions spéciales. Mais cela peut également être source d'un lien permanent. Allumer une bougie le soir de Noël, cuisiner son plat préféré le jour de son anniversaire, porter un toast à la personne qui nous manque tant, ces petits gestes d'acceptation nous aident non seulement à exprimer la douleur causée par son absence, mais resserrent également les liens entre nous tous. Lorsque la prise de parole n'est pas une option souhaitée, l'expression du chagrin peut être plus personnelle. Tenir un journal ou vous adonner à votre activité de création préférée peut contribuer à libérer ces sentiments que nous ne sommes pas capables de verbaliser.

Si vous essayez de refouler et de nier la peine que vous et votre entourage ressentez, vous réduisez votre capacité à vous connecter aux autres. Tout le monde souffre, mais chacun a peur de manifester sa peine. Nous nous retrouvons, chacun coiffé de son masque, à échanger uniquement des propos aimables. Nous nous sentons tous deux plus seuls qu'avant, mais sommes incapables de dire l'indicible. Dans le même ordre d'idées, vous ne pouvez pas choisir les émotions à réprimer. Lorsque vous réprimez les émotions pénibles, vous refoulez également les émotions positives. Vous ne pouvez pas cesser d'apprécier toutes les choses auparavant sources de plaisir par peur qu'elles ne fassent ressurgir la douleur. Voilà pourquoi vous autoriser à ressentir et exprimer votre chagrin vous permet à la fois de pleurer l'être cher disparu et de reprendre le cours de votre vie telle qu'elle est désormais, avec des moments de présence totale.

Le lien éternel

L'élément probablement le plus important à souligner à propos du chagrin, c'est que ce lien permanent envers la personne disparue et les proches qui restent est le phare à garder en point de mire.

Il est possible de trouver des moyens de ressentir ce lien et cette proximité, même en l'absence de la présence physique. Lorsque sa présence nous manque terriblement, les rituels, sanctuaires ou endroits particuliers vous permettent de ressentir cette proximité. Quand le besoin se fait le plus sentir, vous pouvez garder dans votre poche un objet symbolisant votre lien.

En outre, attachez-vous à conserver et entretenir les liens avec votre entourage. Si vous ne deviez retenir qu'une seule chose de ce chapitre, ce serait celle-ci. Vous rapprocher de votre entourage pour faire des choses qui rendent cette situation terrible un peu moins atroce pour chacun de vous. Affrontez cela ensemble. Les envies de repli sur soi seront parfois marquées, mais ne vous isolez pas trop longtemps.

Le mouvement modifie votre chimie cérébrale

Lorsque le monde tel que vous le connaissiez s'écroule et que tout change, votre corps passe en mode lutte ou fuite une grande partie du temps quand vous vous remémorez ce qui est arrivé et vous vous retrouvez face à un avenir différent de ce que vous aviez imaginé. De plus, une profonde tristesse et un énorme vide vous pèsent au quotidien.

De toutes les personnes avec qui j'ai travaillé toutes ces années et ayant dû affronter un deuil, bon nombre m'ont dit que l'exercice physique était capital pour leur capacité à entretenir leur santé mentale malgré leur chagrin. Les travaux de recherche étayent ce point de vue, et nous savons que toute forme de mouvement qui augmente votre fréquence cardiaque exige que vous respiriez plus profondément. Solliciter vos muscles a un impact considérable sur votre chimie cérébrale, qui agit comme un tremplin pour votre santé mentale[3]. Quelques minutes d'activité physique permettent d'augmenter votre taux d'adrénaline et de dopamine, ce qui vous donne plus d'énergie et contre la fatigue accompagnant souvent le chagrin. Au bout de vingt minutes d'exercice physique, un mélange d'endorphines et d'endocannabinoïdes accroît notre optimisme, notre plaisir et notre lien avec les autres. En période de deuil, ces trois éléments ont besoin d'un coup de main.

Quelle que soit l'activité choisie pour bouger, si vous la pratiquez en compagnie d'autres personnes, votre cerveau ressent ce lien et vous profitez alors d'un plus grand sentiment d'appartenance et de confiance, et vous vous sentez généralement moins seul. Mais ne pensez pas qu'il faille opter pour une activité très intensive si vous êtes rarement sorti de chez vous depuis des semaines. Toutes les mesures modestes, gérables et potentiellement agréables sont bien plus susceptibles de s'inscrire sur la durée et d'être profitables à long terme. Ayez donc pour objectif d'accroître votre activité physique de la manière vous convenant le mieux.

CE QU'IL FAUT RETENIR

- Quelles que soient les émotions remontant à la surface, éprouvez-les. N'ayez aucune attente concernant les émotions à éprouver et la durée de ces épisodes.
- Vous pouvez tout à fait vous accorder des plages de distraction entre des épisodes chargés en émotions, même si elles ne durent pas longtemps.
- Ne cédez pas à la tentation de retourner votre peine contre vous-même ou vos proches. Ce peut être l'expression ou l'évitement de la peine, mais vous risquez de transformer une situation déjà atroce en situation insupportable.
- Le chagrin n'est pas que l'affaire de l'esprit, mais également du corps. L'exercice physique, sous une forme ou sous une autre, peut s'avérer crucial pour renforcer la santé mentale à la suite d'un deuil. Cela ne doit pas nécessairement prendre la forme d'exercices formels. Vous pouvez très bien marcher dans la nature ou nager à faible allure en compagnie d'un ami.

- Les liens sont la clé en matière de deuil. Vous aurez sans nul doute très envie de vous replier sur vous-même, mais veillez à ne pas vous isoler trop longtemps. Acceptez le soutien de votre entourage.
- Vous pouvez tout à fait trouver des moyens de vous sentir en phase avec la personne que vous pleurez, par exemple grâce à des objets spéciaux rattachés à des souvenirs ou en allant dans des endroits pour vous sentir proche d'elle.

« Retourner
cette peine contre
vous-même
n'améliorera pas
le passé et rendra
l'avenir bien moins
réjouissant. »

23

Quand tout vous semble ne plus rimer à rien

« Même la nuit la plus sombre prendra fin et le soleil se lèvera. »

Victor Hugo, *Les Misérables*

Je vous ai écrit une lettre

Lorsque vous prenez une série de coups puissants rapprochés trop nombreux et que tous vos efforts semblent vains, vous pouvez vous demander « À quoi bon ? ». Tout commence à paraître inutile. Les tâches les plus élémentaires se mettent à vous sembler causer plus de souci qu'autre chose. Nous ne nous souvenons plus de la joie procurée par les efforts fournis et remettons en question l'utilité de chaque acte avant même de nous être engagés.

C'est l'une des expériences les plus humaines qui existent, mais cet état d'esprit comporte un vrai danger. La dépression s'installe vite dans un esprit qui a perdu sa raison d'être et sa détermination[1]. Mais vous pouvez sortir de cette impasse, changer la donne. Le sentiment que tout ça ne rime à rien n'est pas le reflet d'une vie ayant perdu toute sa valeur, mais le signe qu'il est temps de procéder à une réévaluation et de vous mettre au travail. N'attendez pas que le sens de votre existence se manifeste tout seul. Il se révèle dans les actions que vous menez, les efforts que vous consentez et vos réactions à chaque difficulté rencontrée. Même la période sombre que vous traversez, à tout remettre en cause, a un sens. Vous avez un aperçu de l'aspect sombre de votre situation et du vide qui s'empare de vous lorsque vous ne percevez plus le sens de votre vie. Votre nouvelle mission, votre nouvelle raison d'être, est de retrouver votre chemin, de sortir de ces ténèbres afin de percevoir de nouveau le tableau d'ensemble. Ce faisant, vous découvrirez une force qui vous était encore inconnue. Et une fois le temps de nouveau au beau fixe, vous vous sentirez inarrêtable en comparaison de l'adversité rencontrée.

Il est primordial de faire en sorte que votre souffrance en vaille la peine. La vie est difficile et jalonnée de nombreux efforts à fournir. Lorsque ces efforts ont pour but d'apporter une contribution au-delà de notre personne, nous sommes en phase avec la nature humaine. Il n' y a qu'à regarder quelqu'un ayant l'occasion de mettre sa patte et d'apporter quelque chose d'important à son entourage. Vous avez alors le sentiment que tout ce que vous faites a de la valeur. Mais l'engagement doit précéder tout le reste. Si vous n'allez pas de l'avant, la dépression vous envahira. Quand tout vous semble ne rimer à rien, vous devez vous créer un rôle méritant d'être endossé. Si vous avez la volonté de vous fixer un cap, ce nouveau chapitre vous conviendra.

Pour vous mettre en mouvement, vous devez être convaincu que vos efforts vous offriront une situation plus enviable que celle dans laquelle vous êtes. Parfois, lorsque vous avez le sentiment de sombrer, vous perdez de vue toutes les merveilles qui vous attendent en surface. Vous éprouvez un immense plaisir quand vos efforts portent leurs fruits. Lorsque votre esprit sombre ainsi dans les profondeurs des ténèbres et que la confusion est de mise, la seule chose à faire est de tenir bon et de tout essayer pour refaire surface. Commencez à résister à cette spirale négative. Ne pas être capable d'envisager un avenir plus rose n'est que l'expression des limites de notre imagination.

Vous pouvez constater que toucher le fond n'est pas une fatalité inutile. C'est une chance, l'occasion de progresser vers un univers dont les besoins inévitables ne cessent de se multiplier. Endossez une responsabilité : celle de tout faire pour exploiter votre potentiel, de façon à améliorer un peu la situation que vous avez trouvée.

Des outils prêts à l'emploi

Si vous avez le sentiment depuis quelque temps que tout ne rime à rien, attardez-vous sur ces outils en transformant chacun d'eux en plan d'action. Vous avez une bataille à mener, et la simple lecture de ce livre ne changera pas radicalement la donne. Seule l'action le permettra. Je sais, pour avoir travaillé avec de nombreuses personnes ayant vécu cet enfer pavé d'impuissance et de désespoir, que vous devez vous montrer impitoyable avec cette rumination. Vous n'avez pas besoin de bloquer ces pensées. Mais faites face à l'avenir, à savoir acceptez la présence de ce sentiment, mais ne partez pas du principe que vous ne pouvez pas donner un sens à votre vie puisque vous êtes dans l'incapacité d'en donner un en ce moment.

Une petite chose

Quand vous vous dites que rien de ce que vous pourriez faire ne changera la situation, ce récit est le gage d'une plongée dans une spirale négative. Personne ne s'épanouit en cultivant cette croyance, mais bon nombre courent à leur perte. Les enjeux sont suffisamment élevés pour vous interroger sur la véracité de cette pensée. Et la seule façon d'obtenir une réponse est d'expérimenter. Faites quelque chose d'utile, qui en vaut la peine, et voyez si vous parvenez à prouver que cette pensée était erronée. Voyez si vous pouvez faire une petite chose pour améliorer ce moment. Qu'est-ce que vous faites actuellement qui empire la situation ? Il est très probable que l'une de ces choses consiste à vous demander si tout ne rime vraiment à rien. Attachez-vous donc à trouver un élément qui a plus de sens que vos séances de rumination. Vous n'essayez pas de vous convaincre d'une chose à laquelle vous ne croyez pas encore, mais vous sondez, vous recherchez la vérité.

Vous ne savez pas par quoi commencer ? Aucun problème à cela. Tout le monde connaît cela. Mettez-vous simplement en mouvement. Trouvez la première chose que vous pourriez faire, et lancez-vous. Commencez modestement, au point que cela vous paraisse presque risible, de façon à ne pas pouvoir vous convaincre que c'est mission impossible. Inutile de vous projeter trop loin dans l'avenir. Restez dans l'instant présent. Une fois cette petite chose accomplie, la réussite sera à portée de main. C'est le signe que vous avez mieux à faire que ruminer. Cette petite chose peut vous conduire à la suivante. Et vous en récolterez les bénéfices au fur et à mesure.

Apporter votre contribution

Rien n'est plus révélateur que notre instinct humain à nous lier à notre entourage et à contribuer aux efforts d'autrui. Je peux presque vous assurer que si vous vous interrogez sur tout, vous vous sentirez déconnecté de votre entourage ou la contribution que vous apportez ne vous semblera pas en phase avec vos valeurs.

Lorsque vous vous sentez déconnecté et en marge et que vous avez le sentiment de ne rien leur apporter, vous vous mettez à vous sentir invisible. En fait, la connexion est plus importante que vous le pensez. Vous influez sur chaque personne qui croise votre chemin. Elle se nourrit de vos efforts pour améliorer l'instant présent ou passe à côté de quelque chose quand vous décidez de ne pas le faire. Elle souffre involontairement des conséquences de votre choix de ne pas prendre suffisamment soin de vous pour afficher vos forces à la face du monde.

La contremesure parfaite à toute cette rumination concernant l'insignifiance personnelle que vous ressentez est de vous tourner vers l'extérieur et de voir si vous pouvez faire quelque chose qui améliore le sort d'une autre personne. Ce ne sont pas les besoins qui manquent. Assumez la plus petite des responsabilités pour aider une autre personne de quelque manière que ce soit. Lorsque vous découvrez que vous pouvez apporter votre pierre à l'édifice et apaiser modestement la souffrance des autres, que vous êtes en mesure de faire en sorte de laisser le monde et les autres en meilleur état qu'à votre arrivée, cela change la donne comme aucune rumination ne pourrait le faire. Votre contribution provoque l'envie. Peu importe l'ampleur de cette contribution. L'essentiel est qu'elle soit positive.

Quand tout ne rime à rien à vos yeux, votre esprit recherche des raisons de ne pas bouger. « Ça ne marchera pas, rien ne saurait modifier mon état d'esprit, rien de ce que je fais ne change les choses. » Accorder du crédit à ces pensées ne fait que vous mettre sur une voie sombre où règne la solitude et qui vous rend malheureux et désespéré. Par conséquent, quand votre esprit émet l'idée que cette petite contribution que vous vous apprêtez à apporter est inutile et une perte de temps, ne la prenez pas au sérieux et résolvez-vous à la tester.

Bouger pour être de bonne humeur

Lorsque votre vie vous désespère, ce n'est pas le moment de vous poser des questions inextricables. Prêtez plutôt attention à ce qui rend votre vie meilleure et modifie donc votre état d'esprit. L'un des moyens les plus efficaces de le faire est sans aucun doute de bouger[2]. Marcher, nager, grimper aux arbres, faire du ménage, tout compte. Pratiquez une activité physique quotidiennement. Si vous pouvez l'associer à du temps passé dehors ou à des moments de partage avec d'autres personnes, vous bénéficierez d'avantages supplémentaires. Essayez de privilégier des activités ludiques. Soyez actif pour éprouver du plaisir. Dégagez également un créneau sous la forme d'un travail ou d'un projet produisant des résultats visibles. Qu'il s'agisse d'astiquer votre salle de bain, de passer la tondeuse ou de faire du rangement, la pratique de ces activités vous fait progresser et crée une dynamique, tandis que l'effort physique fourni vous aidera à être de bonne humeur et à vous extirper de la rumination.

Si ce sentiment que tout ne rime à rien s'exprime dans le contexte d'une dépression, et surtout si vous vous sentez socialement isolé, il est vivement recommandé de vous faire aider par un professionnel de santé.

Une recherche de sens grâce aux liens sociaux

Ne restez pas seul face à votre souffrance. Ce sont les liens avec notre entourage qui nous aident à donner du sens à la vie. Passer du temps avec les autres nous aide naturellement à sortir des points de vue nous maintenant dans l'isolement. Par conséquent, le fait de partager l'épreuve traversée avec quelqu'un de confiance vous oriente vers une normalisation de ces sentiments, tout en les dépassant de façon à entrevoir un avenir plus gai. Côtoyer les personnes qui comptent beaucoup à vos yeux vous fera percevoir les besoins des autres et la manière dont vous pourriez leur venir en aide. Tout le monde a ses problèmes, et vos amis et proches seront heureux de votre présence à leurs côtés quand ils feront eux aussi face à des difficultés.

Si vous vous sentez isolé des autres et terrifié à l'idée de vous tourner vers eux, sachez qu'il existe encore des solutions. En fonction de la partie du monde où vous vivez et des possibilités existantes, vous pourrez peut-être contacter des associations ou des organismes de soutien, ou votre médecin pourra vous fournir des pistes. Il est également possible de vous lier à votre rythme à des membres de votre communauté. Par exemple, engagez la conversation avec la personne que vous voyez chaque jour à l'arrêt de bus ou dans votre épicerie de quartier, ou saluez simplement un voisin que vous croisez dans la rue. Ces interactions brèves, mais régulières, peuvent s'avérer très efficaces pour renforcer votre confiance en soi si vous vous sentez isolé.

Procéder à une réévaluation

Une fois que votre humeur et votre état émotionnel ont changé grâce à l'exécution de ces tâches et que vous vous êtes engagé à suivre une routine plus positive, prenez un peu de temps pour réévaluer la situation. Vous êtes désormais dans une situation plus favorable pour percevoir avec clarté ce que vous incitait à afficher cet état d'esprit. Passez en revue toutes les choses ayant contribué à nuire à votre humeur pendant tout ce temps, dont les caractéristiques de votre existence et les choix effectués. Cette réflexion favorisera une orientation bénéfique. De petits changements s'imposeront peut-être, mais également des modifications d'envergure. Fixez-vous des objectifs à court terme et des objectifs à long terme plus imposants qui vous aideront à définir un cap. Vous pouvez utiliser le bilan des valeurs de l'Annexe pour vous assurer que les objectifs fixés reposent sur ce qui vous tient le plus à cœur à ce stade de votre vie.

Vous seul pouvez entreprendre cette démarche. Veillez donc à exécuter cette tâche lorsque vous avez les idées claires et vraiment envie de commencer à soigner vos intérêts par vous-même.

CE QU'IL FAUT RETENIR

- Avoir le sentiment que la vie ne rime à rien est l'une des expériences les plus humaines qui existent, mais cet état d'esprit comporte un vrai danger. La dépression s'installe vite dans un esprit qui a perdu sa raison d'être et sa détermination. Mais vous pouvez sortir de cette impasse, changer la donne.
- Le sentiment que tout ça ne rime à rien n'est pas le reflet d'une vie ayant perdu toute sa valeur, mais le signe qu'il est temps de procéder à une réévaluation et de vous mettre au travail. N'attendez pas que le sens de votre existence se manifeste tout seul. Il se révèle dans les actions que vous menez, les efforts que vous consentez et vos réactions à chaque difficulté rencontrée.

- Il est primordial de faire en sorte que votre souffrance vaille la peine. La vie est difficile et jalonnée de nombreux efforts à fournir. Lorsque ces efforts ont pour but d'apporter une contribution au-delà de notre personne, nous sommes en phase avec la nature humaine. Il n' y a qu'à regarder quelqu'un ayant l'occasion de mettre sa patte et d'apporter quelque chose d'important à son entourage.
- Acceptez ce sentiment actuel, mais ne partez jamais du principe qu'il n'y a aucun sens à trouver parce que vous n'en trouvez pas aujourd'hui.
- Ne restez pas seul face à votre souffrance. Ce sont les liens avec notre entourage qui contribuent à donner un sens à la vie. Passer du temps avec les autres nous aide naturellement à sortir des points de vue nous maintenant dans un climat d'isolement.
- Rien n'est plus révélateur que notre instinct humain à nous lier à notre entourage et à contribuer aux efforts d'autrui.

« Peu importe
l'ampleur de
votre contribution.
L'essentiel
est qu'elle soit
positive. »

24

Quand vous avez le sentiment d'être un imposteur

« Je ne suis pas un écrivain.
Je me suis raconté des histoires, à moi et aux gens. »

John Steinbeck

Je vous ai écrit une lettre

Si vous vous retrouvez dans une situation où l'on attend beaucoup de vous et que vous n'êtes pas certain de pouvoir être à la hauteur, c'est peut-être une meilleure nouvelle que vous ne pensez. Nous ressentons tous le syndrome de l'imposteur lorsque nous nous mettons à l'épreuve afin de nous améliorer. Dans ces environnements, nous nous entourons de personnes auprès de qui nous pouvons apprendre. Et immédiatement, leurs compétences et intelligence apparentes nous remplissent d'humilité et nous intimident. À ce stade, se juger indigne de côtoyer ces gens est presque un réflexe. Vous ne prenez pas en compte tout le potentiel qu'ont vu en vous les personnes vous ayant recruté. Pour couronner le tout, vous avez, chevillée au corps, une connaissance intime de vos défauts tout en ignorant ceux des autres.

Plus vous comparez votre statut de débutant à leur belle maîtrise, plus vous vous persuadez de ne jamais pouvoir devenir aussi brillant qu'eux. Votre présence tient vraiment du coup de chance extraordinaire. Comment diable vous attendre à pouvoir relever ce défi, dans ces conditions ? Vous savez qu'au premier revers, votre esprit y verra la preuve que vous n'êtes pas et ne serez jamais à la hauteur.

Dans cette situation, une grande partie de la souffrance tient au fait que nous avons l'impression d'être la seule personne à éprouver ces sentiments. Personne ne se ridiculise autant. Nous entrons sur un champ de bataille, scruté de manière intransigeante et avec la perspective d'être humilié. Nous avons l'impression de ressentir cela parce que nous sommes au-delà de nos capacités et présumons de nos forces. Nous n'imaginons pas un instant que toutes les autres personnes s'étant retrouvées dans cette arène ont ressenti la même chose ou qu'elles ont également démarré au bas de l'échelle et progressé malgré tous les défauts propres aux humains. Dans ces moments, il est très facile de perdre de vue le visage que l'on veut offrir au monde. Vous vous accrochez à votre dignité afin d'éviter l'humiliation, et l'effet secondaire est souvent les regrets. L'envie de faire des excuses, de renoncer ou de viser la perfection s'avère très forte. Mais pendant ce périple, vous n'êtes pas un passager livré à lui-même. Vous êtes le pilote. Vous auriez pu décider de battre en retraite, pour éviter tout ça, mais vous ne l'avez pas fait. Et vous pouvez en être fier.

La peur est bien entendu présente, à chaque fois que nous avons conscience de pouvoir mieux faire. À chaque fois que nous avons l'occasion d'essayer de dépasser nos limites. Et lorsque cette peur brouille un peu votre vision, comme des larmes qui montent, vous perdez de vue le fait que vous êtes aux manettes, mais pour remplir une mission difficile.

Malgré tout, je ne vais pas vous dire que toutes ces pensées du genre « Je ne suis pas à la hauteur » sont pathologiques et fausses. Au début de la plupart des entreprises risquées, vous ne serez probablement pas à la hauteur. Mais ces pensées ne sont pas menaçantes si vous avez conscience d'avoir le pouvoir de progresser moyennant quelques efforts. Elles vous indiquent sur quoi portera votre apprentissage. Cet état d'esprit vous fera avancer. Il n'y a aucun problème à ne pas vous sentir à la hauteur pour l'heure, car vous allez faire en sorte que ce ne soit pas permanent.

Cette peur et ce doute de soi deviennent la résistance à vaincre et non une bonne raison pour lâcher l'affaire. En fait, c'est la raison de votre présence. Lorsque vous ressentez une certaine résistance, vous restez immobile, à faire du surplace. Pousser contre quelque chose est le signe que vous faites des efforts et que les progrès se matérialiseront bientôt.

Mais si vous échouez ? Et si vous vous ridiculisez complètement ? Eh bien, dans ce cas, vous tirerez la leçon, difficile, que vous êtes capable de survivre à l'échec et de vous relever. Vous apprendrez également que la plupart des histoires d'horreur que vous vous racontez ne sont pas vraies.

Des outils prêts à l'emploi

Il est important de garder à l'esprit que le syndrome de l'imposteur fait partie de l'existence humaine. Personne n'y échappe. En fait, nombre des personnes brillantes que vous jugez inarrêtables et parfaites sont celles ayant déjà été le plus souvent aux prises avec ce syndrome. Il était indispensable pour arriver où elles en sont actuellement.

Ce sentiment ne devient problématique que lorsque vous n'êtes pas disposé à l'accepter, à agir en sa présence. Les outils à suivre ne sont pas destinés à faire disparaître cet état d'esprit. Il partira de lui-même lorsque vous avancerez et progresserez. Le but est de vous fournir les armes pour que ce sentiment se fasse discret pendant que vous faites le nécessaire pour dépasser ce que vous pensiez être vos limites.

Repérer ce biais

Vos émotions sont le reflet de la tentative de votre cerveau de comprendre les situations. Par conséquent, lorsque vous vous sentez vulnérable ou stressé, vos pensées proposent un récit pour coller à ce ressenti. Ne laissez pas le syndrome de l'imposteur en l'état. Penser que vous êtes un imposteur, que vous ne méritez pas votre place, vous dire que quelqu'un va découvrir que vous êtes en fait incompétent et vous humilier. Ce sont autant de pensées qui entretiennent ce syndrome et amplifient la peur. Avec un peu de pratique, il devient plus facile de repérer ce biais et l'absurdité de telles idées.

Lorsque vous avez le sentiment d'être un imposteur, vous remarquerez que vous tendez à vous focaliser sur votre incompétence apparente et en particulier sur le jugement porté par les autres sur ce défaut. C'est le moment idéal de vous remémorer l'effet de projecteur[1]. Tous les humains surestiment le jugement négatif porté sur eux par les autres. En fait, les travaux de recherche portant sur le sujet indiquent que le seul moment où les gens ont tendance à évaluer cela correctement, c'est lorsqu'ils sont sur scène. Par conséquent, savoir que ce phénomène existe peut vous aider dans la vie de tous les jours. Il suffit de vous le rappeler. Souvenez-vous que cette particularité humaine peut nous pousser à être plus mal à l'aise que nécessaire. Ainsi, à moins que vous vous produisiez sur scène ou que vous soyez évalué, la plupart des gens ne vous jugent pas autant que vous le pensez. Pour surmonter ce phénomène, il est inutile de vouloir le corriger. Il vous suffit d'accepter sa présence afin de pouvoir prendre plus à la légère ces pensées concernant votre soi-disant exposition.

Autre tendance courante : prendre les choses personnellement. Vous attribuez toutes les erreurs commises dans le processus d'apprentissage à vos défauts irrémédiables. Les erreurs des autres sont considérées plus objectivement, eu égard à tous les obstacles rencontrés. Vos erreurs déclenchent un sentiment de honte et l'envie d'abandonner, tandis que celles des autres invitent à l'apprentissage et à la progression. Par conséquent, lorsque vous remarquez poindre des pensées qui vous mettent au centre du débat, prenez conscience de ce biais et proposez un argument un petit peu plus réaliste pour le contrebalancer.

L'honnêteté

Lorsque vous avez le sentiment d'être un imposteur, le plus important est de ne pas confirmer cette peur par votre comportement. La peur vous dit de dissimuler vos défauts et de mentir à propos de vos compétences, de vous attacher à montrer que vous êtes capable d'y arriver. Ne cédez pas à cette tentation. Si vous êtes honnête à propos de votre niveau débutant et de votre volonté d'apprendre et d'apporter votre pierre à l'édifice à la hauteur de vos moyens, peu de personnes vous jugeront pour cela. En fait, ils vous respecteront probablement plus et auront plus confiance en vous. Les personnes les plus expérimentées ont tendance à ne juger que ceux qui nient leurs défauts et affirment en savoir plus que c'est le cas en réalité. La plupart des gens ne jugent pas quelqu'un qui est transparent et sincère à propos de son niveau, quelqu'un qui pose volontiers des questions.

Soyez donc serviable et dites que vous en êtes encore au stade de l'apprentissage. En désirant apprendre en permanence, vous aurez souvent le sentiment de ne pas être tout à fait à la hauteur, ce qui reflétera votre mode de fonctionnement, et non vos compétences.

Le respect de soi et non l'estime de soi

La plupart des conseils prodigués sur la Toile pour vaincre le syndrome de l'imposteur prônent un renforcement de l'estime de soi. Mais cela n'aide pas, car cela laisse entendre qu'il ne convient pas de vous percevoir comme un débutant humble et peut-être vulnérable, et que tant que votre image de soi est positive, les autres le penseront également.

Mais l'estime de soi n'est pas forcément la voie du bonheur préconisée depuis des années[2]. Elle peut s'accompagner de narcissisme, de colère, d'agressivité et de harcèlement, ainsi que de valeurs telles que le matérialisme et la vanité, l'argent et la célébrité, au détriment de la famille et de la communauté.

Une perception hypertrophiée du moi n'est pas bénéfique et ne sera pas très agréable pour vos proches. Une évaluation précise et juste du moi, traité avec le respect dont vous témoigneriez à tous ceux à qui vous souhaitez du bien, sera bien plus précieuse pour vous. Cela signifie vous considérer comme une personne de valeur qui a le droit d'exister comme tout un chacun et accepter d'apprendre en permanence, en vous efforçant de ne pas ménager vos efforts, dans le but d'aider les autres. Vous acceptez donc d'être un humain comme les autres, qui n'a pas fini d'apprendre. Dans le même temps, vous vous engagez à enrichir vos connaissances et à faire mieux afin d'apporter votre pierre à l'édifice.

Des comparaisons injustes

Ne comparez pas vos débuts au stade ultérieur des autres. Lorsque vous voyez d'autres personnes plus avancées dans leur parcours, basculez du désir de vous comparer à elles en portant des jugements à l'inspiration empreinte de curiosité. Comment en sont-elles arrivées là ? Que peuvent-elles vous apprendre ?

Si vous estimez que tous les autres sont plus intelligents ou compétents que vous, vous avez en fait une chance folle. Cela signifie que vous avez toutes les chances de bien progresser. Il ne s'agit pas d'entrer en compétition, mais d'avoir une vision d'ensemble de votre existence. Attachez-vous plutôt à vous imprégner de leur parcours et à apprendre un maximum de choses tout en contribuant du mieux que vous pouvez.

CE QU'IL FAUT RETENIR

- Lorsque vous devez relever un défi, il est naturel d'avoir le syndrome de l'imposteur, car cela va mettre en lumière ce qu'il vous reste à apprendre et à accomplir.
- Surveillez le raisonnement émotionnel. Ce n'est pas parce que vous avez le sentiment d'être un imposteur que vous en êtes un. Assumez votre statut de débutant et engagez-vous ouvertement à apprendre tout en apportant votre contribution.

- Plutôt que vous comparer à ceux plus avancés que vous dans leur périple, considérez-les comme une source d'inspiration et des modèles en vue d'apprendre des choses. Si vous avez le sentiment d'être la personne la moins expérimentée, vous avez alors une occasion en or de progresser. C'est une excellente situation, et non un mauvais contexte.
- Vous n'avez pas toujours besoin d'avoir une haute idée de vous-même. Il vous sera plus profitable d'avoir une image de soi objective et respectueuse que rechercher la perfection. Au-delà de cela, concentrez-vous sur les autres et attachez-vous à contribuer du mieux que vous pouvez. Vous évaluer en permanence est néfaste pour votre santé mentale.

« Dites que
vous en êtes
encore au stade de
l'apprentissage. »

25

Quand vous regrettez ce que vous avez fait

« Sous aucun prétexte, ne vous abandonnez à la méditation mélancolique sur vos méfaits. Se rouler dans la fange n'est point la meilleure manière de se nettoyer. »

Aldous Huxley, *Le Meilleur des mondes*

Je vous ai écrit une lettre

Si, en vous retournant sur votre passé, vous regrettez des actions ne reflétant pas le mode de vie que vous souhaitez, bienvenue dans l'humanité. L'implacable vérité, c'est que nous en apprenons autant sur la personne que nous souhaitons devenir grâce à nos erreurs que grâce à nos réussites. La culpabilité, les regrets et les remords sont le signe qu'il vous faut encore apprendre certaines choses.

Mais vous resterez dans l'impasse si vous vous dites que vous auriez dû savoir à l'époque ce que vous savez aujourd'hui et avoir retenu la leçon avant de vivre l'expérience en question. Si vous estimez que vous auriez dû être parfait dès le premier jour afin de mériter d'être accepté et aimé, que vos erreurs sont la preuve que vous n'êtes pas du tout à la hauteur. Nous pouvons même mettre le monde sur un piédestal, surtout si nous avons grandi avec l'idée que la vie est parfaite tant que nous faisons ce qu'il faut.

Prendre conscience que le monde et la vie ont un prix et que chaque gain se mérite est douloureux. L'hypothèse selon laquelle tant que nous faisons les choses correctement, tout ira bien et nous vivrons sans l'ombre d'un regret s'avère erronée. Chaque choix a un coût, et même les bons choix. Vous pouvez vivre avec certains de ces coûts en tête, tandis que d'autres vous hantent encore des années après.

Je ne vous écris pas dans l'intention de vous convaincre de vous débarrasser de vos regrets. Le problème, ce n'est pas vos regrets, mais plutôt peut-être votre réaction face à leur apparition. Les émotions sont un excellent indice de ce qui se passe. Votre premier réflexe doit donc être de vous demander si ce sentiment est mérité. Si vous avez tendance à douter de vous-même en permanence et de ressasser tout ce qui a cloché dans les décisions prises, les regrets pourraient être un symptôme de ce schéma destructeur. Si c'est le cas, reportez-vous au chapitre portant sur la culpabilité que vous éprouvez dans tout ce que vous faites (voir page 65). Mais si vous éprouvez des remords pour avoir commis une bévue, ce ressenti peut se révéler être une force, à condition d'avoir le courage de vous pencher dessus.

Certaines leçons ne s'apprennent que face à l'adversité[2]. Soyez disposé à vous retrouver face à la chose que vous souhaitez le moins affronter. Pas pour entretenir la détestation de soi, mais pour vous donner l'occasion d'apprendre.

Dans la vie, trouver sa voie est un processus qui implique de découvrir des impasses, mais également de nouveaux chemins. Aucun de nous ne démarre son existence en rêvant de tout ce qui va mal tourner, mais les égarements jouent un rôle pour trouver les bonnes voies. Si vous considérez chaque impasse empruntée comme une leçon à tirer, vous révélez mentalement la prochaine direction à prendre. Par conséquent, plutôt que regretter de glisser vers l'impuissance, tournez les talons et restez en mouvement.

Vous avez le pouvoir de transformer les regrets en un début de progression, mais pour ce faire, vous devez résister à la tentation d'estimer que vos erreurs illustrent votre mérite. Sans cette culpabilité, vous auriez pu devenir quelqu'un de très différent de la personne que vous aspirez à devenir. Rendez donc justice à ce sentiment en admettant sa valeur. La culpabilité possède cette capacité incroyable à vous aider à mettre ces spirales négatives sur pause[3]. Contrairement à l'idée fausse selon laquelle écouter la culpabilité est une preuve de faiblesse, il faut beaucoup de courage pour reconnaître que vous faites peut-être fausse route, ce qui vous éloigne de la personne que vous souhaitez devenir. À ce titre, la culpabilité est simplement une émotion vous signalant que tout n'est peut-être pas parfait, en particulier en matière de respect de vos valeurs.

Des outils prêts à l'emploi

Certaines personnes cherchent à anéantir les regrets ou la culpabilité, refusant de les accepter. D'autres se laissent consumer par ces sentiments pendant des années. Mais entre ces deux extrêmes, vous avez la possibilité de les regarder avec curiosité, d'exploiter celui qui s'avère utile et de vous débarrasser de celui qui ne l'est pas.

Mais ce n'est pas toujours facile. Il faut du courage et de l'autodiscipline pour repérer vos erreurs sans sombrer dans l'autodestruction. On pourrait écrire plein de livres sur ce seul sujet, mais voici quelques outils pour vous mettre le pied à l'étrier.

Mettre un terme à la rumination

Nous faisons tous des choses provoquant parfois l'apparition d'un sentiment de culpabilité, de honte ou d'humiliation. Ceux qui se mettent alors à ruminer dégradent leur estime de soi et ont du mal à passer à autre chose. Quand la honte s'empare de nous, nous ne pouvons pas avoir les idées claires, et encore moins tirer des enseignements, car nous sommes tellement prisonniers de ce processus d'autopunition que nous sommes incapables de prendre les mesures susceptibles de réparer les dégâts, de nous racheter ou d'exploiter les enseignements tirés pour nous forger un avenir plus radieux.

Lorsque vous ruminez et ressassez les pensées les plus pénibles et destructrices concernant ce qui s'est produit, vous ne vous rendez vraiment pas service. Tout ce temps passé à cogiter sur vos erreurs est un comportement d'évitement de la sensation éprouvée et des décisions qui pourraient être prises pour résoudre le problème. Si vous avez commis une erreur, puis faites le nécessaire pour réparer la rupture dont a souffert votre relation, vous pouvez tirer les leçons de cette mésaventure et tirer un trait sur la culpabilité. La rumination nous enferme dans un cycle infernal nous faisant désirer changer le passé. Mais en nous concentrant sur le présent, nous pouvons améliorer le futur. Tout ce que nous avons incroyablement loupé devient le catalyseur d'un changement bénéfique. Lorsque vous repérez une rumination, mettez-y un terme immédiatement. Vous avez le choix entre essayer de basculer dans un processus de pensée plus productif afin de voir comment améliorer la situation ou (si vous n'y êtes pas encore prêt) pratiquer une activité sollicitant votre attention afin de vous ramener dans l'instant présent.

C'est l'attention consciente en action quand vous en avez le plus besoin. Un exercice de pleine conscience vous aidera à repérer et à stopper plus facilement la rumination à l'avenir. Mais pour interrompre maintenant la rumination, optez pour n'importe quelle activité absorbante afin de rompre le cycle.

Passer à l'action afin de réparer les choses

Si vous êtes certain que votre culpabilité est justifiée et proportionnelle à la situation, n'essayez pas de vous convaincre de vous en débarrasser, de l'ignorer ou de la réduire au silence. Dépasser la culpabilité demande d'agir dans la direction que vous souhaitez emprunter. Il peut s'agir d'actions démontrant que vous pouvez être faillible tout en demeurant quelqu'un de valeur, d'actions qui réparent en profondeur une relation détruite ou vous permettent de nouer de nouvelles relations fiables.

Pour remédier à la culpabilité ou tout du moins quand les dégâts causés ne sont pas trop importants et des excuses sont envisageables pour combler le fossé creusé entre vous et l'autre personne, le problème est que nous avons souvent du mal à présenter des excuses et à le faire efficacement. Les excuses sont nécessaires, mais pas toujours suffisantes pour réparer une rupture relationnelle. Si vous essayez de rebâtir une relation sans passer par cette étape, les fondations seront instables, mais des excuses marquant simplement un retour à la situation préalable sont des fondations laissées à nu. Par conséquent, bien que des excuses réellement réparatrices commencent par « Je suis désolé », elles doivent être suivies d'un changement de comportement clair prouvant à l'autre personne que vous avez désormais l'intention d'adopter une attitude différente.

Mais si les excuses initiales sont inappropriées ou considérées comme hypocrites, l'autre personne se méfiera probablement et sera peu convaincue d'un futur changement de comportement, ce qui pourra déboucher sur une autre rupture. Penchons-nous sur les caractéristiques des excuses de grande qualité.

Les chercheurs ont identifié six éléments caractérisant des excuses qui portent leurs fruits[4].

1. Dire que vous regrettez ce qui s'est passé

Dire clairement ce qui s'est passé et que vous regrettez sincèrement permet de bonifier le simple « Je suis désolé ». Il existe souvent un désaccord concernant le déroulement des événements et le responsable. Mais assumer clairement ses responsabilités vis-à-vis d'un comportement (même si vous aviez le sentiment de vous retrouver en eaux troubles à juste titre à l'époque) est le sceau d'excuses de qualité. Nous avons souvent tendance à justifier notre erreur ou faute en faisant des reproches à l'autre ou en invoquant les circonstances. Il faut du cran pour assumer vos actes, quels que soient les facteurs ayant pu influer sur le coup. Et vous ne paraîtrez pas faible. Ce sera l'illustration de votre sens de la morale et de votre courage, ce qui prouvera que vous ne vous comportez pas de manière irréfléchie. L'autre personne doit savoir que cela ne se reproduira pas, quelles que soient les circonstances. Ce principe n'est pas évident à respecter, mais incroyablement efficace.

2. Dire « Je suis désolé »

Ne faites pas l'économie de ces mots, qui ne vous rabaissent absolument pas lorsque vous avez fait du mal à quelqu'un. Ils mettront l'accent sur le fait que vous avez envie de réparer la relation et de rétablir le lien avec la personne à qui vous avez fait du mal. Malgré tous les autres éléments de cette liste, entendre ces mots est très important pour nombre de personnes.

3. Demander sincèrement à l'autre personne de vous pardonner

On ne peut demander pardon que si l'on assume entièrement sa responsabilité pour le mal que l'on a fait. Sinon, cela donne le sentiment que l'on cherche simplement à être dédouané. Demander pardon est très gênant, et c'est sans nul doute une raison essentielle pour laquelle bon nombre de personnes ont du mal à le faire. Si le mal causé à l'autre n'était pas une simple péripétie du quotidien, il est plus approprié de dire que vous comprenez qu'il lui faille du temps pour vous pardonner et que vos excuses sont sincères, que le pardon soit possible ou non.

4. Valider le ressenti de l'autre personne

Il est naturel de rechigner à évoquer le mal que nous avons fait à l'autre, par peur de le faire remonter à la surface et de déclencher une autre dispute. Mais montrer que vous comprenez ce que peut ressentir l'autre et que son état d'esprit vous importe a tendance à produire l'effet inverse. La colère surgit souvent lorsque nous avons le sentiment de ne pas être entendus. Admettre les conséquences émotionnelles potentielles de votre erreur permet d'atténuer la colère. Se sentir considéré par l'autre personne est efficace pour renouer le lien et commencer à rebâtir la confiance, car il s'agit d'une raison de présenter des excuses paraissant déboucher sur un vrai changement. Si vous avez le sentiment que quelqu'un présente ses excuses parce qu'il déteste l'idée de vous avoir fait du mal, ce n'est pas du tout comme s'il s'excusait pour mettre un terme à la discussion ou obtenir quelque chose de votre part. Que vous soyez d'accord ou non avec sa vision de la situation, montrer que vous comprenez son état d'esprit est essentiel. Vous pourrez alors exprimer vos remords et faire sentir que son mal-être vous touche profondément.

5. **Proposer de réparer les choses**

   Si l'injustice était flagrante, il peut s'avérer facile de proposer une forme de réparation. Si vous avez cassé un objet emprunté à un proche, vous gagnerez à proposer de le remplacer. Ce n'est pas toujours possible, mais si c'est le cas, cela vous aidera.

6. **Reconnaître que vous avez enfreint quelque chose**

   Vous ne pouvez retrouver confiance en l'autre que si vous avez des raisons de croire qu'il ne recommencera pas. Il est important de dire clairement que vous respectez habituellement la règle ou la norme que vous avez enfreinte et d'indiquer les mesures que vous avez l'intention de prendre pour que cela ne se reproduise pas.

Vous pardonner à vous-même

Même si l'autre personne vous a pardonné, puis est passée à autre chose, vous êtes-vous pardonné à vous-même ? Nombre de personnes ont tendance à souffrir inutilement pendant des années, alors que tout le monde a oublié cette affaire depuis longtemps. Nous savons que nous en souffrons et que cela nous empêche d'avancer dans la vie, mais il nous est impossible de tirer un trait sur cette histoire. Le simple fait de vous dire que vous vous pardonnez ne change rien à ce que vous pensez de votre acte. Alors, comment vous pardonner à vous-même ?

L'un des plus gros obstacles au fait de passer à autre chose après une transgression tient à l'idée fausse selon laquelle le pardon laisse entendre que ce qui s'est passé était justifié ou loin d'être dramatique. Nous souhaitons rendre moralement des comptes, car nous pensons que le pardon est lié à l'oubli ou à l'indifférence vis-à-vis de ce qui s'est produit. Mais au contraire, le pardon est un processus consistant à assumer complètement nos actes. Il ne s'agit pas d'ignorer de manière insouciante ce qui s'est produit. C'est souvent pénible, surtout si notre acte a causé un préjudice ayant bouleversé la vie de l'autre personne. Nous avons alors du mal à croire que nous méritons d'être pardonné. Ainsi, nous continuons de nous punir sans réfléchir en sabotant tous les efforts visant à rendre notre future existence meilleure.

Le pardon de soi ne devient pas effectif sur commande. C'est un processus demandant que l'on fasse l'effort de changer certaines choses afin d'être certain que cela ne se reproduise pas. Et ce faisant, avoir une bonne raison de desserrer l'étreinte qu'imprime la culpabilité sur votre existence. Vous serez alors en mesure d'accepter votre condition faillible d'être humain et d'être certain qu'en cas d'erreur, vous vous efforciez de réparer les choses, avant de continuer à vivre l'existence la plus épanouissante et pleine de sens possible.

Voici quelques étapes du processus :

1. Quand on écrit à propos de problèmes que l'on garde pour soi, des choses paraissant accablantes peuvent être simplifiées et clarifiées, afin que la solution devienne plus évidente, tout comme les enseignements à tirer. Il vous sera toujours utile de noircir un carnet lorsque vous réfléchissez aux erreurs commises.

2. Prendre le temps de vivre et d'exprimer par des mots ce que vous ressentez. Essayez de désigner les différentes émotions apparues. Puis voyez quelle dimension de votre point de vue concernant l'événement renforce ces émotions. Par exemple, des attentes irréalistes, comme le fait que vous auriez dû mieux vous y prendre, ou une croyance selon laquelle une décision en dit long sur la personne que vous êtes et votre mérite.

3. Il peut être utile de décrire par écrit ce qui s'est passé, puis de relire attentivement votre récit afin de supprimer tout jugement, quel qu'il soit. Par exemple, vous remarquerez peut-être qu'à certains moments, vous y êtes allé de vos excuses ou justifications. Si vous éprouvez de la culpabilité, il est plus probable que vous ayez tendance à porter sur vous des jugements négatifs ou à insister particulièrement sur l'impact néfaste des mesures prises. Essayez de vous débarrasser de ces éléments et de vous en tenir aux faits.

4. Ensuite, passez du temps sur les circonstances ayant provoqué cette erreur, bien loin de la liste d'excuses. Cela tient plus d'une compréhension de la façon dont vous en êtes arrivé là, mais c'est une partie importante de la démarche consistant à assumer la responsabilité du passé et du futur, car si vous êtes capable de comprendre le cheminement ayant conduit à la situation, vous serez bien mieux armé pour empêcher que ce genre de chose se renouvelle. Cette voie de la compassion est nécessaire pour abandonner cette tendance à l'auto-condamnation. Partir du principe que vous avez commis cette erreur parce que vous êtes intrinsèquement mauvais n'aide personne et n'offre aucune perspective d'amélioration. Reconnaissez plutôt qu'être humain, c'est être faillible, mais c'est également apprendre pendant toute son existence. Une telle perspective mène à de bien meilleurs résultats, aussi

bien pour vous que pour les personnes pour lesquelles vous souhaitez mieux faire. Résistez donc à la tentation d'éluder cette partie. Si vous n'avez jamais eu l'intention de faire du mal, dites-le. Si cela peut vous aider, imaginez à votre place un proche que vous aimez de manière inconditionnelle, et voyez comment vous pourriez l'aider à assumer ses actes sans qu'il remette en cause son mérite.

5. Dites de manière explicite ce que cette expérience vous a appris. Quelles idées avez-vous maintenant sur la façon de vivre votre existence ? En quoi cela vous a-t-il renseigné sur les manières d'éviter à l'avenir de commettre ce genre d'erreur ?

6. Faites amende honorable. En fonction de la situation, cela peut être un mélange d'excuses sincères, de rétribution à cause d'un objet perdu ou de la restauration de la confiance envolée. Bien que cela soit en partie tourné vers l'autre personne, certaines actions vous engageant à opérer un changement positif sont également destinées à vous permettre de vous pardonner à vous-même. Lorsque vous échafaudez un plan, et vous vous y tenez, vous pouvez commencer à vous faire de nouveau confiance. L'action est un outil puissant pour cultiver progressivement la confiance et donc se libérer de la culpabilité et de la honte éprouvées vis-à-vis du passé. Le seul moyen de vous remettre d'un passé que vous ne souhaitiez pas est de bâtir l'avenir rêvé.

7. Exécuter une fois ce processus ne va pas faire disparaître cette culpabilité d'un coup de baguette magique. Mais vous devez construire une structure vers laquelle vous pourrez vous diriger à chaque fois que la culpabilité refait son apparition, afin de vous remémorer toute l'histoire à l'origine de ces séances d'autoflagellation.

8. En fonction de l'événement en question, de l'intensité de vos difficultés à le gérer et des dommages qu'il continue de causer à votre existence, il peut s'avérer utile de rechercher le soutien d'un professionnel, tout du moins au début.

CE QU'IL FAUT RETENIR

- L'implacable vérité, c'est que nous en apprenons autant sur la personne que nous souhaitons devenir grâce à nos erreurs que grâce à nos réussites. La culpabilité, les regrets et les remords sont le signe qu'il vous faut apprendre certaines choses.
- Le problème, ce n'est pas vos regrets, mais plutôt peut-être votre réaction face à leur apparition. Les émotions sont un excellent indice de ce qui se passe. Votre premier réflexe doit donc être de vous demander si ce sentiment est mérité. Si vous avez tendance à douter de vous-même en permanence et de ressasser tout ce qui a cloché dans les décisions que vous avez prises, les regrets pourraient être un symptôme de ce schéma destructeur.
- Certaines leçons ne s'apprennent que face à l'adversité. Soyez disposé à vous retrouver face à la chose que vous souhaitez le moins affronter. Pas pour entretenir la détestation de soi, mais pour vous donner l'occasion d'apprendre.
- La rumination (penser sans cesse aux choses dont vous avez le plus honte) dégrade votre estime de soi et vous avez alors du mal à passer à autre chose. Quand la honte s'empare de nous, nous ne pouvons pas avoir les idées claires, et encore moins tirer des enseignements.

« Certaines leçons
ne s'apprennent
que face
à l'adversité. »

26

Quand la colère éclate trop souvent

« La colère, si elle n'est pas contenue, est souvent plus nuisible que la blessure qui en est à l'origine. »

Sénèque

Je vous ai écrit une lettre

Lorsque vous connaissez une période au cours de laquelle vous vous mettez plus souvent en colère que vous le souhaiteriez, il est facile de sombrer dans des accès de culpabilité et de honte compliquant encore plus le retour à la normale. Rien n'engendre plus l'autodénigrement que la colère. Elle vous emmène dans une direction qui ne vous plaît pas et qui ne correspond pas à la personne que vous souhaitez être. Et la peine qui s'ensuit est atroce.

Vous savez déjà comment vous préféreriez traiter les personnes que vous aimez. Mais dans le feu de l'action, la colère vous monte énormément à la tête, avec le pouvoir qu'elle vous octroie et la promesse d'une victoire à laquelle il est difficile de renoncer[1]. La colère rétrécit votre attention, avec une envie de vous défendre et de vous protéger, de sorte qu'il arrive que l'image que vous désirez projeter se trouve complètement occultée. Vous suivez alors cette colère, qui vous fait dire ou faire des choses que vous savez potentiellement très blessantes.

Il ne doit pas en être ainsi. Apprendre à se recentrer et à se reconcentrer dans ces moments vous aidera à gérer du mieux que vous pouvez les relations vous tenant le plus à cœur, même lorsque vous vous sentez en colère. Mais lorsque la colère éclate plus souvent que par le passé, il vaut la peine de vous pencher sur la question.

Ce travail n'est possible qu'en abandonnant le jugement porté sur vous-même à propos de votre situation actuelle. Axer la colère sur vous-même, ce n'est pas la gérer. Et être dur avec vous-même pour vous être mis en colère ne vous aidera pas à garder votre calme à l'avenir. Si vous bouillonnez de colère dans des situations que vous supportez généralement mieux, c'est l'occasion d'apprendre à afficher votre meilleur visage, même dans les situations les plus épineuses.

C'est plus facile à faire lorsque vous réalisez que la colère, cette émotion humaine normale à l'instar de toutes les autres, n'est pas mauvaise par essence. Son but est de vous préparer à prendre position et à vous protéger quand vous en avez besoin. À moins qu'elle vous mette en danger (par exemple, dans une relation dangereuse), la colère n'a pas besoin d'être refoulée, mais de bénéficier de votre oreille attentive, sans qu'elle prenne les rênes pour autant. Vous ne pouvez laisser la colère mener la danse, car elle propose presque toujours un point de vue sans tenir compte de l'opinion de l'autre personne. Une fois que nous le savons, nous portons un autre regard sur la situation et choisissons une autre ligne de conduite.

Vous pourriez qualifier la colère d'émotion du dernier ressort. Elle apparaît quand nous ne sommes pas en mesure de gérer la situation autrement. Parfois, c'est parce qu'il nous faut quelques aptitudes supplémentaires pour communiquer avec assurance ou qu'il se passe tant de choses dans notre existence que notre réponse au stress est déjà active. Notre corps est déjà prêt à réagir à une pulsion au lieu d'analyser minutieusement les faits. À la fin d'une journée stressante, il ne reste plus que la colère. Dans notre mode de lutte ou de fuite, la lutte prend alors le dessus. Dans un bon jour, vous auriez eu une réaction plus mesurée, été capable d'accéder facilement aux éléments indispensables pour gérer au mieux la situation en question.

La bonne nouvelle, c'est que vous n'avez pas besoin de vous qualifier de personne méchante et de vivre éternellement avec cette étiquette collée dans le dos. Il existe de nombreuses manières d'œuvrer à la compréhension de votre réaction afin de pouvoir offrir de nouveau votre meilleur visage dans vos relations.

Des outils prêts à l'emploi

Gardez à l'esprit que, bien que la colère puisse être instructive et nous dire quand parler franchement, la résolution de problèmes ne peut survenir qu'une fois cette émotion calmée et que nous sommes dans un état d'esprit favorable à la prise de décisions éclairées. Notre mission concernant cette colère est donc de savoir quand elle menace d'être à la base de nos actions et de faire le nécessaire pour retrouver un certain calme, de manière à réduire le plus possible les dommages.

Cette section présente d'abord les outils prêts à l'emploi de manière à ce que, lorsque la colère fait rage, vous puissiez revenir sur cette page et vous remémorer la méthode pour recouvrer cet état de calme et de concentration indispensable pour gérer les situations comme vous l'entendez.

Certains des outils à venir s'inscrivent plus sur le long terme. Étudier ce qui pourrait vous rendre plus vulnérable à des accès de colère fréquents préparera le terrain en vue de vivre des jours meilleurs et d'avoir de meilleures relations et interactions.

Se pencher sur ces moments lorsque l'on est très mal est loin d'être facile. En fait, il peut s'avérer terrifiant de voir poindre les envies destructrices et d'envisager les dommages que nous sommes capables d'infliger dans les moments de fureur. Vous pourriez être enclin à tout mettre sur votre dos ou à apaiser votre culpabilité en accusant les autres. Aucune de ces options n'est particulièrement utile quand vous y pensez bien. Elles rendent le changement plus difficile que prévu. Par conséquent, lorsque vous essayez de comprendre ce qui vous a rendu vulnérable à la colère, souvenez-vous qu'il ne s'agit pas de faire des reproches, mais d'étudier votre vie. Mieux vous comprendrez ce qui aggrave et améliore votre colère, plus vite vous parviendrez à redevenir vous-même, dans un bon jour.

Restaurer le calme dans votre corps

Retrouver un état optimal pour gérer cette situation implique de maîtriser à la fois votre état physique et votre attention. Pour commencer par le physique, le moyen le plus puissant de diminuer l'intensité des sensations physiques accompagnant la colère et de calmer le corps est d'opter pour une respiration qui ralentit tout.

Maintenant, vous disposez de plusieurs options dans ce domaine. Certaines personnes aiment respirer en comptant (inspirer – 1, 2, 3, 4 – et expirer – 1, 2, 3, 4, 5…). Mais cela ne convient pas à tout le monde. D'autres préfèrent utiliser l'une des nombreuses applis disponibles permettant de respirer en rythme avec une image. Le principe de base est de ralentir le rythme respiratoire afin d'imiter la respiration naturelle, cette respiration lente et aisée extrêmement naturelle lorsque vous êtes calme. C'est quelque chose que vous pouvez faire n'importe où, même dans la situation à l'origine du déclenchement de la colère. Voici quelques conseils pour y parvenir.

Essayez ceci

- En position assise ou debout, mettez les épaules en arrière et ouvrez votre torse afin de pouvoir inspirer profondément.
- Si vous avez les mâchoires serrées et les épaules relevées, faites-les retomber afin de libérer les tensions.
- Si vous le pouvez, inspirez par le nez et expirez par la bouche. Nous n'essayons pas de contrôler cette respiration, mais simplement de voir comment faire en sorte que votre respiration soit naturelle. Remarquez l'aptitude de votre corps à réussir cela.
- Pour ralentir encore plus le rythme respiratoire, essayez de compter jusqu'à 3 ou 4 entre deux respirations.
- Au bout de quelques minutes de cette respiration naturelle retrouvée, vous remarquerez peut-être que la colère s'estompe et que vous avez les idées plus claires concernant votre ressenti et la situation.
- Même après avoir calmé le corps, la réapparition de pensées à propos de la situation peut déclencher une autre poussée émotionnelle. Veillez donc à consacrer un peu de temps à l'utilisation de l'outil à suivre.

Restaurer le calme dans votre esprit

Il est très efficace de faire une pause pour se dire, même mentalement, que ce moment est une vraie épreuve. Lorsque vous vous servez de votre respiration pour calmer votre corps, permettre à cette voix en colère de continuer à hurler dans votre tête à propos de l'injustice ressentie revient à mettre de l'huile sur le feu que vous essayez d'éteindre.

Prenez les rênes de ce dialogue intérieur à l'aide de pensées qui valident l'émotion éprouvée sans la laisser vous marquer de son emprise. Voici quelques exemples pour démarrer.

- « C'est vraiment dur. Pas étonnant que cette situation me mette en colère. Je sais que laisser la colère être à la manœuvre ne me sera pas bénéfique. »
- « La colère aide rarement à trouver des solutions et génère plein de regrets. »
- « La colère ne montre que mon point de vue. Il ne faut donc pas qu'elle m'affaiblisse en la laissant dicter mon prochain choix. »
- « Quand je serai de nouveau calme, je pourrai trouver une réponse qui me rendra fière. »
- « Dans ces moments, il y a très peu de chances que je prenne les meilleures décisions. Je dois donc faire une pause, arrêter de m'impliquer et attendre que le brouillard se dissipe pour faire apparaître la meilleure stratégie. »
- « C'est le signe qu'il me faut marquer une pause et me calmer. »

Des déclarations de ce genre vous seront d'une bien plus grande utilité que tout ce qui ressemble à une diatribe rageuse contre vous-même ou l'autre personne. Elles ne vous disent pas quoi faire, mais vous orientent dans la bonne direction. Mettre une main sur la poitrine pendant qu'elles prononcent ces paroles aide certaines personnes. Ce toucher compatissant aide à canaliser votre attention et redirige l'esprit vers le calme.

Vous n'êtes pas obligé d'utiliser ces exemples. N'hésitez pas à produire vos propres énoncés, puis à les prononcer lorsque vous avez le plus besoin de vous reconcentrer. L'important est d'employer les mots qui vous parlent le plus afin de modifier votre état émotionnel.

Pour reformuler mentalement votre colère, écoutez l'alarme de votre détecteur de fumée interne, qui vous dit d'intervenir rapidement. Mais comme avec n'importe quel détecteur de fumée, il ne peut réagir qu'en fonction des indices apparaissant. Il se déclenche lorsqu'il y a un incendie, mais il en fera de même si quelqu'un laisse trop longtemps un toast dans un grille-pain. Votre mission est de saisir ce qui est nécessaire : une réponse calme et mesurée ou une réponse plus spectaculaire.

Vous désengager pendant un moment, le temps de laisser le brouillard se dissiper, ne signifie pas dédouaner systématiquement l'autre personne ou partir du principe que son point de vue était acceptable. Pas du tout. Lorsque vous prenez du recul pour examiner la situation d'un autre point de vue que le vôtre, vous pouvez toujours parvenir à la conclusion que la position ou l'affront de l'autre personne était inacceptable. La colère intense qui ne vous aurait pas rendu service a alors une chance de se dissiper. Vous êtes ensuite bien mieux placé pour exploiter à votre avantage des résidus de colère, grâce à une réponse réfléchie quant au visage que vous souhaitez afficher dans ces circonstances, qui tient compte de vos valeurs fondamentales.

Ne pas vous défouler[2]

Contrairement à la croyance populaire selon laquelle la colère est une sorte de vapeur qu'il faut laisser sortir, vous défouler contre un objet n'est pas salutaire si vous souhaitez que cette colère se dissipe. Ce vieux principe voulant que l'expression physique et violente de la colère puisse s'avérer cathartique et évacue une émotion qui, sinon, serait restée enfermée en vous a été très largement étudié dans le cadre de travaux de recherche. Il a été régulièrement démontré que cette solution était non seulement erronée, mais également potentiellement néfaste.

Frapper un punching-ball tout en pensant à la personne vers laquelle se dirige votre courroux ne fera que vous rendre plus en colère et vengeur. Et votre agressivité augmentera au lieu de diminuer. Si votre but est de vous sentir moins en colère au quotidien, la clé est d'élargir le point de vue étroit qui est le vôtre dans ces circonstances. Si vous parvenez à calmer le corps et l'esprit, il devient plus facile de prendre de la hauteur pour évaluer la situation.

Exprimer ce qui se passe

Si des choses que vous parvenez plus facilement à gérer en temps normal vous mettent en colère, le moment est venu de faire une pause pour vous demander ce qui se passe. Passez outre les éléments déclencheurs pour vous pencher sur votre existence d'une manière générale.

Il est important de garder à l'esprit qu'il ne s'agit pas de justifications, mais de considérations. Des pistes qui vous aideront à comprendre ce qui se passe d'une manière plus constructive. Plus vous procéderez de la sorte, plus vous commencerez à percevoir vos schémas comportementaux. Cela vous donnera le pouvoir d'identifier les choses suffisamment tôt pour décider d'emprunter une autre voie.

Lorsque vous consignerez par écrit les réponses aux questions suivantes, vous commencerez à bâtir une image qui vous aidera à savoir pourquoi cette émotion du dernier ressort se manifeste plus souvent. Vous comprendrez qu'ignorer en permanence vos besoins élémentaires et anesthésier ou supprimer le stress revient à retenir sa respiration sous l'eau. L'air finira par remonter à la surface, généralement quand vous vous y attendez le moins.

Une fois que vous avez une idée de la myriade de facteurs contribuant au problème, vous pouvez vous atteler à décider quels changements sont à la fois envisageables et bénéfiques. Cet examen de votre vie peut vous permettre d'effectuer le travail préventif consistant à décider quoi changer. Des pressions que nous ne pouvons pas contrôler. D'autres sur lesquelles nous avons un peu de prise, même s'il est désagréable de faire des choix sur la base de notre bien-être. Parfois, les décisions les plus difficiles sont les plus efficaces.

Essayez ceci

Essayez de répondre à chacune des questions suivantes en vous basant sur des faits élémentaires avant de vous ruer sur vos suppositions personnelles.

Répertoriez toutes les choses susceptibles de contribuer à abaisser votre seuil de stress.

À quand remonte la dernière fois où vous vous êtes reposé ?

À quand remonte votre dernière nuit de sommeil réparatrice ?

À quand remonte la dernière fois où vous avez pu jouer à un jeu que vous adorez ?

À quand remonte la dernière fois où vous avez vu vos amis ?

Avez-vous toujours des difficultés à respecter votre emploi du temps surchargé ?

Mangez-vous sainement ?

Subissez-vous une charge mentale importante au travail et/ou à la maison ?

Quand avez-vous la possibilité de recharger les batteries ?

Qu'est-ce qui occupe votre esprit ?

Qu'est-ce qui vous a inquiété, dernièrement ?

- Écrivez ensuite le point de vue que vous aviez au moment où la colère a surgi et toutes les hypothèses pour lesquelles la colère vous semblait être la meilleure des réactions. Avez-vous supposé que l'autre personne était malintentionnée ou aviez-vous des attentes concernant des choses qu'elle aurait dû savoir ou prendre en compte à propos de vous ou des autres ?
- Puis essayez de passer un peu de temps à analyser les points de vue potentiels des personnes impliquées. En quoi leurs intentions pourraient-elles différer de votre théorie initiale ? Attachez-vous à passer un peu de temps à explorer les éventuelles divergences de leurs pensées et motivations, sans pour autant les considérer systématiquement comme des faits. Souvenez-vous que vous admettez simplement le fait que votre tout premier avis sur la situation n'est qu'un point de vue. Quelles autres intentions auraient pu moins vous exaspérer ou même vous faire éprouver de la compassion ?
- Maintenant, en vous écartant un peu de la situation, voyez si vous parvenez à prendre un peu plus en compte la personne. Si vous la connaissez, prenez quelques instants pour penser à ses qualités salvatrices,

à des choses que vous aimez, voire admirez chez elle. La situation reflète-t-elle ses difficultés ? Pouvez-vous éprouver de la compassion à ce titre ? Il peut être utile de reconnaître les fois où les difficultés que vous rencontriez ont pu affecter votre attitude et donc agacer involontairement les autres.

Lorsque vous réfléchissez à la situation et parvenez à prendre ainsi de la hauteur, notez les idées exploitables. Une formulation constructive peut vous aider à vous sentir moins victimisé par des circonstances malheureuses et plus en contrôle de la décision à prendre.

Comprendre l'origine de la colère

Évaluer vos besoins actuels et la situation est le point de départ idéal, mais si la colère est un problème de longue date, il peut s'avérer nécessaire de repenser à des expériences plus anciennes. Le cerveau se sert toujours des expériences passées pour comprendre le présent. Par exemple, si vous étiez sévèrement puni étant petit à chaque fois que vous vous mettiez en colère, vous avez peut-être appris à l'éliminer. Cela signifie que, maintenant que vous êtes adulte, vous anesthésiez ou évitez cette émotion, ce qui ne fait que produire du ressentiment et de l'amertume. Tout semble aller bien, mais dès que vous baissez la garde, un facteur en apparence anodin déclenche une explosion de rage incontrôlable et une réaction qui semble disproportionnée par rapport à ce qui vient de se produire.

Cela renforce presque instantanément dans votre esprit l'idée que la colère est inacceptable, dangereuse et honteuse. Par conséquent, le simple fait de la ressentir la transforme en menace à vos yeux. Le cycle reprend alors de plus belle, et vous répétez cette tendance à nier l'apparition de la colère, à l'anéantir et à sourire lorsque vous devez vous affirmer et protéger votre territoire.

Si vous soupçonnez des éléments extérieurs à la situation actuelle d'être responsables du renforcement de votre colère, c'est que vous avez besoin, non pas d'un outil prêt à l'emploi, mais d'un travail de fond sur la durée. Si vous avez la possibilité de consulter un thérapeute, il pourra contribuer à l'examen de la nature de vos expériences passées et de leur influence sur le cycle dont vous êtes aujourd'hui prisonnier.

Ce travail vous permettra de prendre vos distances avec la colère à bon escient afin de retrouver plus facilement votre calme. Une partie cruciale de la thérapie comprend souvent des exercices visant à travailler l'affirmation de soi. Ils sont vitaux pour empêcher ces explosions de colère qui affectent les relations, car plus nous maîtrisons les outils pour communiquer efficacement dans le calme, moins la colère risque de faire son apparition. Et nous disposons alors de ces outils indispensables à la tenue de conversations difficiles bien avant d'être pris par la colère, ainsi que de la capacité à fixer nos limites avant qu'elles ne soient dépassées. Il faudrait un ouvrage entier pour traiter ce processus de A à Z, mais vous trouverez plus de détails sur l'affirmation de soi au chapitre 5.

CE QU'IL FAUT RETENIR

- Si vous avez le sentiment que la colère s'insinue de plus en plus et nuit à vos relations, ce n'est pas normal. Vous ne devez pas être à la merci de cette émotion.
- Axer la colère sur vous-même n'est pas la gérer. Et être dur avec vous-même pour vous être mis en colère ne vous aidera pas à garder votre calme à l'avenir.

- La colère est destinée à préserver votre sécurité. Mais cela signifie qu'elle réduit l'objet de votre attention à une envie de vous mettre sur la défensive et de vous protéger, contraignant vos intentions de départ de gestion de la situation.
- La colère est le mode lutte de la réponse de lutte ou de fuite. C'est le détecteur de fumée, dont la mission est de faire retentir l'alarme et de vous orienter vers l'urgence. Elle ne dispose que d'un certain nombre d'indices. Voilà pourquoi vous devez rester fermement aux manettes. Votre mission est de l'écouter et de décider si vos prochains actes doivent s'effectuer dans le calme ou l'excitation.
- Armez-vous des compétences nécessaires pour communiquer avec assurance et réduisez le besoin de recourir à cette émotion du dernier ressort. Armez-vous également des compétences vous permettant de restaurer le calme physique et mental lorsque la colère tente de s'imposer.
- Ne vous défoulez pas sur un punching-ball si votre but est d'être calme. Cela ne libérera aucune vapeur et vous rendra plus en colère et vengeur.
- La colère affaiblit vos arguments dans la plupart des situations et endommage encore plus les relations. Voilà pourquoi prendre le contrôle de la colère est le contraire de céder. Il s'agit de prendre le temps de vous assurer que vous vous y attaquez de la meilleure des manières.

« Parfois,
les décisions
les plus difficiles
sont les plus
efficaces. »

Annexe

Tout au long de ce livre, j'ai présenté divers outils et exercices à expérimenter pendant des épisodes difficiles. Bien qu'elles puissent toutes paraître liées à une situation donnée, nombre de ces techniques sont transposables, et vous pourriez les trouver tout aussi utiles dans d'autres scénarios ou pour vous aider à affronter d'autres difficultés. Je les ai donc rassemblées avec la référence au chapitre concerné pour que vous puissiez les utiliser le moment venu.

Technique d'autocompassion

(Chapitre 8, page 105)

Il s'agit d'un exercice d'autorégulation que vous pouvez utiliser pour gérer de fortes émotions et empêcher l'autodénigrement de se transformer en spirale incontrôlable.

Essayez ceci

Maintenez votre paume sur votre poitrine pendant un petit moment.

Faites redescendre votre rythme respiratoire à un niveau naturel.

Ressentez la chaleur de votre main se propager dans toute votre poitrine.

Laissez tout votre métabolisme ralentir.

Puis dites-vous les choses suivantes, à voix haute ou par la pensée :

« C'est difficile. »

« Je fais de mon mieux avec ce dont je dispose actuellement. »

« C'est très difficile à vivre quand je me trompe, car je prends les choses très à cœur. »

« L'amour me permet de reprendre le bon cap après un faux pas. »

Asseyez-vous, respirez lentement et répétez le cas échéant les phrases ci-dessus qui vous ont parlé ou formulez les vôtres, jusqu'à ce que vous vous sentiez armé pour affronter de nouveau les difficultés rencontrées. Ces moments de recentrage peuvent être très rapides : prenez une grande inspiration et dites-vous quelques mots dans les situations les plus difficiles afin de recentrer votre attention et d'avoir les idées plus claires sur le choix de l'approche à privilégier. Ces paroles peuvent également être utilisées dans le cadre de méditations plus longues permettant de manifester une forme d'autocompassion. Pour ceux désireux de recourir à des méditations guidées plus longues (gratuites), vous en trouverez sur ma chaîne YouTube.

Outil de visualisation pour retrouver confiance

(Chapitre 14, page 177)

Pour cet exercice, il peut s'avérer utile de consigner vos réponses par écrit afin de pouvoir les consulter par la suite.

Essayez ceci

Je souhaite que vous preniez quelques instants pour imaginer que, comme par magie, vous vous réveilliez demain armé d'une splendide confiance en soi conforme à vos souhaits. Dès que vous ouvrez les yeux, comment savez-vous que cette magie a opéré ? Pour répondre à cette question, essayez de ne pas penser au *ressenti* différent éprouvé et plus aux mesures prises et à la façon d'opérer. Quelle serait votre attitude ? Quelle serait la façon de vous mouvoir ? En quoi interagiriez-vous différemment avec les autres ? Comment aborderiez-vous le prochain défi ?

Essayez d'étudier les différences les plus minimes. Visualisez la situation et servez-vous de l'image obtenue pour dresser une liste d'actions.

Maintenant, la plupart des gens rêvant de cette manière partent du principe qu'ils doivent attendre que ce ressenti ou problème change avant que l'histoire puisse se concrétiser. Mais à l'instar du problème de motivation, la confiance n'est pas le genre de sentiment à se matérialiser en premier. Ainsi, tous les éléments de votre liste sont les actions qui vous aideront à déclencher ce ressenti. Certains éléments vous paraîtront plus faciles à générer que d'autres. Dans ce cas, pourquoi ne pas commencer par eux ?

Exercice d'ancrage

(Chapitre 15, page 189)

Si vous vous sentez prisonnier d'un sentiment d'immobilisme ou d'un état de tension, ce petit exercice vous écartera des stimuli à l'origine de votre accablement et vous permettra de vous reconnecter à votre corps et de vous réorienter vers l'instant présent.

Essayez ceci

Pour commencer, placez vos pieds en contact avec le sol.

Remarquez ce que vous pouvez toucher (vos vêtements, un mur à proximité ou la chaise sur laquelle vous êtes assis). Prenez quelques instants pour explorer ces éléments, comme si vous les découvriez pour la première fois.

Observez, puis décrivez mentalement votre ressenti : sa température, sa texture, son poids dans vos mains.

Regardez ensuite autour de vous et trouvez un élément auquel vous n'aviez pas prêté très attention ces derniers temps, peut-être parce qu'il n'est pas très intéressant ou vous passez tout le temps devant sans vous en préoccuper. Prenez quelques instants pour le redécouvrir, en l'observant et en le décrivant mentalement une nouvelle fois. Vous remarquerez peut-être la lumière qui se projette dessus, ses couleurs et ses ombres, sa texture et ses lignes. Quels mots utiliseriez-vous pour décrire cette chose ?

Reportez maintenant cette pleine conscience sur les sons qui vous parviennent. Certains peuvent être proches, tandis que d'autres semblent lointains. N'essayez pas de les juger ou de les modifier. Contentez-vous de les remarquer, de les observer, puis de les décrire mentalement.

Vous pouvez continuer en vous concentrant sur des éléments de votre environnement immédiat que vous pouvez toucher, voir et entendre. Ce processus de sollicitation de vos sens vous ramène dans l'instant présent lorsque vous vous êtes laissé distraire par des pensées qui déclenchent un stress et vous bouleversent.

Vous pouvez également associer l'emploi de cet outil à l'auto-apaisement, excellente technique permettant de supporter une grande détresse lorsque vous vivez des moments difficiles. Cela implique aussi de solliciter chacun de vos sens. Mais cette fois-ci, concentrez-vous sur des choses que vous associez à la sécurité et au confort. Ces sensations apaisantes se retrouvent dans le parfum d'un être cher, un repas de famille, des photos de moments festifs, une musique qui calme. À vous de choisir les détails. La clé est de mobiliser chacun de vos sens pour vous ramener dans l'instant présent et abaisser le niveau de détresse, au lieu d'essayer de l'anesthésier ou d'y échapper.

Découvrir ce qui importe le plus

(Chapitre 17, page 215)

Il est bien plus difficile de prendre des décisions lorsque vous êtes attiré dans différentes directions semblant contradictoires. Il est donc pertinent de vous demander quel poids accorder à chacune de ces influences. Nos valeurs et priorités évoluent au fil de la vie. Il est donc toujours judicieux de faire le point à l'heure de prendre une décision capitale. Il existe divers moyens de le faire, que j'ai traités dans mon précédent livre (voir le chapitre 33 de *Pourquoi personne ne m'en a parlé avant ?*). Mais lorsque vous êtes concentré sur une décision bien précise, c'est un moyen facile de veiller à ce que votre décision repose sur ce qui vous importe le plus dans la vie à ce stade.

Essayez ceci

Dressez la liste des différents aspects de votre vie susceptibles d'être affectés par la décision que vous allez prendre. Par exemple, la famille, l'éducation des enfants, les amitiés, les relations amoureuses, la vie professionnelle, la santé, l'éducation, le développement personnel, la communauté et votre contribution.

À côté de chaque domaine, notez quelques mots pour répondre aux questions suivantes.

- Quel est l'élément le plus important pour vous dans ce domaine de votre existence ?

- Quel visage souhaitez-vous afficher et quelle contribution désirez-vous apporter dans ce domaine ?
- En quoi le choix auquel vous devez faire face influera-t-il sur votre capacité à vivre en harmonie avec ces valeurs ? Vous éloignera-t-il ou vous rapprochera-t-il de celles-ci ?
- Quel sentiment prédominera ? Est-ce que cela va améliorer votre vie ou la rendre moins heureuse ?

En fonction de la gravité de la situation rencontrée et des différentes valeurs qu'elle heurte, vous passerez plus ou moins de temps à l'étudier. La seule condition est de vous montrer totalement sincère avec vous-même lorsque vous répondez à ces questions. Souvent, les réponses obtenues ne sont pas celles que nous voulons entendre, surtout quand nous prenons conscience qu'il n'y a pas plus difficile que le choix à effectuer.

Vous persuader de sauter le pas

(Chapitre 17, page 215)

Lorsque nous faisons le point, en sachant que nous ne passerons pas tout de suite à l'action, nous pesons les avantages et les inconvénients de ce changement. Nous percevons alors clairement si les points positifs sont supérieurs aux éléments négatifs. Mais les raisons de son hésitation n'apparaissent alors pas clairement. Cette analyse simpliste passe à côté de quelque chose de crucial.

Nous semblons tous occulter l'avantage de l'immobilisme, le fait que *ne pas* bouger vous récompense et vous permet d'éviter quelque chose. Une fois cet avantage identifié, vous pouvez percevoir en toute honnêteté le prix à payer de l'inaction, et ce au cours de toute votre existence.

Essayez ceci

Il s'agit d'un exercice instructif lorsque vous savez déjà quel choix s'impose, mais que vous évitez de l'appliquer. Vous pouvez vous servir des questions suivantes pour vous inciter à passer à l'action.

- Quels sont les avantages de ne pas prendre cette décision ?
- Qu'est-ce qui vous permet d'éviter de prendre cette décision ?
- Qu'est-ce que cela vous permet d'éviter ?
- Quel est et sera le prix à payer de cet évitement ?
- Êtes-vous disposé à en subir les conséquences ?

Trouver la volonté de changer

(Chapitre 18, page 223)

Lorsqu'ils essaient de trouver la volonté d'agir, la plupart des gens font l'erreur de suivre les tendances, mises en avant sur la Toile, qui prônent de visualiser l'univers merveilleux qui se dessinera une fois qu'ils auront atteint leur objectif, de s'imaginer parvenu à destination et de se remémorer toutes les raisons pour lesquelles ils souhaitent l'atteindre. Bien qu'il y ait du mérite à cela, un outil moins radical, mais assez puissant pour vous animer est d'avoir deux choses à l'esprit :

Essayez ceci

Tout d'abord, il est utile de prendre en compte deux choses :

1. Les avantages à ne pas commencer aujourd'hui, qui ne font que vous maintenir dans l'impasse. Cela signifie

admettre que vous vous accrochez à une situation dont vous souhaitez vous débarrasser, non pas simplement parce qu'il est difficile de changer, mais parce que vous êtes très enclin à opter pour le statu quo. Si vous optez pour la nouveauté, vous devrez peut-être tirer un trait sur quelque chose.

2. Les véritables conséquences de ne rien changer, en ce sens que ne pas choisir demeure un choix. Cela vous permet de prendre à bras-le-corps les conséquences de vos actes du jour, au lieu de prendre cela pour une décision différée.

Si vous consacrez quelques minutes à consigner par écrit vos réponses à ces questions, les tiraillements entre les perspectives du changement et du statu quo vous apparaîtront peut-être plus clairement.

- En ne passant pas à l'action, de quoi vous protégez-vous ? Quels sont les inconvénients du changement que vous évitez ?
- De quels bienfaits ou confort devrez-vous vous débarrasser si vous prenez des mesures ?
- À côté de quels avantages passez-vous en n'agissant pas ?
- Qu'est-ce qui vous coûte à titre personnel à chaque fois que vous choisissez de ne rien changer ?
- Si vous ne menez pas à bien ce changement ou ne faites même pas le premier pas, qu'est-ce que cela signifiera pour vous ?
- Quelles seront les répercussions sur votre estime de soi ?
- En quoi cela influera-t-il sur ce qui compte le plus pour vous dans la vie ?

Anticiper les difficultés

(Chapitre 18, page 223)

Lorsque nous essayons d'opérer un changement positif, mais faisons face à la tentation de l'évitement et rechignons à passer à l'action, en sachant que cela sera profitable à notre avenir, nous pouvons apprendre beaucoup des cas extrêmes : les addictions. Les personnes soignées pour des addictions passent une grande partie de leur temps à prévenir toute rechute. Il s'agit de prévoir les pires des journées, d'anticiper tout obstacle potentiel et d'échafauder un plan d'action concret et détaillé pour franchir chacun d'eux. Si vous ne le faites pas très tôt pendant le traitement, vous confiez votre avenir à vos pulsions.

Essayez ceci

Lorsque la difficulté d'une décision implique d'afficher de la volonté, ce travail vaudra indubitablement la peine que vous y consacriez du temps. Dressez la liste de toutes les menaces pesant sur votre réussite. Le moment est venu d'utiliser le doute de soi à votre avantage. Laissez le scénario du pire s'emparer de votre esprit pendant quelques instants, en sachant que cela fait partie d'un processus plus constructif que la rumination. Nous sommes sur le point d'encercler et d'enfermer ces pensées dans une cage grâce à un plan solide et bien pensé qui leur évitera de saboter vos objectifs.

La conception d'un plan pour minimiser les chances d'échec peut nécessiter des décisions difficiles de votre part : tirer un trait sur des choses que vous appréciiez, accepter un nouveau changement plein d'incertitude qui vous fait peur. Plutôt que laisser ces éléments vous dissuader de faire les efforts nécessaires, gardez bien en tête les raisons inhérentes à la fixation de cet objectif. Un élément est indispensable : une clarté absolue concernant les raisons pour lesquelles vous désirez cette solution *et non* l'alternative.

- Quels sont les obstacles risquant d'empêcher votre succès ?
- Quels sont les moments, les endroits ou les situations risquant d'entraver votre progression à cause de vos pulsions ?
- Quelles sont les excuses et justifications que vous pourriez utiliser afin de rendre un changement de cap plus acceptable dans ces conditions ?

Une fois la liste des obstacles potentiels constituée, entamez la création d'un plan d'action pour gérer chacun d'eux.

Bien qu'il s'agisse d'un processus désagréable, le plus anxiogène est de ne pas savoir ce qui vous attend. Heurter de plein fouet des obstacles parce que vous ne les avez pas vu venir réduit vos chances de mener à bonne fin votre objectif. Mais avoir suffisamment de courage pour imaginer les éléments susceptibles de vous poser un problème et la manière de les aborder qui risquerait de vous conduire à un échec fera que, le moment venu, il vous suffira de suivre votre plan pour les gérer sans trop mettre à mal votre dynamique.

Vous connecter avec votre futur moi

(Chapitre 18, page 223)

Absorbés par les exigences du quotidien, la plupart d'entre nous ne prennent jamais le temps de se projeter trop loin dans le futur, qui paraît lointain et moins pertinent que tout ce que nous avons à faire en ce moment. Des études ont démontré que lorsque nous nous sentons ainsi déconnectés de notre futur moi, nous sommes plus enclins à ne pas tenir compte des conséquences futures de notre comportement actuel. Mais en renforçant ce sentiment de continuité entre la personne que nous sommes aujourd'hui et celle que nous deviendrons plus tard, prendre des mesures immédiatement devient plus facile.

Par conséquent, pour ne pas maltraiter notre futur moi ni lui donner plus de fil à retordre à cause de décisions impulsives prises aujourd'hui, il faut bien prendre conscience que l'image de nous-même dans le futur ne doit pas être une version idéalisée protégée des difficultés. En fait, l'effort générera les mêmes sentiments qu'aujourd'hui.

Essayez ceci

Prenez quelques instants pour fermer les yeux et vous imaginer dans une semaine ou un mois, en train de vous retourner sur les choix faits aujourd'hui.

Que pense votre futur moi des mesures prises ? En quoi ont-elles influencé votre avenir ?

Voyez maintenant si vous pouvez rédiger un mot destiné à ce futur moi, pour lui dire ce que vous allez faire aujourd'hui pour lui rendre la vie plus belle. Quelle mesure devez-vous prendre aujourd'hui pour faire en sorte que dans le futur, vous puissiez penser au passé avec fierté et gratitude, animé d'une nouvelle dynamique propice à une vie meilleure ?

Restaurer le calme dans votre corps

(Chapitre 26, page 317)

Retrouver un état optimal pour gérer cette situation implique de maîtriser à la fois votre état physique et votre attention. Pour commencer par le physique, le moyen le plus puissant de diminuer l'intensité des sensations physiques accompagnant la colère et de calmer le corps est d'opter pour une respiration qui ralentit tout.

Maintenant, vous disposez de certaines options dans ce domaine. Certaines personnes aiment respirer en comptant (inspirer – 1, 2, 3, 4 – et expirer – 1, 2, 3, 4, 5...). Mais cela ne convient pas à tout le monde. D'autres préfèrent utiliser l'une des nombreuses applis disponibles permettant de respirer en rythme avec une image. Le principe de base est de ralentir le rythme respiratoire afin d'imiter la respiration naturelle, cette respiration lente et aisée extrêmement naturelle lorsque vous êtes calme. C'est quelque chose que vous pouvez faire n'importe où, même dans la situation à l'origine du déclenchement de la colère. Voici quelques conseils pour y parvenir.

Essayez ceci

- En position assise ou debout, mettez les épaules en arrière et ouvrez votre torse afin de pouvoir inspirer profondément.
- Si vous avez les mâchoires serrées et les épaules relevées, faites-les retomber afin de libérer les tensions.
- Si vous le pouvez, inspirez par le nez et expirez par la bouche. Nous n'essayons pas de contrôler cette respiration, mais simplement de voir comment faire en sorte que votre respiration soit naturelle. Remarquez l'aptitude de votre corps à réussir cela.
- Pour ralentir encore plus le rythme respiratoire, essayez de compter jusqu'à 3 ou 4 entre deux respirations.
- Au bout de quelques minutes de cette respiration naturelle retrouvée, vous remarquerez peut-être que la colère s'estompe et que vous avez les idées plus claires concernant votre ressenti et la situation.
- Même après avoir calmé le corps, la réapparition de pensées à propos de la situation peut déclencher une autre poussée émotionnelle. Veillez donc à consacrer un peu de temps à l'utilisation de l'outil à suivre.

Comprendre votre colère ou votre stress

(Chapitre 26, page 317)

Si des choses que vous parvenez plus facilement à gérer en temps normal vous mettent en colère, le moment est venu de faire une pause pour vous demander ce qui se passe. Passez outre les éléments déclencheurs pour vous pencher sur votre existence d'une manière générale.

Il est important de garder à l'esprit qu'il ne s'agit pas de justifications, mais de considérations. Des pistes qui vous aideront à comprendre ce qui se passe d'une manière plus constructive. Plus vous procéderez de la sorte, plus vous commencerez à percevoir vos schémas comportementaux. Cela vous donnera le pouvoir d'identifier les choses suffisamment tôt pour décider d'emprunter une autre voie.

Lorsque vous consignerez par écrit les réponses aux questions suivantes, vous commencerez à bâtir une image qui vous aidera à savoir pourquoi cette émotion du dernier ressort se manifeste plus souvent. Vous comprendrez qu'ignorer en permanence vos besoins élémentaires et anesthésier ou supprimer le stress revient à retenir sa respiration sous l'eau. L'air finira par remonter à la surface, généralement quand vous vous y attendez le moins.

Une fois que vous avez une idée de la myriade de facteurs contribuant au problème, vous pouvez vous atteler à décider quels changements sont à la fois envisageables et bénéfiques. Cet examen de votre vie peut vous permettre d'effectuer le travail préventif consistant à décider quoi changer. Des pressions que nous ne pouvons pas contrôler. D'autres sur lesquelles nous avons un peu de prise, même s'il est désagréable de faire des choix sur la base de notre bien-être. Parfois, les décisions les plus difficiles sont les plus efficaces.

Essayez ceci

Essayez de répondre à chacune des questions suivantes en vous basant sur des faits élémentaires avant de vous ruer sur vos suppositions personnelles.

Répertoriez toutes les choses susceptibles de contribuer à abaisser votre seuil de stress.

À quand remonte la dernière fois où vous vous êtes reposé ?

À quand remonte votre dernière nuit de sommeil réparatrice ?

À quand remonte la dernière fois où vous avez pu jouer à un jeu que vous adorez ?

À quand remonte la dernière fois où vous avez vu vos amis ?

Avez-vous toujours des difficultés à respecter votre emploi du temps surchargé ?

Mangez-vous sainement ?

Subissez-vous une charge mentale importante au travail et/ou à la maison ?

Quand avez-vous la possibilité de recharger les batteries ?

Qu'est-ce qui occupe votre esprit ?

Qu'est-ce qui vous a inquiété, dernièrement ?

- Écrivez ensuite le point de vue que vous aviez au moment où la colère a surgi et toutes les hypothèses pour lesquelles la colère vous semblait être la meilleure des réactions. Avez-vous supposé que l'autre personne était malintentionnée ou aviez-vous des attentes concernant des choses qu'elle aurait dû savoir ou prendre en compte à propos de vous ou des autres ?
- Puis essayez de passer un peu de temps à analyser les points de vue potentiels des personnes impliquées. En quoi leurs intentions pourraient-elles différer de votre

théorie initiale ? Attachez-vous à passer un peu de temps à explorer les éventuelles divergences de leurs pensées et motivations, sans pour autant les considérer systématiquement comme des faits. Souvenez-vous que vous admettez simplement le fait que votre tout premier avis sur la situation n'est qu'un point de vue. Quelles autres intentions auraient pu moins vous exaspérer ou même vous faire éprouver de la compassion ?

- Maintenant, en vous écartant un peu de la situation, voyez si vous parvenez à prendre un peu plus en compte la personne. Si vous la connaissez, prenez quelques instants pour penser à ses qualités salvatrices, à des choses que vous aimez, voire admirez chez elle. La situation reflète-t-elle ses difficultés ? Pouvez-vous éprouver de la compassion à ce titre ? Il peut être utile de reconnaître les fois où les difficultés que vous rencontriez ont pu affecter votre attitude et donc agacer involontairement les autres.

Lorsque vous réfléchissez à la situation et parvenez à prendre ainsi de la hauteur, notez les idées exploitables. Une formulation constructive peut vous aider à vous sentir moins victimisé par des circonstances malheureuses et plus en contrôle de la décision à prendre.

Remerciements

Merci à Sienna, Luke et Leon, mes points d'ancrage, de me rappeler en permanence ce qui est le plus important. Merci de m'avoir supportée quand j'étais fatiguée ou absente pendant la phase d'écriture de ce livre. Je vous promets d'être à vos côtés, comme vous l'avez été pour moi, lorsque vous chercherez à réaliser vos rêves.

Matthew, ma gratitude dépasse largement les mots que je pourrais écrire. Nous nous sommes trouvés au cours de cette aventure folle et merveilleuse. Je n'aurais pu rêver la vivre avec quelqu'un d'autre. Merci d'avoir assumé tant de responsabilités afin que je puisse me concentrer sur cet ouvrage. J'ignore comment tu as pu faire tout cela. Merci d'avoir eu la patience de m'accorder de ton temps alors que tu débordais de nouvelles idées. Merci d'être ma source d'énergie permanente, de décupler mon envie, de mettre du plaisir dans tout et de te montrer reconnaissant, même quand tu as de bonnes raisons de te plaindre. Et merci d'avoir trouvé l'excellent titre de ce livre.

Un merci tout particulier à Lucy, de m'avoir accueillie à bras ouverts chez YMU. C'est un bonheur absolu de travailler avec la meilleure dans son domaine, dont les idées et les opinions représenteront toujours beaucoup pour moi. Merci, Ellie, de ne jamais louper le coche, de toujours savoir précisément où je dois être, ce que je dois faire, quand le faire et de me soutenir à chaque événement. Je vous suis très reconnaissante à tous les deux de m'avoir permis de m'offrir cette parenthèse loin de tout pour pouvoir écrire ce livre. Merci à Guy d'avoir eu le courage de se joindre à notre équipe sans jamais broncher. Un grand merci en particulier d'avoir fait disparaître le travail lorsque je vivais des moments difficiles.

Merci à mon agent, Amanda Harris, pour son aide et ses encouragements. Tu es restée tout le temps présente, de la proposition griffonnée sur un vieux morceau de papier au livre tout neuf trônant dans les rayonnages.

Merci à mon éditrice, Ione Walder, jamais avare de soutien et d'encouragements, d'avoir patiemment attendu en coulisses pendant que j'essayais de créer un contenu qui soit suffisamment présentable pour être montré. Merci de m'avoir aidée à transformer ces idées en livre dont nous souhaitions vanter les mérites. Collaborer avec toi est une grande source de joie.

Et merci à Daniel Bunyard pour son soutien plein de bienveillance et toute l'étendue de ses connaissances si inspirantes en matière d'édition. J'ai encore beaucoup de choses à apprendre de toi.

Merci à Louise Moore d'avoir perçu le potentiel de mon projet et rendu ce livre possible. Un merci tout particulier à Ciara Berry. C'est toujours un plaisir de travailler avec toi et ton travail considérable nous a aidées à proposer mon premier livre à plus de personnes que je ne l'aurais jamais imaginé. Nous sommes prêtes pour le deuxième acte.

Merci à toute la famille Penguin Michael Joseph. C'est vraiment un privilège de travailler avec vous tous, et je suis très fière que mes livres arborent le symbole MJ.

Merci à Judith Curr de chez Harper One, aux États-Unis, d'avoir perçu le potentiel de cet ouvrage.

Merci à Rachel Mills et à ses collaboratrices, Alexandra et Charlotte. Vous formez vraiment une équipe de rêve.

Merci à ma mère et à mon père. Je vous dois tout. Merci de votre soutien de tous les instants. La conscience professionnelle que vous m'avez instillée semble avoir payé, et vous continuez de rendre cela possible par votre présence aux côtés des enfants lorsque je dois travailler. Et maman, tu m'as raconté l'histoire de la fille de ton amie qui a fait germer l'idée de ce livre.

Merci à mes sœurs, Claire et Sarah. Vous m'avez toutes deux appris plus de choses que vous ne le pensez. Merci d'avoir compris les raisons de mon absence et de m'avoir encouragée à viser haut. Et merci d'avoir été là quand les temps étaient durs.

Merci à Pat et David. Vous êtes une source d'inspiration et de soutien permanente. Matthew et moi vous en serons éternellement reconnaissants. Rien de tout ceci n'aurait pu être possible sans Matthew. J'espère donc que nous vous avons tous deux rendu fiers.

Merci à toi, Jackie, de ta compréhension et de ne m'avoir jamais jugée pour tout le bazar après une semaine chargée. Sans toi, je serais une épave tremblante noyée dans le chaos.

Merci à toi, Ben Garner, pour tout le boulot abattu en coulisses et ton enthousiasme permanent, même lorsque j'étais dans l'impasse, incapable de produire quelque chose de nouveau.

Merci à toi, Sean, pour ton omniprésence afin de garder la boutique et de soutenir Matthew dans tous les domaines. Nous te sommes profondément reconnaissants et avons beaucoup de chance de t'avoir à nos côtés.

Merci à tous ceux qui ont lu mon premier livre, puis ont fait fonctionner le bouche-à-oreille ou laissé des commentaires élogieux. Je serai éternellement reconnaissante à chacun d'entre vous de ce soutien indéfectible, sans lequel je n'aurais peut-être pas eu le courage d'en écrire un autre. J'espère que celui-ci gagnera sa place dans votre bibliothèque et qu'il vous sera utile à mesure que vous irez de l'avant dans l'existence.

Merci à cette cohorte de cliniciens et de chercheurs qui m'ont tant appris au fil des années. Vos travaux ont été cruciaux pour la conception de ce livre. Veuillez accepter mes excuses pour d'éventuelles erreurs d'interprétation ou omissions de ma part.

Merci à tous mes clients de m'avoir confié certaines de vos expériences les plus pénibles et sensibles. Je me demande souvent ce qui se passe dans l'existence de chacun d'entre vous. Ce livre porte sur les mots que nous pouvons avoir besoin d'entendre, mais chacun d'entre vous m'a appris à arrêter de chercher les mots justes et à simplement laisser le silence remplir l'espace entre nous.

Références

1 - S'il est difficile de côtoyer les autres

Chapitre 1 : Quand vous comparer aux autres vous dessert

1. M. Pemberton et C. Sedikides, « When Do Individuals Help Close Others Improve? The Role of Information Diagnosticity », *Journal of Personality and Social Psychology, 81*(2), 2001, 234–46.

2. L. Festinger, « A Theory of Social Comparison Processes », *Human Relations, 7*(2), 1954, 117–40.

3. H. W. Marsh et J. W. Parker, « Determinants of Student Self-Concept: Is It Better to Be a Relatively Large Fish in a Small Pond Even if You Don't Learn to Swim as Well? », *Journal of Personality and Social Psychology,47*, 1984, 213–31.

4. J. A. Shepperd et K. M. Taylor, « Ascribing Advantages to Social Comparison Targets », *Basic and Applied Social Psychology, 21*(2), 1999, 103–17.

5. Alain de Botton, *Status Anxiety*, Penguin Books, Londres, 2005.

6. Oliver James, *Affluenza: A Contagious Middle Class Virus Causing Depression, Anxiety, Addiction and Ennui*, Vermilion, Londres, 2007.

Chapitre 2 : Quand vos amis ne sont pas vos amis

1. Pour en savoir plus sur les signes de l'envie, Robert Greene, *Power : Les 48 lois du pouvoir*, traduit par Myra et Lakshmi Bories, Alisio, Paris, 2024.

2. Dr Eric Berne, *Des jeux et des hommes : Psychologie des relations humaines*, traduit par Léo Dilé, Stock, Paris, 1984. Pour en savoir plus, Dr Stephen B. Karpman, *Le Triangle dramatique : Comment passer de la manipulation à la compassion et au bien-être relationnel*, traduit par Jérôme Lefeuvre et Pierre Agnèse, InterÉditions, Malakoff, 2024.

Chapitre 3 : Quand vous souhaitez être moins maladroit avec les autres

1. Geoffrey L. Cohen, *Belonging: The Science of Creating Connection and Bridging Divides*, W. W. Norton & Company, Londres, 2022.

2. P. G. Zimbardo, P. A. Pilkonis et R. M. Norwood, « Social Disease Called Shyness », *Psychology Today*, 8(12), 1975, 69.

3. Bernardo Carducci, « Shyness: The New Solution », *Psychology Today,* 1er janvier 2000, Psychologytoday.com.

4. David Brooks, *How to Know a Person: The Art of Seeing Others Deeply and Being Deeply Seen,* Penguin Books, Londres, 2023.

5. Lynne Henderson, *Improving Social Confidence and Reducing Shyness: Using Compassion Focused Therapy*, Constable, Londres, 2010.

Chapitre 4 : Quand vous ne vous sentez pas le bienvenu et que vous souhaitez vous intégrer

1. Geoffrey L. Cohen, *Belonging: The Science of Creating Connection and Bridging Divides*, W. W. Norton & Company, Londres, 2022.

2. David Brooks, *How to Know a Person: The Art of Seeing Others Deeply and Being Deeply Seen,* Penguin Books, Londres, 2023. Pour en savoir plus, Iain McGilchrist, *The Master and His Emissary: The*

Divided Brain and the Making of the Western World, Yale University Press, New Haven, 2009, 133.

Chapitre 5 : Quand vous n'arrêtez pas de dire « oui », alors que vous avez envie de dire « non »

1. Dr Lisa Feldman Barrett, *Seven and a Half Lessons About the Brain,* Picador, Londres 2020.

2. Marsha M. Linehan, *Manuel d'entraînement aux compétences TCD*, traduit par Paco Prada, Rosetta Nicastro et Nader Perroud, Médecine et hygiène, Chêne-Bourg, 2017

Chapitre 6 : Quand vous avez affaire à des personnes passives-agressives

1. E. McIlduff et D. Coghlan, « Understanding and Contending With Passive-Aggressive Behaviour in Teams and Organizations », *Journal of Managerial Psychology*, vol. 15, n° 7, 2000, pp. 716–36.

2. Dr Ramani Durvasula, *It's Not You: How to Identify and Heal From Narcissistic People*, Vermilion, Londres, 2024.

3. Pour en savoir plus sur le sujet, Scott Wetzler, *Living With the Passive-Aggressive Man: Coping With Hidden Aggression From the Bedroom to the Boardroom*, Simon & Schuster, New York, 1992.

Chapitre 7 : Quand votre parent se trompe (mais vous souhaitez qu'il fasse partie de votre vie)

1. Jasmin Lee Cori, *The Emotionally Absent Mother: How to Recognize and Heal the Invisible Effects of Childhood Emotional Neglect*, The Experiment, New York, 2017.

2. Eric Berne, *Des jeux et des hommes : Psychologie des relations humaines*, traduit par Léo Dilé, Stock, Paris, 1984. Pour en savoir plus, Dr Stephen B. Karpman, *Le Triangle dramatique : Comment passer de la manipulation à la compassion et au bien-être relationnel*, traduit par Jérôme Lefeuvre et Pierre Agnèse, InterÉditions, Malakoff, 2024.

3. Dr Ramani Durvasula, *It's Not You: How to Identify and Heal From Narcissistic People*, Vermilion, Londres, 2024. Pour en savoir plus, Daniel J. Siegel et Mary Hartzell, *Dans le cerveau d'un parent : Réfléchir sur hier pour être un meilleur parent aujourd'hui*, traduit par Christophe Billon, Albin Michel, Paris, 2025. Jonice Webb, *Running on Empty: Overcome Your Childhood Emotional Neglect*, Morgan James Publishing, New York, 2014.

Chapitre 8 : Quand vous vous trompez en tant que parent

1. Becky Kennedy, *Parents attentifs : Privilégier l'empathie envers l'enfant et envers soi*, Courrier du livre, Paris, 2023.

2. Pour en savoir plus sur les travaux de recherche portant sur l'autocompassion, Chris Irons, Dr Elaine Beaumont, *The Compassionate Mind Workbook: A Step-by-Step Guide to Compassion Focused Therapy*, Robinson, Londres 2017. Daniel J. Siegel et Mary Hartzell, *Dans le cerveau d'un parent : Réfléchir sur hier pour être un meilleur parent aujourd'hui*, traduit par Christophe Billon, Albin Michel, Paris, 2025.

3. Becky Kennedy, *Parents attentifs : Privilégier l'empathie envers l'enfant et envers soi*, Courrier du livre, Paris, 2023.

Chapitre 9 : Quand on ne vous rend pas votre amour

1. Guy Winch, *Emotional First Aid: Healing Rejection, Guilt, Failure, and Other Everyday Hurts*, Plume Books, New York, 2014.

2. Esther Perel, *Je t'aime, je te trompe : Repenser l'infidélité pour réinventer son couple*, traduit par Valérie Bourgeois, Robert Laffont, Paris, 2018.

Chapitre 10 : Quand vous ne les laissez pas se rapprocher de vous, même s'ils vous aiment

1. Jasmin Lee Cori, *The Emotionally Absent Mother: How to Recognize and Heal the Invisible Effects of Childhood Emotional Neglect*, The Experiment, New York, 2017. Pour en savoir plus, Jonice Webb,

Running on Empty: Overcome Your Childhood Emotional Neglect, Morgan James Publishing, New York, 2014.

2. O. Gillath, E. Selcuk et P. R. Shaver, « Moving Toward a Secure Attachment Style: Can Repeated Security Priming Help? », *Social and Personality Psychology Compass*, 2/4, 2008, 1651–66.

3. Chiara Ruini et Cristina Mortara, « Writing Technique Across Psychotherapies – From Traditional Expressive Writing to New Positive Psychology Interventions: A Narrative Review », *Journal of Contemporary Psychotherapy, 52*, 2022, 23–34.

4. James Pennebaker et Joshua Smyth, *Opening Up by Writing It Down: How Expressive Writing Improves Health and Eases Emotional Pain*, Guilford Press, New York, 2016.

5. Linda Hill, *Avoidant Attachment Recovery: Break Free From Avoidant Habits to Build Secure and Long Term Relationships,* imprimé en Grande-Bretagne par Amazon, 2023.

6. Amir Levine et Rachel Heller, *Attached: How the Science of Adult Attachment Can Help You Find – and Keep – Love*, Rodale, Londres, 2011.

Chapitre 11 : Quand vous souhaitez sortir vainqueur d'une dispute

1. Robert Greene, *Power : Les 48 lois du pouvoir*, traduit par Myra et Lakshmi Bories, Alisio, Paris, 2024.

2. Dr Julie Schwartz Gottman et Dr John Gottman, *Fight Right: How Successful Couples Turn Conflict Into Connection*, Penguin Life, Londres, 2024.

3. A. G. Grimmer, *The Nine-Part Model: A Tool for Sharing Dyadic Formulations*, 2013, www.bristolcbt.co.uk/publications/the-nine-part-model-dyadic-formulation

Chapitre 12 : Quand il est difficile de demander de l'aide

1. Jonice Webb, *Running on Empty: Overcome Your Childhood Emotional Neglect*, Morgan James Publishing, New York, 2014.

2. Phil Stutz, *Lessons for Living: What Only Adversity Can Teach You*, Vermilion, Londres, 2023.

3. John Bowlby, *A Secure Base: Parent-Child Attachment and Healthy Human Development*, Routledge, Londres, 2005, réimpression.

2 - Si votre propre compagnie est difficile à supporter

Chapitre 13 : Quand votre petite voix est votre pire critique

1. Paul Gilbert, *Overcoming Depression: A Self-Help Guide Using Cognitive Behavioural Techniques*, Constable & Robinson, Londres, 2009.

2. Dr Julie Schwartz Gottman et Dr John Gottman, *Fight Right: How Successful Couples Turn Conflict Into Connection*, Penguin Life, Londres, 2024.

3. T. Brockmeyer, J. Zimmerman, *et al.*, « Me, Myself, and I: Self-Referent Word Use as an Indicator of Self-Focused Attention in Relation to Depression and Anxiety », *Frontiers in Psychology*, 6, 2015, Frontiers.org/journals/psychology.

Chapitre 14 : Quand vous doutez de vous et souhaitez être plus confiant

1. Pour plus de conseils sur le sujet, je recommande l'ouvrage du Dr Russ Harris, *The Confidence Gap: From Fear to Freedom*, Robinson, Londres, 2011.

Chapitre 15 : Quand vous êtes bouleversé

1. Jon Kabat-Zinn, *The Healing Power of Mindfulness: A New Way of Being*, Hachette, Londres, 2018.

Chapitre 16 : Quand vous détestez la personne que vous êtes devenue

1. Pour en savoir plus sur l'autocompassion et l'exploitation positive de la colère, Dr Kristin Neff, *Fierce Self-Compassion:How Women Can Use Self-Compassion to Stand Up, Claim Their Power, and Speak the Truth*, Penguin Life, Londres, 2022.

2. Pour en savoir plus sur la façon de lutter à long terme contre le perfectionnisme, Roz Shafran, Sarah Egan, *et al.*, *Overcoming Perfectionism: A Self-help Guide Using Scientifically Supported Cognitive Behavioural Techniques,* Robinson, Londres, 2010.

3. Pour en savoir plus, Paul Gilbert, *Overcoming Depression: A Self-Help Guide Using Cognitive Behavioural Techniques,* Robinson, Londres, 2009.

4. Pour en savoir plus sur la façon d'y parvenir, Chris Irons et Dr Elaine Beaumont, *The Compassionate Mind Workbook: Your Step-by-Step Guide to Developing Your Compassionate Self*, Robinson, Londres, 2017.

5. Pour en savoir plus sur le sujet, Mark Williams, John Teasdale, *et al.*, *Méditer pour ne plus déprimer*, traduit par Claude Farny, Odile Jacob, Paris, 2009.

Chapitre 17 : Quand vous avez peur de faire le mauvais choix

1. Christopher Hitchens, entretien avec Andrew Anthony dans le *Guardian*, 14 novembre 2010.

Chapitre 18 : Quand vous manquez de volonté

1. Steven Pressfield, *La Guerre de l'art : Gagner le combat intérieur de la créativité*, traduit par Philippe Montel, Soladar éditions, Vendargues, 2024.

2. H. Ersner-Hershfield, D. G. Goldstein, W. F. Sharpe, J. Fox, L. Yeykelvis, L. L. Carstensen et J. N. Bailenson, « Increasing Saving Behaviour Through Age-Progressed Renderings of the Future Self », *Journal of Marketing Research*. 48, 2011, 23–37. Pour en savoir plus,

G. Stadler, G. Oettinger et P. Gollwitzer, « Physical Activity in Women. Effects of Self-Regulation Intervention », *American Journal of Preventive Medicine*, 2007. Kelly McGonigal, *L'Instinct de volonté : Comment renforcer votre persévérance et mettre fin à la procrastination pour atteindre enfin tous vos objectifs*, traduit par Florence Logerot-Depraz, Guy Trédaniel éditeur, Paris, 2017

Chapitre 19 : Quand vous devez être performant sous pression

1. Pour en savoir plus sur les compétences, les difficultés et les émotions de la reformulation, en vue d'améliorer la performance, C. N. Orson et R. W. Larson, « Helping Teens Overcome Anxiety Episodes in Project Work: The Power of Reframing », *Journal of Adolescent Research*, 36 (2), 2020, 127–53.

2. Et pour plus d'informations sur les défis à relever sous une forte pression, Dave Alred, *The Pressure Principle: Handle Stress, Harness Energy, and Perform When It Counts*, Penguin Life, Londres, 2016.

3. M. A. Russo, D. M. Santarelli et D. O'Rourke, « The Physiological Effects of Slow Breathing in the Healthy Human », *Breathe*, 13, 2017, 298–309.

3 - Si vous avez du mal à supporter vos émotions

Chapitre 20 : Quand vous réfléchissez trop dans tous les domaines

1. Pour en savoir plus sur le sujet, Lisa Feldman Barrett, *How Emotions Are Made: The Secret Life of the Brain*, Macmillan, Londres, 2017.

2. Pour en savoir plus sur les moyens d'identifier les inquiétudes et de s'en défaire, Dr Russ Harris, *The Confidence Gap: From Fear to Freedom*, Robinson, Londres, 2011.

3. Pour en savoir plus, Kevin Meares et Mark Freeston, *Overcoming Worry: A Self-Help Guide Using Cognitive Behavioural Techniques*, Little Brown, Londres, 2021.

Chapitre 21 : Quand la peur fait son apparition

1. Carl Jung, *Letters, Volume 2, 1951–1961*, Routledge, Londres, 1976.

2. Pour en savoir plus, C. N. Orson et R. W. Larson, « Helping Teens Overcome Anxiety Episodes in Project Work: The Power of Reframing », *Journal of Adolescent Research*, *36*(2), 2020, 127–53. https://doi.org/10.1177/0743558420913480.

3. Dr Lisa Feldman Barrett, *Seven and a Half Lessons About the Brain*, Picador, Londres, 2020, p. 79.

Chapitre 22 : Quand le chagrin vous submerge

1. Dr Colin Murray Parkes, Holly G. Prigerson, *Le Deuil : Études du deuil chez l'adulte*, traduit par Lalagé Grouvel et Michel Hanus, Frison-Roche, Paris, 2003.

2. Julia Samuel, *Grief Works: Stories of Life, Death and Surviving*, Penguin Life, Londres, 2018.

3. Kelly McGonigal, *The Joy of Movement: How Exercise Helps Us Find Happiness, Hope, Connection and Courage*, Avery, Canada, 2019.

Chapitre 23 : Quand tout vous semble ne plus rimer à rien

1. I. D. Boreham et N. S. Schutte, « The Relationship Between Purpose in Life and Depression and Anxiety: A Meta-Analysis », *Journal of Clinical Psychology*, 79 (12), 2023, 2736–67.

2. G. M. Cooney, K. Dawn, *et al.*, « Exercise for Depression », *Cochrane Database of Systematic Reviews*, 9, 2013, Art No. CD004366.

Chapitre 24 : Quand vous avez le sentiment d'être un imposteur

1. T. Gilovich, V. H. Medvec et K. Savitsky, « The Spotlight Effect in Social Judgement: An Egocentric Bias in Estimates of the Salience of One's Own Actions and Appearance », *Journal of Personality and Social Psychology*, 78(2), 2000, 211–22. Pour en savoir plus sur

l'autocompassion par rapport à l'estime de soi, J. M. Twenge, « The Evidence for Generation Me and Against Generation We », *Emerging Adulthood*, 1(1), 2013, 11–16.

2. J. M. Twenge et W. K. Campbell, *The Narcissism Epidemic: Living in the Age of Entitlement*, Free Press, New York, 2009.

Chapitre 25 : Quand vous regrettez ce que vous avez fait

1. Aldous Huxley, *Le Meilleur des mondes*, traduit par Jules Castier, Plon, Paris, 2015.

2. Phil Stutz, *Lessons for Living: What Only Adversity Can Teach You*, Vermilion, Londres, 2023.

3. Guy Winch, *Emotional First Aid: Healing Rejection, Guilt, Failure, and Other Everyday Hurts*, Plume Books, New York, 2014.

4. *Ibid.*

5. James W. Pennebaker and Joshua M. Smyth, *Opening Up by Writing It Down: How Expressive Writing Improves Health and Erases Emotional Pain*, New York, Guilford Press, 2016.

Chapitre 26 : Quand la colère éclate trop souvent

1. Russell Kolts, *The Compassionate Mind Approach to Managing Anger Using Compassion Focused Therapy,* Robinson, Londres, 2012.

2. B. J. Bushman, « Does Venting Anger Feed or Extinguish the Flame? Catharsis, Rumination, Distraction, Anger and Aggressive Responding », *Personality and Social Psychology Bulletin*, 28, 2002, 724–31.

En savoir plus

Si vous souhaitez en apprendre plus sur les sujets traités dans le présent ouvrage, ma chaîne YouTube, mon compte Instagram et les pages d'autres réseaux sociaux renferment des vidéos abordant les nombreux thèmes et concepts présentés ici.

YouTube : @DrJulie

Instagram : @drjulie

TikTok : @drjulie

Facebook : @DrJulieSmith

Index

C

D

E

Cet ouvrage est composé de matériaux issus de forêts bien gérées certifiées FSC®, de matériaux recyclés et de matériaux issus d'autres sources contrôlées.

Le Forest Stewardship Council® est une organisation internationale non gouvernementale qui encourage une gestion écologiquement adaptée, socialement bénéfique et économiquement viable des forêts de la planète. Pour en savoir plus, consultez le site *www.fsc.org*

FSC www.fsc.org
MIXTE
Papier | Pour une gestion forestière responsable
FSC® C022829

Achevé d'imprimer en août 2025
sur les presses de la Nouvelle Imprimerie Laballery
58500 Clamecy
Dépôt légal : septembre 2025
Numéro d'impression : 506544

Imprimé en France

La Nouvelle Imprimerie Laballery est titulaire
de la marque Imprim'Vert®